河南省哲学社会科学教育强省研究项目“基于中国故事的幼
（项目编号：2025JYQS0744）成果

趣味甲骨 传承文明

幼儿园甲骨文化特色课程构建与实践

岳素萍　高　静　著

郑州大学出版社

图书在版编目(CIP)数据

趣味甲骨　传承文明：幼儿园甲骨文化特色课程构建与实践／岳素萍，高静著. -- 郑州：郑州大学出版社，2025. 3. -- ISBN 978-7-5773-0694-0

Ⅰ. G612

中国国家版本馆 CIP 数据核字第 20245Y7S60 号

趣味甲骨　传承文明——幼儿园甲骨文化特色课程构建与实践

QUWEI JIAGU　CHUANCHENG WENMING——YOU'ERYUAN JIAGU WENHUA TESE KECHENG GOUJIAN YU SHIJIAN

策划编辑	宋妍妍	封面设计	王　微
责任编辑	席静雅	版式设计	王　微
责任校对	樊建伟	责任监制	朱亚君

出版发行	郑州大学出版社	地　　址	河南省郑州市高新技术开发区长椿路 11 号(450001)
出 版 人	卢纪富		
经　　销	全国新华书店	网　　址	http://www.zzup.cn
印　　刷	郑州宁昌印务有限公司	发行电话	0371-66966070
开　　本	787 mm×1 092 mm　1／16		
印　　张	22.5	字　　数	468 千字
版　　次	2025 年 3 月第 1 版	印　　次	2025 年 3 月第 1 次印刷

书　　号	ISBN 978-7-5773-0694-0	定　　价	78.00 元

序一

幼儿期根的教育:中华文明的弘扬

我于2023年5月去了河南省安阳市,专程访问了安阳北关区幼儿园,该幼儿园坐落在中国文字博物馆与殷墟之间。

我之所以去安阳市,源于我正在研究关于早期阅读的问题,对这个问题的研究是跳不开对汉字起源与发展的认识的,我的常识告知我,安阳有中国文字博物馆和殷墟,我应该去中国迄今为止认定的最早的文字——甲骨文的发源地,认识我们的祖先是如何在原始图形的基础上创造了早期的汉字。甲骨文演变为汉字,是一个图形抽象化的过程;是一个逐渐弱化图形的象形性,逐渐走向符号表征性,逐渐实现"标准化""规范化"的过程。

我之所以访问安阳北关区区直幼儿园,是因为我从我校周念丽教授那里看到过他们编写过的题为《好玩的甲骨文》一书,该园在周教授的发起和指导下研究如何让幼儿快乐地学习甲骨文,包括激发幼儿学习甲骨文的动机,通过游戏的方式让幼儿有效地学习半抽象化的符号系统。河南微主编的孙敏老师驱车专程送我去了这个幼儿园,使我达成了亲眼观摩该园活动的愿望。

我在安阳北关区区直幼儿园高园长的陪同下观摩了中国文字博物馆,让我亲身感受到了"汉字之源""汉字之变""汉字之趣""汉字之美""汉字之韵""汉字之力量",这种让我震撼的感觉是我在阅读书本中所体验不到的,这是三千多年来中华基因的展现,这是中华文明能够代代相传的见证。

高园长在陪同我观摩的过程中,不断向我表述她带领孩子们参观博物馆时的情景,她的话让我深切地感受"书画同源"的意味,认识到甲骨文距离幼儿很近,让幼儿画以甲骨文字为基础的简笔画,认识一些处于半符号状态的甲骨文,可能是一种不错的教育选择,是一种有效的教育方法。

我在北关区幼儿园亲眼看到了该园的教师们创造了一整套让幼儿学习甲骨文的方法，其中不少是以游戏的方式开展的，甚是生动、有趣和有效。我在这里更是体会到什么是德育，体会到培养幼儿成为现代中国人不是一句空话，而是切切实实的行动。

我羡慕安阳市的幼儿园有此得天独厚的教育资源，使孩子们自幼就能在中华文化的熏陶下成长，能让他们最直接地了解自己的文化根脉，培养他们的民族自豪感和文化自信。

欣闻他们的第二本书《趣味甲骨 传承文明》即将出版，这是河南省哲学社会科学教育强省研究项目：基于中国故事的幼儿文化启蒙范式研究（2025JYQS0744）的研究成果之一。我一口气阅读了这本书的初稿，再次感受到这个教育实践及其研究的价值所在。

祝贺他们的新书出版，更期待他们的经验和成果能在安阳，甚至在全国得到传播和光大。

华东师范大学　朱家雄①

2024 年 9 月

① 朱家雄，华东师范大学终身教授、博士生导师，原中国教育学会学前教育专业委员会理事长，现任环太平洋地区学前教育学会会董。

序二

让幼儿乐于探究文化传承的文字密码

被称之为“中国最后一位穿裙子的士”，号“迦陵居士”的叶嘉莹先生指出：在四大古代文明中，只有中国的被保留下来。究其因，是因为中国的独特文字！与单纯的表音文字不同，汉字集音、形、义为一体，且在造字之时古人赋予了汉字深邃的思考和哲学意义。在中国河南省安阳市小屯村，较为集中地发现了甲骨文，这甲骨文就是迄今为止我国年代最早的成熟文字，也被称为汉字之源。

要让稚嫩的3—6岁幼儿与距今约3600年的甲骨文结缘，并使其乐于探究甲骨文的独特魅力，是否有必要？如有必要，是否又有可能？岳素萍教授和高静园长共同编撰的《趣味甲骨，传承文明》一书，对此做出了相应的回答。从她们在书中的直抒胸臆，可以窥见蕴含下列的思考。

首先，幼儿与甲骨文结缘是为必须。

甲骨文反映了中国精神、中国信仰乃至中国传统文化的特质与品格，每一个甲骨文字背后都蕴含了中华民族的文化内涵，渗透了我国古代劳动人民朴素的文化思想和传统美德，因此，将甲骨文与学前教育相融合，让幼儿接触和感知甲骨文，他们便能直观地感受到三千多年前中国古人的智慧和对世界文明的贡献，由此初步产生对中华民族文化的认知与认同，萌发文化自信之芽并逐步持有对中华民族文化的自豪感。

其次，幼儿与甲骨文结缘乃为可能。

稚嫩的幼儿与甲骨文结缘的可能性源于甲骨文本身特点和幼儿的感知。

在甲骨文中，象形和会意字的比例各分别高达40%左右。

所谓“象形字”，是指由图画文字演化而来的文字。顾名思义，甲骨文中的象形字就如一幅画，如“”（日），就如太阳当空照。所谓“会意字”，是

指用两个或两个以上的独体汉字，根据各自的含义所组合成的一个新汉字。如甲骨文中的“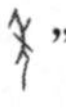”（年）字，上部是一束带有下垂穗子的禾谷，下部是一个弯腰人的形象，整体合起来像人背负禾谷的形状，表示丰收、收获的意义。这个字形反映了古代农耕文化中对谷物成熟和收获的重视。甲骨文中的“年”字将两个象形字组合成会意字，也具形象生动之感。

对甲骨文中这样的象形文字及由象形文字组合而成的会意字大都具有形象直观、生动有趣的特征，让幼儿接触和感知甲骨文中的象形和会意字，符合处于“前阅读”和“前书写”阶段的幼儿形象认知和思维特点。幼儿在拼拼摆摆、写写画画以及捏捏玩玩中能轻松了解汉字的起源，以此对中华汉字产生兴趣。

最后，幼儿与甲骨文结缘重在浸润。

对稚嫩的幼儿来说，要乐于探究甲骨文这一文化传承的文字密码，须有大量的丰富生动的日常活动。本书根据小、中、大班幼儿的年龄特点，分别以 8 个具有日常性和系统性的主题来依次铺陈幼儿接触和感知甲骨文的主题，除此之外，书中还通过大量的户外游戏让幼儿浸润在探究文化密码的活动中，可谓精彩纷呈。

阅之，喜悦之心油然而生，遂欣以为序。

华东师范大学　周念丽①

2024 年 8 月 28 日于湘西

① 周念丽，华东师范大学教育学部教授，曾留学日本，1995 年获日本御茶水女子大学学士学位；1998 年获日本东京大学教育学硕士学位；2003 年 7 月，获华东师范大学心理学博士学位。兼任日本国际幼儿教育学会副会长、中国学前教育委员会健康专业委员会理事等职。

前言

文化是民族的血脉，是人民的精神家园。坚定文化自信事关国运兴衰、事关文化安全、事关民族精神独立性。文化自信的根源应该从重视儿童的文化启蒙做起，渗透于儿童成长的整个生活过程和环境中。幼儿阶段既是文化的启蒙期，也是人格形成的关键期，幼儿的文化启蒙会沉淀为儿童人格内涵，启蒙之初第一输入的文化、思想、价值观，会沉淀为其一生的思想、情感、行为的潜意识和原始动力。从儿童文化启蒙做起，用中华优秀的传统文化滋养儿童，输入主流母文化、使之热爱母文化，认同母文化，培养儿童文化自信就具有重要的现实意义和深远的战略意义。

2017 年 1 月，中共中央办公厅、国务院办公厅印发《关于实施中华优秀传统文化传承发展工程的意见》指出：要将中华优秀传统文化教育贯穿国民教育始终，以幼儿、小学、中学教材为重点，构建中华文化课程和教材体系。

我们于 2017 年起，在华东师范大学周念丽教授的发起和指导下，最先在幼儿园构建趣味甲骨园本课程。甲骨文是迄今为止我国发现的年代最早的成熟文字，是汉字的源头和中华优秀传统文化的根脉，习近平总书记指出："殷墟甲骨文距离现在三千年，三千多年来结构没有变，这种传承是真正的中华基因。"正是因为有了这种基因，中华文化才得以代代相传，中华民族才得以生生不息。汉字是世界上唯一一脉相承至今不曾断绝的文字，承载着中华文化的内涵，对传承中华文明具有独特意义。

甲骨文属于象形文字，素有一个字一幅画的美称，象形直观，生动有趣，非常容易引起孩子们的兴趣，可以让儿童在拼拼摆摆、写写画画、捏捏玩玩中轻松了解汉字的起源，对汉字产生极大的兴趣。有趣、好玩最契合幼儿认知的特点，让幼儿在玩转甲骨文的过程中自然了解其中蕴含的中国文化和人文精神。

2019 年，我们出版了第一本研发成果《好玩的甲骨文》，几所实践园所也相继成为河南省教育厅审批的甲骨文特色学校。在接下来的几年里，我们在已有的基础上，不断创新，多维研发，提升课程文化站位，课程体系上更加系统和完善，尤其是安阳市北关区区直幼儿园，在高静园长的带领下，我们从幼儿文化启蒙的视角，着眼于文化自信的培养，把幼儿甲骨课程文化化、游戏化，以甲骨文为起点，为线索，串联起丰富的中国文化、儿童生活，构建了从小班到中班、大班，从集体教育活动到区域、户外、家庭、生活、社会的全方位、立体式的课程体系。北关区区直幼儿园甲骨文文化特色课程，取得了显著成果，先后被中国教育电视台、《人民日报》(海外版)、《中国教育报》等重要信息媒体进行报道，吸引了国内国外学前教育同行前来参观学习。在此过程中，由此为基点，申报了相关课题，取得了多项研究成果，老师和儿童都获得了多维成长，本书是河南省哲学社会科学教育强省研究项目“基于中国故事的幼儿文化启蒙范式研究”(2025JYQS0744)成果之一。

本书原拟命名《趣味甲骨 照亮文明》，趣味甲骨是基于幼儿的认知特点和学习特点，有趣好玩为本课程的基本特点，从直接兴趣出发，学习方式要充满童趣，选字要选有趣的字，教学实施要有趣，幼儿的操作要有趣，一切活动都要尽可能有趣；照亮文明第一层寓意是文字的诞生对人类文明发展的巨大作用，传说仓颉造字神鬼震惊，文字的产生犹如在人类发展的道路上茫茫黑夜中照进了一束亮光，引导人类由蒙昧进入文明状态，文字产生后，明智日开，体现了甲骨文对中华文明发展的巨大作用；照亮文明的第二层寓意体现在对幼儿的文化启蒙上，为懵懂的孩童照进文明的曙光，开启幼儿一生的文明之光，开始了学习文明、追求文明的人生。两者都体现了启蒙的意义，一是对人类文明的启蒙，一是对儿童个体成长文明的启蒙。后来经过出版社论证，建议改为《趣味甲骨 传承文明》，经思考比较，感觉传承文明更恰当，更体现了对幼儿的教育使命。甲骨文是中华优秀传统文化的根脉，对保护和传承中华文明具有重要意义。传承中华文明，不仅能让儿童了解自己的文化根源，还能培养他们的民族自豪感和文化自信，中华文明蕴含着中华民族最原始的精神基因和追求，彰显了中华民族最深厚的民族认同感，必须薪火相传、代代守护。

本课程紧扣中华文明丰富璀璨的底蕴，促进甲骨文化在幼儿园扎根、开花、结果，让中华文明的基因在儿童身上焕发光彩，让幼儿感受中华文化的璀璨，培植对祖国文化的热爱和自信，激发幼儿“中华文明我传承”的责任意识，为终身学习注入动力，成为有责任、有担当的新时代儿童。

本课程紧密结合幼儿生活，根据幼儿年龄阶段特点选取合适内容，按照一个月一个主题，构建了小班、中班、大班共24个主题活动，从小班的“幸遇甲骨、感受文明”到中班的“走进甲骨、体验文明”大班的“解密甲骨、探寻文明”，体现了由感性到理性、由易到难、由简到繁、从感知体验到理性认知和传承的渐进关系。每个单元主题又分解成2—3个集体活动和区域活动、户外活动、家庭亲子活动等，整合了社会、健康、语言、科学、艺术五大领域全面发展的目标，构建了一个丰富的课程体系，形成了一个枝叶繁茂的课程树。第一篇理念篇是课程根基，保证课程原则和方向，为整个课程提供科学保障，第二篇实践篇，是课程的主体，延伸到儿童的整个生活中，互相联系、持续渗透构建了一个立体的生活化的文化启蒙体系。第三篇拓展篇，为读者提供了更多的游戏活动举例，这些游戏可以灵活引用到各主题之中，也可以不和主题联系，单独使用，各位幼儿教育工作者也可以灵活生成新的游戏。第四篇成果荣誉篇，见证了七年来大家走过的足迹，既是荣誉更是激励。为了给使用者提供更加直观和丰富的课程资源，本书提供了课程视频资源，和孩子们的一些日常游戏活动，大家可以通过扫描二维码查看，由于篇幅和内容的局限，有很多很好的活动设计没有进入本书，本课程只是为大家提供一个范例，希望大家能够结合自己本园实际，灵活生成新的课程，与自己本园主干课程搭配使用。

本课程在建设过程中，得到了很多人的关心、帮助和支持，周念丽教授是原发起者，她一直在关注和指导课程建设的进展；幼儿教育家朱家雄先生对本课程非常感兴趣，亲自到安阳感受并指导，并且多次给予关注；还要感谢幼儿园的老师们，在专家指导下不断地探索、实践，王英、于明伟、郭欢、韩方会等，这些老师给我留下了深刻的印象，可以说成熟的课程体系建构，离不开这些兢兢业业幼儿老师们的实践和敬业精神，在此过程中，她们也得到了专业的成长，获得了一次次的优质课、展示课、优秀教育活动、游戏活动的奖项，始于付出终于收获，在文明传承的道路上没有尽头，意识到我们作为教育者的使命，便不能停歇，再接再厉，为中华文明的传承添砖加瓦。

由于作者水平有限，难免有不足和疏漏之处，恳请广大读者批评指正。

目录

理念篇:幼儿趣味甲骨课程解读

第一章　幼儿趣味甲骨课程构建的意义 …… 3

一、文化自信的培养应从幼儿做起 …… 3

二、甲骨文课程作为幼儿文化自信教育载体的独特价值 …… 4

三、中华文明传承的需要 …… 6

第二章　幼儿趣味甲骨课程构建的理论基础 …… 7

一、把握学前教育规律,构建科学的幼儿甲骨文课程体系 …… 7

二、以陈鹤琴“活教育”理论为课程建构和实施的指导思想体系 …… 7

第三章　幼儿趣味甲骨课程目标 …… 10

一、课程目标制定的依据 …… 10

二、趣味甲骨课程的具体目标 …… 11

第四章　幼儿趣味甲骨课程内容构建 …… 14

一、科学选取适合幼儿的甲骨文内容 …… 14

二、甲骨文课程内容选取原则 …… 14

三、甲骨文课程体系 …… 15

第五章　幼儿趣味甲骨课程的实施 …… 18

一、幼儿甲骨文课程的教育教学原则 …… 18

二、课程实施途径 …… 20

三、甲骨文课程的常用活动方法 …… 24

第六章　幼儿趣味甲骨课程的评价 …… 26

一、实践教师的评价 …… 26

二、幼儿的发展表现 …… 27
三、家长的反馈 …… 27
四、专家的评价 …… 28
五、课程效果评价 …… 28
六、创新与拓展 …… 28

实践篇:课程体系

小班　幸遇甲骨　感受文明 …… 33
主题一　你好,幼儿园(9月) …… 33
主题二　你好,甲骨文(10月) …… 41
主题三　水精灵和火娃娃(11月) …… 49
主题四　我的身体(一)(12月) …… 58
主题五　神奇的大自然(一)(3月) …… 67
主题六　我的动物朋友(一)(4月) …… 74
主题七　多变的天气(5月) …… 87
主题八　交通安全我知道(6月) …… 95
中班　走进甲骨　体验文明 …… 105
主题一　我是中国人(9月) …… 105
主题二　孝在重阳(10月) …… 115
主题三　我的身体(二)(11月) …… 125
主题四　过年了(12月) …… 135
主题五　男孩女孩(3月) …… 144
主题六　我的动物朋友(二)(4月) …… 153
主题七　神奇的大自然(二)(5月) …… 162
主题八　一起探“米”(6月) …… 172
大班　解密甲骨　传承文化 …… 182
主题一　我爱我的国(9月) …… 182
主题二　遇见秋天(10月) …… 194
主题三　我的身体(三)(11月) …… 203

主题四　冬爷爷的礼物(12 月) …… 212
主题五　神奇的大自然(三)(3 月) …… 221
主题六　我的动物朋友(三)(4 月) …… 231
主题七　走进小学(5 月) …… 242
主题八　文明之光(6 月) …… 253

拓展篇:游戏活动

室内游戏 …… 267
一、打卡安阳网红景点 …… 267
二、动物巴士 …… 268
三、甲骨文探秘 …… 268
四、解救小动物 …… 269
五、看图猜成语 …… 270
六、快乐农场 …… 270
七、送甲骨文宝宝回家 …… 271
八、小动物吃食物 …… 272
九、颜色对对碰 …… 272
十、找朋友 …… 273
十一、采花蜜 …… 274
十二、甲骨文穿扣子 …… 274
十三、版画 …… 275
十四、姓名描写 …… 276
十五、甲骨文搭搭乐 …… 276
十六、甲骨文动物吃豆子 …… 277
十七、甲骨文风车 …… 278
十八、甲骨文故事骰子 …… 278
十九、甲骨文华容道 …… 279
二十、甲骨文转转转 …… 280
二十一、解救小动物 …… 280

二十二、井字棋 …… 281
二十三、十二生肖拉火车 …… 282
二十四、看图猜成语 …… 282
二十五、拓印 …… 283
二十六、有趣的甲骨文沙画 …… 284
二十七、大气循环 …… 284
二十八、十二生肖砂子板 …… 285
二十九、小鱼排排队 …… 286
三十、娃娃吃糖豆 …… 286
三十一、文字大印章 …… 287
三十二、甲骨文配配乐 …… 288
三十三、甲骨魔术包 …… 288
三十四、数点对应 …… 289
三十五、数的分解 …… 289
户外游戏 …… 291
一、跳皮筋 …… 291
二、甲骨文翻翻乐 …… 292
三、小皮球拍一拍 …… 292
四、追逐赛 …… 293
五、哪个字不见了 …… 294
六、版筑 …… 294

成果篇

一、宣传报道 …… 299
二、出版发表 …… 323
三、成果获奖 …… 332
四、会议分享 …… 337
五、观摩学习 …… 343

理念篇

幼儿趣味甲骨课程解读

第一章 幼儿趣味甲骨课程构建的意义

一、文化自信的培养应从幼儿做起

当今世界正处在大发展大变革大调整时期，世界多极化、经济全球化、社会信息化、文化多样化深入发展，各种思想文化交流交融交锋更加频繁，进一步凸显了文化软实力在综合国力竞争中的战略地位。①

文化是民族的血脉，是人民的精神家园。习近平总书记讲："一个国家综合实力最核心的还是文化软实力，这事关精神的凝聚，我们要坚定道路自信、理论自信、制度自信，最根本的还要加一个文化自信。"他指出："文明特别是思想文化是一个国家、一个民族的灵魂。无论哪一个国家、哪一个民族，如果不珍惜自己的思想文化，丢掉了思想文化这个灵魂，这个国家、这个民族是立不起来的。"②

坚定文化自信事关国运兴衰、事关文化安全、事关民族精神独立性。历史和现实都充分表明，一个国家、一个民族只有对自己的祖国文化充满信心，只有清醒地认识自己的文化从哪里来，现在处在什么方位、又将走向何方，才能在此基础上自觉承担起文化责任。

文化自信，是对自己本民族文化的充分自信和尊重，既不妄自菲薄，也不盲目自大，才能形成不卑不亢的文化心理态度。文化自信不是故步自封，而是在尊重母文化的基础上，以开放的心态，容纳和吸收现代文化与外来文化。

但是，随着我国经济社会深刻的变革，对外开放日益扩大，互联网技术和新媒体快速发展，西方各种社会文化思潮大量涌入，一定程度上出现了以洋为美、以洋为尊，甚至贬低、漠视优秀传统文化的现象，在这种空虚的羡慕之下，是对本国文化的匮乏，从而造就的灵魂深处的文化自卑。

---

①② 2019-07-04，新华网，《坚定文化自信 提高国家文化软实力》，来源：光明日报，北京市习近平新时代中国特色社会主义思想研究中心；执笔：吴玉军、韩震。http://www.xinhuanet.com/politics/2019-07/04/c_1124709449.htm

幼儿是祖国的未来，这种文化自卑的影响也正悄然蔓延在幼教领域，影响着幼儿的精神领地。如在幼儿园的命名中，某些幼儿园起名为“哈佛”“剑桥”“牛津”之类的比比皆是，还有一些幼教机构追求的高品质就是各种崇外，建筑风格崇外、教学方式崇外、宣传海报上更是各种外教头像、各种英文式宣传。相比这些表面的现象更可怕的是思想、文化、价值观的渗透，更隐蔽的是孩子们耳濡目染的学习内容。比如幼儿园的绘本教学内容大多是翻译来的外国作品，在我们一项关于幼儿家庭阅读内容的调查中，70.25%的内容是外国作品，中国作品也大多和一些科普类、幼儿现代插画类有关，涉及我国优秀传统文化、经典内容、中国思想文化价值观的内容更少，这种现象值得我们去思考和关注。任何文化作品中必然蕴含本国的思想文化价值观，幼儿阶段正是吸收性心智阶段，心灵如同一张白纸，如果在人生思想的奠基阶段不用自己祖国的文化价值去滋养，反而大量吸收外来文化，有可能会种下什么都是外国的好的思想种子。这些潜移默化的文化因素，都会影响孩子的文化认同，进而影响一个民族的文化自信。所以培养文化自信必须从幼儿抓起，用中华优秀的传统文化滋养成长中的儿童，输入主流母文化、热爱母文化，才是培养公民文化自信的根源，进一步增强未成年人的文化自觉和文化自信，在此基础上，培养孩子的文化自尊。

习近平总书记在党的十九大报告中指出，深入挖掘中华优秀传统文化蕴含的思想观念、人文精神、道德规范，结合时代要求继承创新，“从家庭做起，从娃娃抓起”让中华文化展现出永久魅力和时代风采。2017 年 1 月，中共中央办公厅、国务院办公厅印发的《关于实施中华优秀传统文化传承发展工程的意见》指出，要将中华优秀传统文化教育贯穿国民教育始终，以幼儿、小学、中学教材为重点，构建中华文化课程和教材体系。

二、甲骨文课程作为幼儿文化自信教育载体的独特价值

（一）甲骨文是中华优秀传统文化的根脉

甲骨文发现于我国河南省安阳市，距今约 3600 多年，2017 年成功入选《世界记忆名录》。甲骨文是迄今为止我国发现的年代最早的成熟文字，是汉字的源头和中华优秀传统文化的根脉，习近平总书记 2014 年在参加北京市海淀区民族小学庆祝“六一”国际儿童节活动中指出：“为什么中华民族能够在几千年的历史长河中顽强生存和不断发展呢？很重要的一个原因，是我们民族有一脉相承的精神追求、精神特质、精神脉络。今天我们使用的汉字同甲骨文没有根本区别。这种几千年连贯发展至今的文明，在世界各民族中是不多见的。”

(二)甲骨文承载着中华文化的内涵

甲骨文是中国精神之缘起、中国古代信仰之源头、中国传统文化特质与品格之由来、中国艺术美学之发轫的最真实的素材。[①] 每一个甲骨文字背后都蕴含中华民族的文化内涵,渗透我国古代劳动人民朴素的文化思想和传统美德。如“人()”字就是一个躬身行礼的人“”,说明中华民族历来就是礼仪之邦,做人要谦虚,要懂礼貌,“从()”就是两个人一起同向而行,而“北”就是两个人相背而行“”,而父亲的“父()”,代表着一个人手里拿着一柄石斧,是力量与勇敢的象征,引申为持斧之人,是一个手拿权杖值得敬重的人,等等。从甲骨文入手,可以培养幼儿对中华传统文化的热爱、对优秀传统美德的尊重。甲骨文与幼儿教育相融合,可以让幼儿直观地感受到三千年前中国古人的智慧,和对世界文明的贡献,产生民族文化自豪感。从娃娃抓起,在懵懂未开之时,对中华文化的崇敬便已融入血液之中,甲骨文是一个很好的载体。

(三)甲骨文可以培养幼儿对汉字亦诗亦画的学习兴趣

《幼儿园教育指导纲要(试行)》指出,要培养幼儿对生活中常见的简单标记和文字符号的兴趣。甲骨文属于象形文字,素有一个字一幅画的美称,如“日”就是一个圆圆的太阳“”,“月”就是天生半轮“”,“”等,象形直观,生动有趣,非常容易引起孩子们的兴趣,可以让幼儿在拼拼摆摆、写写画画、捏捏玩玩中轻松了解汉字的起源,对中国汉字产生极大的兴趣。

甲骨文亦诗亦画的特点与幼儿的具体形象思维的特点相吻合,有人认为远古时代的人类,如同人类的“婴儿期”,其所思所想与婴幼儿有相通之处,幼儿和古人之间通过甲骨文可以有更好的沟通和理解。

(四)甲骨文化融入幼儿文化自信教育具有普适性

甲骨文发现于河南安阳,相关的文化胜地有殷墟、中国文字博物馆等,作为安阳人常常以此为自豪,“我是安阳人,学点甲骨文”也常常被挂在嘴边,但是甲骨文虽然在河南安阳发现,确并不是仅仅属于安阳的本土资源,它属于全中国甚至属于世界。从清末甲骨文的发现,到新中国成立以来,甲骨文研究就始终受到国家与社会各方的高度重视。进入21世纪,国家更是把甲骨文研究提高到与中华优秀文化体系构建相关的战略高度,2017年,甲骨文成功入选联合国教科文组织“世界记忆名录”,标志着甲骨文在世界文化中的重要地位和历久弥新的影响力。

① 《光明日报》,2019年11月04日14版.宋镇豪(中国社会科学院古代史研究所研究员)《纪念甲骨文发现和研究120周年》,光明网,http://www.gmw.cn/guoxue/2019-11/04/content_33288976.htm

2019年11月4日，习近平致信祝贺甲骨文发现和研究120周年，强调坚定文化自信促进文明交流互鉴，习近平在贺信中指出，殷墟甲骨文的重大发现在中华文明乃至人类文明发展史上具有划时代的意义。甲骨文是汉字的源头和中华优秀传统文化的根脉，值得倍加珍视、更好地传承发展。所以将甲骨文融入幼儿教育，培养幼儿的文化自信、对母文化的自豪感尤为关键，通过让幼儿接触甲骨文、玩甲骨文，了解中华传统文化，产生民族文化自豪感，培养幼儿的文化自信，进行课程的构建与实施，具有较高的推广性和普适性。

三、中华文明传承的需要

文化是一个国家、一个民族的灵魂，文明就像一束光，照亮了人类前进的道路。中华文明源远流长、博大精深，铸就了中华民族博采众长的文化自信，文明也需要传承和创新、发扬光大。本课程紧扣中华文明丰富璀璨的底蕴，让幼儿感受了解中华文化的博大精神，培植对祖国文化的热爱和文化自信，激发继承和发扬光大中华文化的积极主动性，理解文明对人类发展的重要意义，激发幼儿对中华文明的继承、传播和创新的情感，和“中华文明我传承”的责任意识，为进入小学的学习注入动力，成为有责任、担当的新时代幼儿，为继承和发扬中华文明而努力学习。

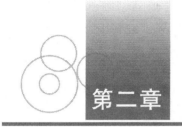

第二章 幼儿趣味甲骨课程构建的理论基础

一、把握学前教育规律，构建科学的幼儿甲骨文课程体系

强调课程的科学性，幼儿教育有其特殊的教育规律和特点，在《关于实施中华优秀传统文化传承发展工程的意见》中也指出，要遵循学生的认知规律和教育教学规律，吕武指出《幼儿园传统文化教育：须以适宜儿童为前提》。幼儿园的教育对象是3—6岁的幼儿，游戏应是其主要活动。由于幼儿的身心发展特点，所以在幼儿园中进行传统文化教育，在内容、形式、过程等方面，应该有适合幼儿的特殊方法。如果不顾幼儿的身心特点，盲目进行传统文化教育，就可能会适得其反，我们反对死记硬背、为学习而学习的超出幼儿身心发展水平的、增加幼儿压力的学习方法。

所以我们要构建的甲骨文文化课程，必须是建立在幼儿心理学、幼儿教育学的基础上，符合幼儿身心发展特点、学习特点的幼儿课程，这是保证该课程的科学性的基石。

二、以陈鹤琴“活教育”理论为课程建构和实施的指导思想体系

正确的理论指导是课程从建构到实施的整个思想体系和灵魂。“趣味甲骨文”课程主要以陈鹤琴先生的“活教育”理论为指导思想体系，也结合了中外多位幼儿心理学家和教育家的理论。

陈鹤琴是中国幼儿教育之父，创立了“活教育”理论，一生致力于中国化、平民化、科学化的幼儿教育。

（一）中国化、平民化、科学化

选取甲骨文的教育内容融进幼儿教育，培养幼儿的民族文化自信，以“活教育”思想体系作为理论支撑，体现了“中国化”的特点；课程建设必须遵循幼儿身心发展的特点和幼儿学习的特殊方式和方法，课程内容、思想观念要正确，要为幼儿将来的发展负责，体

现了“科学化”；课程与幼儿生活紧密结合，充满浓浓的生活气息，简单易学容易操作，不需要奢侈的投入，只要有心就可以做，体现了“平民化”。

（二）做人、做中国人、做现代中国人

“活教育”理论的目标观指出：幼儿教育首要的教育目标就是要培养幼儿学会做人、做中国人、做现代中国人。

第一层含义是“做人”。做人的道理在“甲骨文”中有很好的体现，如“学习”的“学”（）字形释义就是老师手把手在教幼儿学习，“习”（）字形释义就是小鸟在振翅学习飞翔，通过相关甲骨文字的学习，给幼儿渗透“做人”的道理和基本规则。

第二层含义是“做中国人”。我们要培养的是热爱中华文化、拥有民族文化自信的继承者，所以作为“中华文明之源”的甲骨文，要给孩子的是中华做人之道，是真正意义上的中国人。如对“人、孕、保”（、、）等甲骨文字的认识，就很好地渗透了中华民族做人的准则。

第三层含义是“做现代中国人”。时代在发展，思想文化也要发展，我们要结合现代民族精神和文化，对原有甲骨文进行审视和挑选，取其精华去其糟粕，把符合现代精神的、最有意义的、最直观形象的文字选出来，既要忠于其本来的含义，还要符合现代精神和文明。

（二）大自然、大社会都是活教材

“活教育”理论提出，大自然、大社会都是活教材，本课程正是建立在“大自然、大社会都是活教材”的理念上，将幼儿学习的甲骨文内容紧密结合幼儿的社会生活、自然环境，包括和家人、老师、他人的相处之道，从“口目四肢”到“衣食住行”，从“日月水火星辰”“风霜雨雪”“山川河流”的自然现象，到“飞鸟走兽”“花草五谷”的动植物世界，体现了大自然万千世界的丰富和美丽，是自然与社会的相互交融、浑然一体，充分体现“活教育”理论中将大自然、大社会作为幼儿教育的活教材的课程理念。

（三）做中学、做中教、做中求进步

陈鹤琴认为孩子的知识来自直接经验，书本知识是间接经验，儿童不易领悟，所以一定要让孩子在“做中学”，老师要在“做中教”。为了让幼儿理解并喜欢甲骨文，我们让孩子在玩中学、做中学，听故事、观形象，在做一做、画一画、拼一拼、摆一摆、动一动、玩一玩中自然渗透，突出“有趣”“好玩”的特点，是富有活力的“活教育”，而不是灌输式的“死教育”。

（四）“五指课程”和“整个教学法”

陈鹤琴先生的“活教育”理论提出了“五指课程”和“整个教学法”，强调了幼儿课程的完整性和整合性。

我们把有趣的甲骨文结合当前的“五大领域”和“主题整合课程”，以每个单元为主

题,辐射到五大领域的发展目标,如“我的身体”单元,把“眼、耳、口、鼻”等相关的甲骨文放到一起学习,通过感知相应的甲骨文字,延伸到五官的作用的科学领域、对五官的保护的健康领域,也可以延伸到认识“我自己”的自我意识的发展。我们通过选取有联系的甲骨文组成不同的单元主题,发散延伸到了幼儿发展的不同领域,课程目标和内容有机整合,体现了“活教育”理念的“五指课程”和“整个教学法”的基本思想。

第三章　幼儿趣味甲骨课程目标

课程目标是整个课程的方向标，是课程本身要实现的预期结果，决定着课程的体系和内容，也是课程评价的主要依据。

一、课程目标制定的依据

幼儿趣味甲骨文课程的目标制定依据结合考虑以下四个方面。

（一）课程建构源起的初心

本课程的构建源起发自对幼儿文化自信的培养，所以通过该课程的实施培养幼儿的文化自信，建立文化自豪感是课程构建的初心和最主要的目标。

（二）国家对幼儿教育目标的政策指导

国家颁布的《幼儿园教育指导纲要（试行）》和《3—6 岁儿童学习与发展指南》，是本课程制定目标时的重要依据。趣味甲骨文课程的具体目标是国家目标的具体和落实。

（三）幼儿本身的发展水平和学习特点

幼儿理解能力弱，处于具体形象思维阶段，以感知觉、游戏、活动为主要学习方式，所以幼儿阶段的甲骨文课程目标不在于去引导幼儿认多少字、更不在于去研究深奥偏僻的甲骨文字，而是定位为对甲骨文字感兴趣，感觉有意思，好玩，知道甲骨文是有丰富的含义的，愿意学习相关内容，愿玩甲骨文，所以好玩、有趣是本课程的过程性目标。

（四）教育内容的特点

甲骨文本身有其特殊的内容，从形式到内涵，都有其特殊性，所以课程目标应紧密结合教育内容本身，挖掘甲骨文本身所蕴含的教育目标。

二、趣味甲骨课程的具体目标

(一)课程总目标

培养幼儿民族文化自信,激发民族文化自豪感,感知了解中华优秀传统文化,知道甲骨文是迄今为止发现的最早的文字,是中国汉字的源头,是中华文明的精神家园,感知中华文明的精神内涵,热爱中华文化,热爱祖国,促进德智体美劳全面发展。

(二)过程目标

通过捏、摆、拼、比、拓、讲、演、画等活动法式,感知甲骨文的好玩、有趣,愿意玩、喜欢玩,自然而然地喜欢上甲骨文以及相关文化,在玩中促进各方面的发展。

(三)三维目标

1. 情感态度目标

(1)感知中华文化的源远流长和博大,培养文化自信和民族自豪感。

(2)通过相关甲骨文内容的感知,了解甲骨文相应的文化内涵和价值观,渗透中华传统文化价值观,接受和内化为自己的行为规范。

(3)通过对甲骨文字象形、表意等特点的学习,激发对汉字的喜爱,为走向正式的汉字学习奠定基础。

(4)感受中华文明的丰富与灿烂,树立中华文明我传承的使命感。

2. 认知目标

(1)感知甲骨文,知道甲骨文是中国三千年前的文字,是中华文明的起源。

(2)学习与生活密切相关的简单的甲骨文字,了解甲骨文的象形、表意等特点,能说出部分甲骨文的含义。

(3)通过相关的甲骨文,延伸发展健康、科学、语言、艺术、社会等基本内容。

3. 动作技能目标

(1)通过捏、摆、拼、比、拓、讲、演、画等学习,促进精细动作的发展。

(2)通过户外相关活动,促进跑、跳、钻、提、爬、投等大动作的发展。

(四)年龄阶段目标

1. 小班年龄特点和阶段目标

小班幼儿处于由直观动作思维向具体形象思维过渡的阶段,仍然以直观动作思维为主,学习目的性不强,可接受水平有限,学习方式主要以直观感受为主,主要以接触、熏陶、产生兴趣为主，因此小班的趣味甲骨课程目标为：幸遇甲骨，感受文明。主要以对甲骨文的感受为主，学习方式主要以捏一捏、摆一摆、拼一拼等动手的方式来认知甲骨文，知道甲骨文，初步对甲骨文产生兴趣，为甲骨文感到骄傲。

2. 中班年龄特点和阶段目标

中班幼儿属于典型的具体形象思维，有了很多创意和想法，学习具有一定的目的性，具有强烈的好奇心和探索欲望，有了一定的理解能力，主要通过游戏的方式认知万事万物，因此中班的趣味甲骨课程目标为：走进甲骨，体验文明。通过各种游戏和互动，感受甲骨文的魅力，通过故事、图片、拓印、比一比、画一画等多种方式认知甲骨文，了解甲骨文背后的文化内涵，更乐于去宣讲甲骨文，为祖国灿烂文化感到自豪。

3. 大班年龄特点和阶段目标

大班幼儿抽象逻辑思维开始萌芽，理解能力、学习能力进一步增强，面临幼小衔接，具有更强的学习能力和理解力，具有了一定的理想和志向的萌芽，初步的民族责任意识的感受，通过猜一猜、下甲骨棋、区域活动、户外活动、走向社会等，将甲骨文与日常生活、汉字的认识相联系，除了进一步拓展认识相关的甲骨文外，还可以连片认识，把一组相关的甲骨文放到一起，促进对中国文字造字艺术的初步感知，了解汉字的演变过程，增加对文字的兴趣，同时赋予传承文明、弘扬优秀传统文化的责任感。

（五）具体的主题单元目标

根据幼儿年龄特点，设定主题，根据主题内容和幼儿年龄特点，设定具体的单元目标和具体的活动目标（表1–3–1）。

表1–3–1　趣味甲骨文课程目标分解表

<table>
<tr><td>总目标</td><td colspan="2">培养民族文化自信，激发民族文化自豪感</td></tr>
<tr><td>过程目标</td><td colspan="2">通过捏、摆、拼、比、拓、讲、演、画等活动法式，感知甲骨文的好玩、有趣，愿意玩、喜欢玩，喜欢甲骨文以及相关文化</td></tr>
<tr><td rowspan="3">三维目标</td><td>情感态度</td><td>1. 感知中华文化的源远流长和博大，培养文化自信和民族自豪感
2. 通过相关甲骨文内容的感知，了解甲骨文相应的文化内涵和价值观，渗透中华传统文化价值观，接受和内化为自己的行为规范
3. 通过对甲骨文字象形、表意等特点的学习，激发对汉字的喜爱，为走向正式的汉字学习奠定基础</td></tr>
<tr><td>认知目标</td><td>1. 感知甲骨文，知道甲骨文是中国三千年前的文字，是中华文明的起源
2. 学习与生活密切相关的简单的甲骨文字，了解甲骨文的象形、表意等特点，能说出部分甲骨文的含义
3. 通过相关的甲骨文，延伸发展健康、科学、语言、艺术、社会等基本内容</td></tr>
<tr><td>动作技能</td><td>1. 通过捏、摆、拼、比、拓、讲、演、画等学习，促进精细动作的发展
2. 通过户外相关活动，促进跑、跳、钻、提、爬、投等大动作的发展</td></tr>
</table>

续表 1-3-1

	年龄段	年龄特点	阶段目标
年龄阶段目标	小班	仍然以直观动作思维为主,学习目的性不强,可接受水平有限	主要以对甲骨文的感受为主,学习方式主要以捏一捏、摆一摆、拼一拼等动手的方式来认知甲骨文,知道甲骨文,初步对甲骨文产生兴趣,为甲骨文感到骄傲
	中班	属于典型的具体形象思维,有了很多创意和想法,学习具有了一定的目的性	感受甲骨文的魅力,通过故事、图片、拓印、比一比、画一画等多种方式认知甲骨文,了解甲骨文背后的文化内涵,更乐于去宣讲甲骨文,为祖国灿烂文化感到自豪
	大班	抽象逻辑思维开始萌芽,理解能力、学习能力进一步增强,面临幼小衔接	通过猜一猜、下甲骨文棋、天气预报等,将甲骨文与日常生活、小学汉字的认识相联系,除了进一步拓展认识相关的甲骨文外,还可以连片认识,把一组相关的甲骨文放到一起,促进对中国文字造字艺术的初步感知,了解汉字的演变过程,增加对文字的兴趣
主题单元目标	根据幼儿年龄特点,设定主题,根据主题内容和幼儿年龄特点,设定具体的单元目标和具体的活动目标		

第四章 幼儿趣味甲骨课程内容构建

一、科学选取适合幼儿的甲骨文内容

幼儿阶段的甲骨文融入目标并不在于引导幼儿认识多少字，更不在于研究多少深奥艰深的甲骨文字，而是应定位为对甲骨文字感兴趣，感觉有意思、有趣，通过玩知道甲骨文是有丰富的含义的，激发其对甲骨文的兴趣，进而拓展到对汉字的兴趣，对传统文化的兴趣。甲骨文内容相当丰富，涉及社会生产、科学文化，包括王事、田猎、商业、交通、医学、天文、农业以及饲养业等，单字量约 4400 个。在幼儿甲骨文内容的选择上，要充分考虑幼儿的年龄特点和幼儿教育专业的特色，做到科学合理。

二、甲骨文课程内容选取原则

对于幼儿甲骨文教育内容的选择要做到科学合理，充分考虑幼儿教育的特殊性。中华文化浩如烟海博大精深，并不是所有的内容都适合幼儿，我们应该根据幼儿的年龄特点、认知特点，选择适合的内容。

（一）要与幼儿的生活紧密联系

要取材与幼儿生活紧密相连的简单易懂的甲骨文字，如自己的身体“口”“目”“耳”“手”、自然生活环境“日”“月”“山”“水”等，与幼儿生活距离较远不容易为幼儿所理解的不取。因为只有与幼儿的生活紧密联系的内容，才是有活力、有意义的，才能够为幼儿理解和接受。幼儿接触甲骨文，一切从其生活开始，不能为学习而学习，不以量、难度、水平高低为评价标准。

（二）要能够体现积极的中华传统文化内涵

选取的内容要吻合现代精神文明，与现代文明价值观相悖的甲骨文字不取。因为幼儿处于人生的奠基阶段，一切教学内容都具有教育性，我们要保证给予幼儿的一切，都要为孩子的一生发展负责，启蒙之初要给予孩子正确的价值观、人生观、世界观，所以要选取能够凸显积极文化价值的甲骨文字。

（三）要直观形象，富有童趣

直观形象的内容符合幼儿的认知特点，能为幼儿喜爱和理解接受。3—6 岁的幼儿处于具体形象思维阶段，形象的东西更容易为幼儿所喜欢、理解、接受，更容易引起幼儿的联想和思维，也更容易为幼儿所记忆。

（四）含义解释要确切，无疑义、无争议

语言的工具性和通用性，决定了大家的理解应该是一致的。幼儿第一次接受的认知必须保证是准确无误的，不能误解，不能有歧义，所以一定要选择专家有定论的、公认的，无疑义、无歧义的甲骨文字，老师的讲解也要准确，忠于原意。

（五）要有相互联系

选取的甲骨文字要有相互联系，组成一个个单元主题，以此为核心延伸覆盖五大领域。尽可能把同类的相关字放一起，组成一个主题，如“耳目口鼻”等字组在一起，成为“我的五官”主题单元，通过一组相关的甲骨文字，组成一个主题单元，以此为核心延伸覆盖五大领域，初步形成系统内容，而不是割裂的单个甲骨文字。

三、甲骨文课程体系

通过幼教专家与甲骨文研究专家合作研讨，结合幼儿生活，在五年探索的基础上，根据幼儿年龄不同的阶段特点选取合适内容，按照一个月一个主题，构建了小班、中班、大班各 8 个主题共 24 个主题单元活动，从小班的“幸遇甲骨、感受文明”到中班的“走进甲骨、体验文明”，再到大班的“解密甲骨、探寻文明”，体现了由感性到理性、由易到难、由简到繁、从感知到体验到传承的渐进关系（图 1-4-1）。

每个单元主题又分解成 2—3 个集体活动和区域活动、户外活动、家庭亲子活动等，覆盖社会、科学、身体、自然现象、动物、植物、安全、方位、社会风俗、四季等多个方面，整合社会、健康、语言、科学、艺术五大领域全面发展的目标，构建了丰富的课程体系，形成了一个枝叶繁茂的课程树。理论是根基，保证其原则和方向，为整个课程提供滋养，单元内容是树的枝条，延伸到具体的课程领域。

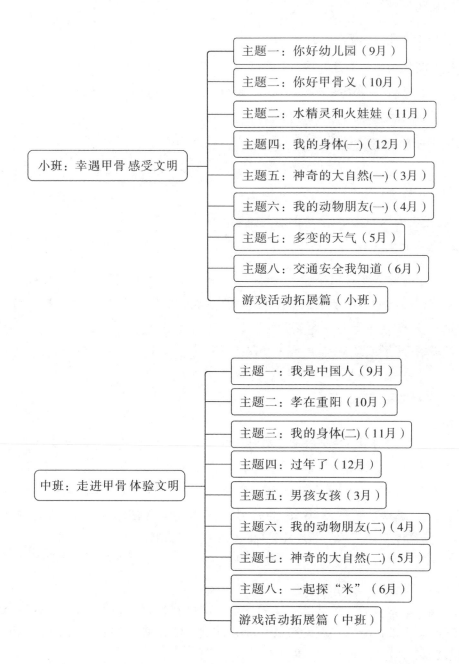

- 小班：幸遇甲骨 感受文明
  - 主题一：你好幼儿园（9月）
  - 主题二：你好甲骨义（10月）
  - 主题二：水精灵和火娃娃（11月）
  - 主题四：我的身体(一)（12月）
  - 主题五：神奇的大自然(一)（3月）
  - 主题六：我的动物朋友(一)（4月）
  - 主题七：多变的天气（5月）
  - 主题八：交通安全我知道（6月）
  - 游戏活动拓展篇（小班）

- 中班：走进甲骨 体验文明
  - 主题一：我是中国人（9月）
  - 主题二：孝在重阳（10月）
  - 主题三：我的身体(二)（11月）
  - 主题四：过年了（12月）
  - 主题五：男孩女孩（3月）
  - 主题六：我的动物朋友(二)（4月）
  - 主题七：神奇的大自然(二)（5月）
  - 主题八：一起探“米”（6月）
  - 游戏活动拓展篇（中班）

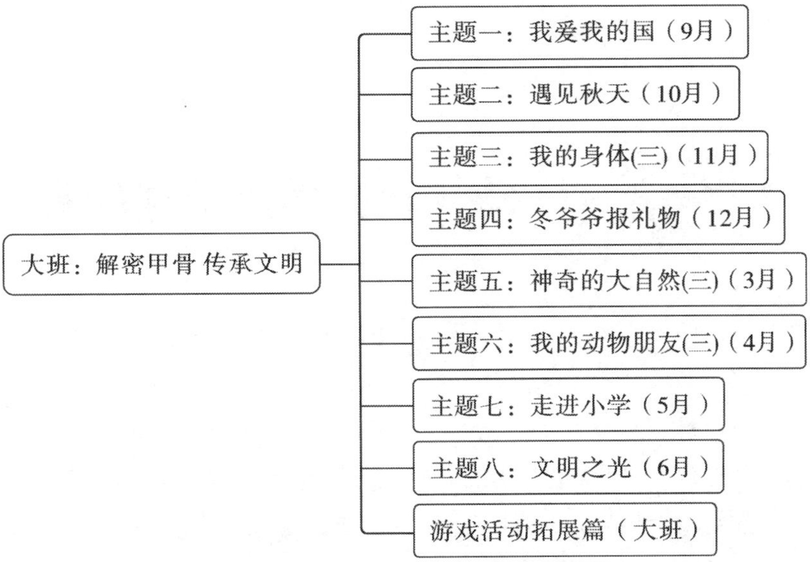

图 1–4–1　甲骨文课程体系

第五章 幼儿趣味甲骨课程的实施

幼儿阶段是吸收性心智阶段，是感性学习阶段，难以理解高深的和深奥的意义，但是优秀传统文化的熏陶却可以从最基本的情感上熏陶感染幼儿，用中华优秀传统文化滋养成长中的幼儿，在情感上培养对中华文化的热爱和自豪，从而初步了解中华文化，所以幼儿阶段是对文化的感知教育的最佳阶段。从感知入手，通过游戏、互动、体验，在潜移默化中萌发文化自信的种子。

一、幼儿甲骨文课程的教育教学原则

课程的价值更重要的要体现在其实施的过程中，为了确保本课程的意义和正确导向，我们提出以下相应的教育原则，以及具体实施途径和方法。

（一）古今兼顾原则

强调对甲骨文字的含义解析要恰当，既要忠于其本来的含义，不生造不牵强，不随意而解，不望文生义，同时还要符合现代精神和文明。我们尊重吸收传统文化，不等于不加辨析的全盘吸收，囫囵吞枣给幼儿，因为幼儿处于人生初学阶段，是人性的奠基阶段，一切教育都具有教育性，所以我们要保证启蒙之初要给孩子传递正确的价值观、人生观、世界观，给予幼儿的一切，都要为孩子的一生发展负责。所以所有的甲骨文字的解释和学习都要兼顾其本来的含义和对今天的幼儿的发展和影响。

（二）科学性原则

科学性原则体现在三个方面：所授内容的正确性、水平难度要适宜、符合幼儿心理特点。

其一，所授内容的正确性。这包括甲骨文字的释义要正确，出处、典故、其中的道理、科学内容等都是正确的。

其二，幼儿教育教学的难度要适宜。课程目标不是培养文字专家，也不是为认字而认字,课程定位是让幼儿了解甲骨文,感知中华传统文化内涵,带动五大领域全面发展,所以其学习的难度要适合于幼儿的理解和接受水平,同时针对不同的年龄班,所授内容、讲解的深度、目标的要求、活动使用的方法都要有所不同,一切都建立在对幼儿的身心特点、现有水平的了解基础之上,提出儿童能够达到的目标水平,即针对不同幼儿的最近发展区设计不同的活动方案,体现出难度的适宜性。

其三,幼儿教育教学的过程中所使用的方式方法手段,应该是符合幼儿的身心发展的特点,符合幼儿的教育规律的,这也是科学性原则的体现,具体可参照以下几个原则的具体要求。

(三)活动性原则

皮亚杰认为,儿童的心理发展是主体和客体相互作用的结果,是通过活动实现的,其中包括内部活动与外部活动,通过儿童与自己、与他人、与周围环境的互动而促进其成长和发展,心理起源于动作,动作是心理发展的源泉。幼儿阶段的认知特点具有操作性、感知性,所以最好的认知方式就是通过各种各样丰富多彩的幼儿活动,来进行全方位的感知、操作、互动,从而获得相应的关于甲骨文字以及相关内容的关键核心经验。

(四)直观性原则

由于幼儿处于具体形象思维阶段,在其短暂的人生经历中还缺乏丰富的经验积累,所以无法理解抽象的事物,而感知觉是一切认知的门户,幼儿的课程特点也应该以直接经验为主,因此,我们在幼儿的教育活动中应该遵循直观性原则,可以通过实物(文字博物馆的参观)、模拟(模拟甲骨文片)、视频(动画故事、文字的形象组合等)、音频、图画、直观教具、教师生动形象的描述等,通过幼儿的操作、观摩等直观手段,激发幼儿的兴趣,获得关于本内容的直观感性经验。

(五)趣味性原则

由于幼儿的学习和认知都是没有明确目的性的,以无意注意、无意记忆、无意想象为主,这就决定了幼儿的学习是从直接兴趣出发,所以甲骨文字的学习方式也要充满童趣,有趣、好玩是幼儿课程意义的基本保障。首先选字要选有趣的字,教学的实施也要有趣,比如通过做游戏、讲故事等;幼儿的操作也要有趣,包括亲子活动、健康活动等。一切活动都要尽可能有趣,体现“好玩”二字,这才是本课程的基本特点。

(六)渗透性原则

蒙台梭利说,“幼儿的眼睛是摄像机,耳朵是留声机”,吸收性的心智决定了儿童的每个毛孔每一天的都在吸收着新鲜的东西,幼儿以无目的性学习为主的认知特点,决定了对幼儿的学习,最好的办法就是随风潜入夜、润物细无声的潜移默化和渗透,所以甲骨文字课程的实施过程也最好是通过环境创设、多种活动、游戏、幼儿园一日生活、家庭等随时随地、不知不觉地渗透的方式，让幼儿根本没有意识到“我在学习甲骨文”“我在学习传统文化”，而这种情愫却已经在内心深处潜滋暗长。

（七）全面性原则

甲骨文课程的实施也要遵循全面性原则，全面性体现为在幼儿园的全方位铺开，同时与家庭合作，与社会合作。如家长的全面参与，在家庭中通过亲子活动一起玩甲骨文，家长通过开学典礼、升旗活动、节日活动等形式参与幼儿园的甲骨文课程活动中。另外，还可以组织幼儿到文字博物馆、殷墟博物院实地参观，到适当场合进行义务讲解、宣传，普及推广中华优秀传统文化，增加民族自豪感等。

（八）系统性原则

既然是课程，就应该成体系，是一个由易到难、有内在逻辑结构的系统，而不是支离破碎的堆积，所以，课程团队在开发本课程体系的时候，兼顾甲骨文字本身的内在系统性、联系性，和幼儿认知过程中本身的学习特点，即课程本身的提纲和幼儿内在的提纲，先是在甲骨文字之间的横向联系上形成有内在联系的一类字或者一个字群，如“我的身体”“神奇大自然”“动物朋友”等主题单元。同时我们考虑到幼儿的认知特点和接受水平，由易到难、由浅入深，螺旋上升，对不同年龄的幼儿提出了不同水平的目标要求，形成了一个兼顾发展个体和发展内容的科学的课程体系。

二、课程实施途径

课程的具体实施途径主要有：集体教学活动、区域活动、游戏活动、一日生活、家庭亲子互动、户外运动、环境创设、博物馆参访活动、社会活动、特殊活动等（图 1-5-1），多维度作为课程实施的支柱，通过这些丰富的途径将课程落到实处，扎根于幼儿生活的方方面面。

学习方式主要通过操作互动、感知体验、渗透融合等符合幼儿身心特点的方式。

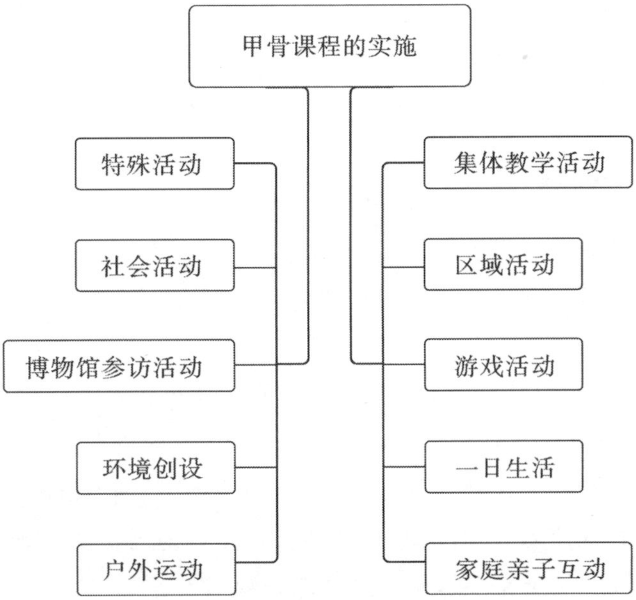

图 1-5-1　幼儿趣味甲骨文课程实施途径

(一)精心设计集体教育活动

通过教师专门组织的教育活动,有目的有计划地与幼儿互动,通过形象的动画视频、有趣的故事、高结构的教育环节,促进幼儿了解甲骨文字的生动形象和内在含义,通过用自己的身体或者器具(如小棍)拼一拼、摆一摆感受甲骨文字的结构和乐趣。

如讲好生命的故事,在幼儿已有对甲骨文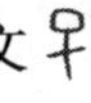(子)、(人)的经验基础上,出示妈妈怀孕的图片和甲骨文(孕)字,观察字形,对比图片,观察怀孕时妈妈的样子(肚子鼓鼓的,里面有个小宝宝),甲骨文(孕)字就是一个""字肚子里有了一个孩子,很直观形象,然后让幼儿肚子上挺着书包或者小被子,一整天都带着,感受妈妈怀孕的辛苦。

甲骨文"子"字还有一种写法是"",像婴儿两脚被裹在襁褓里,露出脑袋,挥动两臂。因为孩子小,需要保护,在很早以前父母们怕自己的孩子遭遇伤害,所以在父母外出和下地务农时,都会把孩子背在自己的背上,理解(保)字的字形和含义,就是一个成年人反手把孩子背在背上,就是"保",让幼儿说一说爸爸妈妈对自己的爱和保护,体会感受父母的爱,并延伸到如何自我保护领域。

孩子慢慢长大了,爸爸妈妈慢慢变老了,感知甲骨文字(老),就是一个人弯腰驼背,拄着拐杖,他们老了,腿脚不方便,行动有困难,让幼儿模仿老人,体会行动的不方便,进而思考我们能为他们做什么?让幼儿说一说我们都可以怎么帮助老人,并且延伸到家庭、敬老院、重阳节活动中,养成敬老爱老的优秀品德。

观察“”（保）字，可以很直观地看出小时候爸爸妈妈把我们背在背上保护我们，由此可引发出，等他们老了，我们来做他们的拐杖、做他们的依靠，这也是中华民族孝文化的重要内涵。

（二）潜移默化环境渗透

根据渗透性教育原则，充分利用幼儿以无意学习为主的特点，通过大环境（幼儿园整体）、中环境（教室内部）、小环境（区角创设）全方位立体的环境创设，对幼儿进行熏陶和感染。

大环境指幼儿园的整体环境创设，如幼儿园整体设计风格，大厅、墙壁、走廊十二生肖长廊、楼梯甲骨故事、天花板垂掉的甲骨拓片等，从大处营造一个充满中国传统风格的甲骨文氛围，用甲骨文背景装点美化幼儿园的整体环境，在幼儿目光、小手可触及处，用凸起或凹下的甲骨文字体，把孩子们喜闻乐见容易辨识的有趣的甲骨文字，以不同形式不同风格呈现，孩子不但每日可见耳濡目染，而且可以随时伸出小手去触摸、去描画这些字画相通的符号，在其内心犹如在通过一幅幅玄妙的神奇的画与古人进行心灵的沟通，还会随时随地向成人（家长或他人）介绍自己知道的甲骨文字，增加文化自信感。

中环境的教室内部环境也会布置相应的甲骨文课程内容，更多的与班级情况特点以及正在进行的课程内容相适应，其主题内容与设计应该与相应的主题吻合，如学习“气象万千”的内容，就应该是“风雨雷电、云雾冰雪”等甲骨文字以及相应的自然现象、天气特点，甚至可以延伸到让小朋友观察天气，并用相应的甲骨文字或者现代字或者图标来标注。

小环境指的是区域环境的创设，幼儿的活动强调除了集体活动之外，要根据幼儿的发展领域，创设相应的区域，通过投放适宜的材料让幼儿自由探索和操作。在甲骨文课程中也强调了区域环境的创设，如操作区、表演区、活动区、科学区、美工区等，结合幼儿当前的学习内容，以及其年龄特点，投放适宜的材料，供幼儿个性操作、自由组合。

（三）创意盎然的区域活动

伴随着主题教育活动，为幼儿们创设了相应的很多区域，进一步延伸对甲骨文字以及文字的再认识和学习乐趣。

如美工区，孩子们可以描画、拓印、喷绘、制作、镂空、缠绕各种有趣的甲骨文字，教师特制了仿真甲骨片，孩子们可以在上面用刀具刻画自己学过的甲骨文字，也可以在石头上、树叶上、纸上、布艺等上面喷绘，还可以用甲骨文字装饰各种生活中的用品等。语言区，孩子们用学过的甲骨文字讲故事，如“守株待兔”“狐假虎威”“后羿射日”等，还可以用“皮影戏”的形式表演出来，皮影戏做舞台，甲骨文字做主角，幼儿做导演和配音，表演出一个个生动的故事。益智区,通过各种棋类,如方位棋、走兽棋、气象棋等,玩法和规则可以开始由老师制订和引导,然后可以逐渐由幼儿自己商定玩法和规则,而且多个游戏都具有迁移性,如上述游戏也可以改成天气预报的气象类甲骨文字,也可以变换多种玩法。还有表演区、签到区、感统区、科学区等在每个班设置都不一样,但是都有甲骨文渗透的体现。

(四)户外运动动感体验甲骨文

户外运动中也渗透了甲骨文化元素,翻翻乐,在正方体的箱子的对应面分别写上相应的甲骨文字和现代汉字,孩子们在规定时间内,比赛哪一组翻出来的字多,多者获胜,孩子们在紧张激烈的运动中感受文字带来的快乐;影子墙,用孩子们的身体影子塑造出相应的甲骨文字,如弯腰行礼的“(人)”“(大)”等,孩子们户外活动时,总喜欢去对着比画一下,观看自己的影子与墙上的影子像不像,在感知甲骨文的同时,渗透了关于“影子”的科学知识。还有“墙来了”“版筑区”等,丰富的户外活动融力量、敏捷、趣味、文化于一体,真正把甲骨课程立体起来、活起来。

(五)融甲骨于生活

甲骨课程紧密结合了幼儿的一日生活,在签到区设置了用甲骨文字表现的“(云)、(雨)、(雪)、(日)”等图标来表示当天的天气情况;在面点区可以让幼儿在饼干上用各种果酱挤上自己喜欢的甲骨文字,厨师也会蒸出各种甲骨文字的面点,所以孩子们会以“我今天吃了一匹(马)”“我今天吃了一头(牛)”“我今天吃了一个(太阳)”等乐在其中,总之,在幼儿一日生活的各个流程中都巧妙地渗透了甲骨文化。

(六)家庭亲子活动玩转甲骨文

家庭亲子活动是幼儿教育的最好延伸,可以通过家庭亲子活动,给家长讲一讲,与家长玩一玩、画一画、做一做等活动,进一步加强幼儿对甲骨文课程的感受和理解,而且家长也会在此活动中收获很多关于甲骨文的相关内容,实现幼儿园在传统文化中的辐射带动作用,同时,通过高质量的亲子互动时间,也密切了亲子关系。

(七)博物馆参访活动实地体验甲骨文化

组织幼儿到中国文字博物馆、殷墟博物苑实地参访,通过看一看眼前的实景展示、摸一摸矗立的甲骨文雕刻、听一听文字老师的讲解,给幼儿直观的感受和心灵的触动。

(八)走向社会推广普及传统文化

幼儿园组织幼儿走入博物馆,体验“我来当小导游”“博物馆小小宣讲员”等活动,通过“给客人讲一讲”“甲骨文化宣传员”等,幼儿向社会普通民众推广宣传甲骨文化,增强幼儿自信心和民族文化自豪感。

(九)特殊活动点缀甲骨文化

通过节日活动、升旗活动、开学典礼、毕业典礼等特殊的活动,渗透甲骨文化和殷商文明,如毕业典礼上的“甲骨舞蹈”,升旗仪式上的“大王占卜”等活动,成为一颗颗璀璨的明珠点缀在幼儿甲骨课程中。

三、甲骨文课程的常用活动方法

(一)游戏法

通过多种幼儿喜欢的游戏方式在玩中渗透甲骨文字,如把表示不同方位(东西南北中)的甲骨文字制成骰子,幼儿可以几个人一起玩,每人可以先占住一个方位,然后轮流掷骰子,掷出什么方位,相应的幼儿获胜,大家可以都跑到其领地表示恭贺一次,也可以每次每个幼儿自己先猜一个方位,投掷出结果后,决定胜负。玩法和规则可以从老师制定到幼儿制订,而且多个游戏都具有迁移性,如上述游戏也可以改成天气预报的气象类甲骨文字,也可以变换多种玩法。

在本课程中伴随每个单元主题都设计了相应的游戏供参考,每个年龄段也提供了一些通用的游戏供老师选择,老师也可以根据具体情景和孩子们随机创生新的游戏。

(二)故事法

孩子们最喜欢的就是听故事,在故事中感受、学习、体验,通过讲故事,把一些有趣的甲骨文字串联起来,形成一个个有趣的故事图画,如通过“狐假虎威”的故事,把“虎、狐狸、兔”等动物类的甲骨文字组合到一起,通过学习古诗《悯农》,把“禾、苗、田、草、日、男、力”等甲骨文字组合到一起,形成一幅美丽的田间劳作图。通过对“人、孕、保、老、孝”等字的字形会意和串联,让幼儿认识到“人”在甲骨文字中丰富的内涵及中华传统美德。

(三)绘画法

让幼儿把自己接触过的直观形象生动的甲骨文字,组成一幅幅生动灵活的画,并且讲给别人听,通过造型、涂色、创意,一幅幅稚拙、古朴、美丽、灵动的甲骨文图画从幼儿的乐趣中诞生,不但在这个过程中加深了对相应的甲骨文字的理解和感受,同时培养了幼儿构图、色彩等美术素养和兴趣。

(四)操作法

通过各种操作活动,让幼儿通过自己的身体、双手、各种感官来感受和学习甲骨文,如用自己的身体摆出某个甲骨文字,也可以几个小朋友一起配合拼摆出某个字,当然也可以给幼儿提供多种材料,让幼儿去操作,如用各种泥塑让幼儿捏出某个甲骨文字,也可以是印刻,可以用刻好的甲骨文印章印出来(低龄幼儿),也可以让幼儿自己学刻甲骨文印章,然后再印出来,这样更有创造感、更有趣,比较适合大班幼儿。也可以让幼儿剪出来、画出来、用手指描画出来等多种趣味方法,让孩子在操作中自然渗透。

(五)创意玩法

对于中大班的孩子,有了一定的经验,具备了一定的目的性和思维水平,老师可以只是提供一些原材料,大胆放手让幼儿自己设计各种玩法,鼓励创新,甚至可以让孩子与家长设计玩法,然后与小朋友交流一起玩,结果发现这样的放手会极大地激发孩子们与家长的创新思维,新的玩法层出不穷。

第六章 幼儿趣味甲骨课程的评价

教育评价是幼儿园教育工作的重要组成部分，是了解教育的适宜性、有效性，调整和改进工作，提高教育质量的必要手段。课程评价可以为课程建设的价值与效果提供有效的信息，评价的过程，是审视、发现、分析、研究、解决问题的过程，也是更好地调整和发展课程建构的过程。

通过课程评价，获取反馈信息，为科学地组织和实施、改进课程提供依据。在课程组织和实施过程中，兼顾形成性评价与终结性评价，关注幼儿的学习动机与兴趣和多方面的发展；关注教师在活动的组织与实施过程中的问题反馈和专业成长；关注多元主体参与评价，在幼儿甲骨文课程的建构和实施的过程中，从多个角度收集课程评价的信息，包括形成性评价、总结性评价；注重评价形式的多样化，如通过问卷调查、座谈交流、专家评析、小组研讨等形式，综合采用了观察、谈话、作品分析等多种方法；注重评价主体的多元化，包括课程专家、课程实践教师、家长的反馈、幼儿的成长表现等；充分发挥评价的导向和改进功能，通过评价过程的反馈和调控，不断完善、提升课程质量。

一、实践教师的评价

在课程建设的过程中，每周都会研讨座谈，发现问题解决问题，总结经验，让实践教师谈心得感受，对课程各方面进行评价，实践教师普遍认为教学内容科学合理，实施过程有趣、好玩，能激发幼儿的很大兴趣，确实极大增强了幼儿的文化自信、民族自豪感，激发了幼儿对汉字的喜爱和学习的兴趣，同时拓展了幼儿对殷商文化、我国优秀传统文化的认知兴趣，同时带动了幼儿在五大领域的全面发展。教师们一致认为，幼儿甲骨文课程的开展，不仅促进了幼儿的发展，更重要的是也促进了老师的发展，通过课程实施的展开，使幼儿教师由衷地感到中华文化的源远流长和博大精深，也增强了教师的文化自信。在课题组的带动下，也促进了老师研讨的能力、搜集资料的能力、活动设计的能力、反思的能力、教科研的能力，有助于幼儿教师的综合素养的提升。

二、幼儿的发展表现

课程的最终效果要落实到幼儿的成长变化上,幼儿的行为表现和发展变化是课程效果的主要检验。通过观察、谈话、作品分析等多种方法对儿童的相应发展进行评估,通过几年的实施,发现孩子们对甲骨文的兴趣越来越浓厚,幼儿特别喜欢和甲骨文有关的活动,他们把甲骨文当成一幅画、一个故事、一个游戏,自然而然地陶醉其中,不知不觉地喜欢上甲骨文,会在生活中随口侃上几句关于甲骨文的文化,讲解一两段关于甲骨文的内容,走进幼儿园,孩子们都会争先恐后地指着环创中的某个符号给客人讲解。

在区角游戏、自由活动时间,孩子们也对相关内容表现出了浓厚的兴趣,对甲骨文的涂、抹、画、捏更感兴趣,由此引申到对古代的编钟、埙等古乐器的兴趣,通过对商文化的兴趣延伸到了解版筑、妇好、武丁等多方面的探索欲望,并且对中华优秀传统文化引以为傲。

幼儿由甲骨文延伸到对中国汉字的兴趣,经常能指着一个字讲明白这个字为什么这样写,有什么含义。尤其是大班幼儿,为其入小学的汉字学习奠定了浓厚的基础。通过参观安阳殷墟博物馆和中国文字博物馆,发现原来博物馆里许多的秘密值得他们去探索!他们还会利用周末或假期到安阳殷墟博物馆和中国文字博物馆当"小导游""小宣讲员",讲解他们的发现;他们还会用甲骨文加上自己的创意画来表达自己的故事和作品创作,比如用甲骨文加画的组合表现古诗《锄禾》《草》,寓言故事《守株待兔》《狐假虎威》,用皮影戏表演《后羿射日》等神话故事,一位叫美美的小女孩用甲骨文拓印的形式创作了连环画《美美的一家》。

这个过程中不但增强了幼儿的文化自信,也促进了幼儿的语言、情感、动作、认知等各个方面的发展,这些都说明趣味甲骨文课程在幼儿教育中的融合是有价值的,值得进一步落实和推广。

三、家长的反馈

在课程实施的过程中,每周每个主题都设计有家庭亲子活动,寓学习于游戏中,有幼儿园的示范玩法,有让家长和孩子自由发挥的创意玩法,有时候需要家长与孩子共同探索和研究,有时候需要家长参与一些活动,如博物馆的参访、幼儿园的节日活动等。课程组也会经常调研家长的感受和反馈。家长普遍认为甲骨文课程在幼儿园的开展有趣、好玩,在不知不觉间学到了很多知识,密切了亲子关系,也让家长学到了很多优秀的传统文化,发现我们国家的文化的博大精深,引起了对中国母文化的广泛兴趣。

四、专家的评价

课程组邀请了多位全国知名幼教专家作为课程指导，联合甲骨文研究领域的专家，共同对课程的建构和实施进行指导和把控，在课程在实施过程中，牢牢地把握住了幼儿教育的特点：趣味性、活动性、直观性、渗透性、全面性、系统性，符合幼儿教育的规律和方法，是科学适宜的，其结果是培养了幼儿的民族文化自信，促进了优秀传统文化在幼儿教育中的渗透，培养了幼儿对中华优秀传统文化的热爱、对传统美德的尊重。

五、课程效果评价

幼儿趣味甲骨文课程多次在全国学前教育年会、陈鹤琴“活教育”思想交流会上进行交流，得到了幼教专家、同行的高度认可。

（一）构建了幼儿文化启蒙新模式

以实践幼儿园作为实践基地，依据儿童文化启蒙的理论体系，结合儿童发展心理学、教育学的规律，选取优秀的中华传统文化甲骨文化为主要载体，研究探索儿童文化启蒙的实践体系，创设儿童文化自信教育的典型范例，为幼儿领域传统文化的融入做出了良好的示范，有效推动儿童文化自信教育的有效开展。

（二）为儿童文化启蒙教育探索新路径

以儿童文化启蒙理论为基础，以成功范例为原点，以幼儿教师培训为抓手，提供相关理论与实践研究的新思路和新靶点，培养塑造幼儿教师的文化信任，触发更多儿童文化启蒙与文化自信的教育灵感，优选传统文化资源，生成更多的优秀文化启蒙课程元素和路径，形成儿童文化自信教育的课程体系。

伴随着甲骨文作为中国的名片走向世界，实践园所的甲骨文课程引起了加拿大、韩国等国的兴趣，正在向世界讲述着中国的文明起源。

六、创新与拓展

（一）幼儿趣味甲骨文化课程的突破与创新

在课程构建的过程中，实践园所的效果带给了教育领域良好的示范作用，同时新的问题摆在面前，就是如何在此基础上突破和创新，教育无止境，现有的课程体系也不是终点，河南省教育厅办公室已经开展了三批甲骨文教育特色学校的评选，实践园所欢迎更多幼儿园、学校、教育工作者一起研讨，希望在现有课程的体系上构建新的课程生发点，如安阳市北关区区直幼儿园研究的重点开始从以甲骨文的显性成果转向更加关注幼儿在其中的成长和变化，有的幼儿园在甲骨文和武术的结合上创新了甲骨武术操，融中国文化与强身健体为一体，有的幼儿园重点在美术领域对甲骨文化的融入进行了探索，创新与突破是下一步大家需要研究探索的发展方向。

（二）儿童文化启蒙的研究

本课程的研究着眼幼儿文化自信的培养，在此过程中越来越感受到幼儿的文化启蒙与文化自信的塑造关系密切但又不是同一个概念，文化自信着眼的是社会视角，而文化启蒙着眼的是儿童视角；二者角度不同，文化启蒙是文化自信的因，文化自信是文化启蒙的果，从幼儿教育的角度出发，我们更应该做好儿童的文化启蒙。

（三）触发生成更多幼儿文化自信的课程

以儿童文化启蒙理论为基础，触发更多儿童文化启蒙与文化自信的教育灵感。课程团队拓宽思维，着眼更具有普遍意义的中国故事，优选实践园所，构建了多系列的中国故事园本课程，目标定位为讲好中国故事，培育中国精神，培养中国娃，优选中国神话故事、伟人故事、家乡故事、红色故事等传统文化资源，生成更多的优秀文化启蒙课程元素和路径，形成儿童文化自信教育的课程体系。

希望有更多的幼儿教育工作者，一起开发更丰富更优质的传统文化课程，做好幼儿文化启蒙工作，培育塑造中国文化自信。

实践篇

课程体系

小 班　幸遇甲骨　感受文明

主题一　你好，幼儿园（9月）

主题说明

3岁入园是幼儿从家庭生活走向集体生活、迈入社会的第一步，是他们成长历程中第一个重要的环境转换。幼儿入园要离开自己的爸爸、妈妈和熟悉的环境。与亲人分离、对陌生环境的不适应是他们面临的挑战。幼儿入园后第一个月的活动“你好，幼儿园”，其核心价值是尽快消除幼儿的焦虑和不安，将他们对家长的依恋顺利转向对教师和对幼儿园环境的喜欢，使他们能高高兴兴地上幼儿园。

在熟悉幼儿园环境的过程中，教师带领幼儿触摸幼儿园的甲骨文元素，初步感受甲骨文。并通过好玩的甲骨文游戏对甲骨文产生初步的兴趣和喜爱，从而引发幼儿参与活动的兴趣，帮助幼儿尽快熟悉幼儿园的环境、减缓心理焦虑。引导幼儿熟悉老师，幼儿园环境，逐渐适应幼儿园的生活。

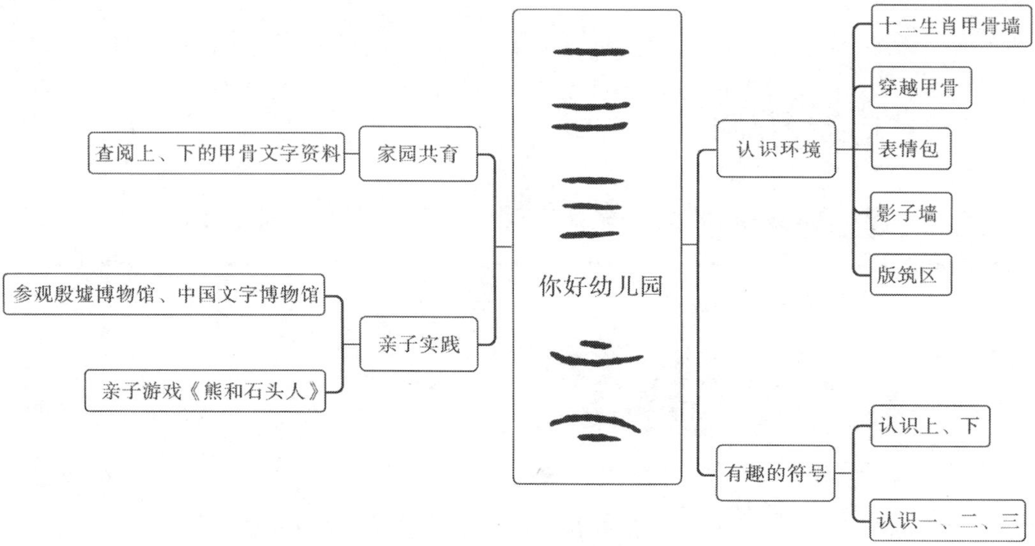

图 2-1-1 “你好,幼儿园”思维导图

教育活动一 认识幼儿园

环境创设对幼儿来说有着重要的意义和作用。环境本身就是老师,让环境发挥作用,让孩子与环境互动,展现孩子学习过程,小朋友在老师带领下,通过“五感”感知北幼的特色文化环境,熟悉环境,消除刚入园的紧张情绪。

活动目标

1. 熟悉幼儿园环境,认识幼儿园老师和班级小朋友。
2. 对幼儿园特色环境、文字符号感兴趣,喜欢参与甲骨文游戏。

活动重点

熟悉幼儿园环境,认识幼儿园老师和班级小朋友。

活动难点

对幼儿园特色环境感兴趣,喜欢参与甲骨文游戏。

活动方法

现场讲解、实地参访。

活动过程

教师带领小朋友开着小火车去“旅行”,在老师的引导介绍下,参观幼儿园的甲骨文特色环境,表情包、十二生肖甲骨墙、穿越甲骨、影子墙。

师:相信大朋友和小朋友都对我们的幼儿园特别好奇,现在坐上小火车出发,一起熟悉一下我们的幼儿园吧。请家长朋友站在孩子的左侧拉紧孩子的手,在熟悉的过程中注意安全不乱跑。宝贝们,小火车要出发喽,接下来看一看第一站要开到哪里呢?

一、表情包

师:小朋友们,第一站我们来到了表情包展示墙。我们的爸爸妈妈微信聊天时都喜欢用表情包,可爱又有趣。看,我们幼儿园也有自己的表情包,而且是独一无二的甲骨文表情包呢。甲骨文是中国的一种古老的文字,它就是在我们安阳被发现的,有趣得就像一幅画。这是甲骨文的“左”,这是甲骨文的“右”,像我们的手交叉在一起就是抱抱!小朋友们你们可以伸出你们的左手、再伸出你们的右手,和旁边的小伙伴来一个热烈的拥抱吧!

师:咱们家长朋友和孩子也可以选择一个喜欢的表情来试一试哦。

图 2-1-2　表情包

二、十二生肖甲骨墙

师:接下来,开启我们的小火车看看下一站有什么好玩的。

小朋友都很喜欢小动物,于是我们创设了十二生肖的甲骨墙。

现在大家看到的是十二生肖长廊,你们都知道十二生肖吧?大家猜猜看,这个甲骨文字代表哪个动物呢?这是十二生肖的“牛”(Ψ),牛有两个弯弯向上的牛角。大家请看,下面有对应的动物磁力板,可以帮助我们检查验证哟。长廊里还有其他甲骨文字比如鼠、兔、龙,蛇等。小朋友们可以来操作试试磁力板玩一玩!

图 2-1-3　十二生肖甲骨墙

三、穿越甲骨

师：大家继续往前走，现在看到的是我们根据“墙来了”的游戏设计的七组甲骨文墙，“人从众，走向北大”（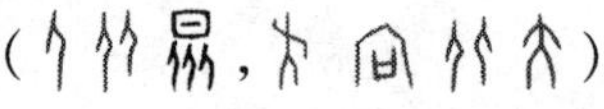）。在这里，小朋友可以穿越这些甲骨墙，玩钻一钻、跑一跑的游戏。也表达了我们对小朋友的美好祝福，希望大家长大都能走入中国最高学府——北京大学。

图 2-1-4　穿越甲骨

四、影子墙

师:接下来,大家来到了幼儿园生动有趣的甲骨文影子墙!大家看看这位小朋友摆的造型。这就是“人”( )字,像一个古代人在作揖,很谦逊很有礼貌,甲骨文影子墙就是由一个或者几个小朋友用身体来摆出甲骨文造型,影子再投射到墙上。我们再看看第二组小朋友摆的字吧!这就是“北”( )字,北就是两个人背靠背的样子,看,古时候的人多聪明啊!他们就是用这样的方法记录人和事物。小朋友可以用身体摆一摆自己喜欢的影子呦。

图 2-1-5 影子墙

五、版筑区

师:小朋友们,这里是泥巴乐园。你们平时怎么玩泥巴呀?看,哥哥姐姐们把土夹在模具里,用木杵夯实,就可以筑墙建屋了,这是一种古老的筑墙技术,叫作版筑。看,这边墙上还有详细的步骤图呢。在这里还可以捏茶壶、捏小鸭,进行摔泥巴比赛等游戏呢,是不是很好玩呀,你们可以来试试哦!

图 2-1-6 版筑区

小班幼儿第一次在环境中看到古老的的甲骨文字，感到非常好奇，他们在老师的引导下边听边看还不断地用身体去触摸、感受甲骨文这种古老的文字符号，他们小小的心灵一定会埋下一颗愿意了解和探索古老文字的种子，并在今后的学习中生根、发芽。

教育活动二　有趣的符号

生活中蕴藏许多奇妙的符号，符号会说话吗？符号是怎么说话的呢？符号与幼儿之间有什么样的紧密联系？又会增加孩子们哪些领域的经验积累呢？让我们跟随孩子们的步伐，一同进入符号的世界。

活动目标

1. 熟悉幼儿园环境，初步感知甲骨文“二”（上）、“二”（下）和“一”（一）、“二”（二）、三”（三），初步了解符号的功能。

2. 对幼儿园特色环境、文字符号感兴趣，喜欢参与甲骨文游戏。

活动重点

熟悉幼儿园环境，认识幼儿园老师和班级小朋友。

活动难点

对幼儿园文字符号感兴趣，知道符号的意义。

活动方法

现场讲解、实地感知。

活动过程

师：符号符号真神奇，文字表情和天气。含义丰富又实用，生活有它更便利。小朋友们猜一猜，这些符号代表什么含义呢？

一、认识符号

师：这是甲骨文字“一”（一）、“二”（二）、“三”（三），甲骨文是最古老的文字，古人将它刻在龟甲和兽骨上。

图 2-1-7　认识甲骨文符号

二、认识甲骨文"二"(上)、"二"(下)

图 2-1-8　认识甲骨文"二"(上)

图2-1-9　认识甲骨文“　”(下)

参观了户外的环境后，老师带领小朋友来到了一楼大厅。参观一楼的环境后，在上楼时老师介绍上下楼梯的安全标识。

师：小朋友们，上下楼梯靠右行，大家上楼梯时要注意安全。你们看，哥哥姐姐还给你们画了上下楼梯符号标识。一个小朋友好奇地问：“老师、这个符号是什么呀？”

在老师引导解说下，幼儿知道了这是甲骨文字“　”(上)、“　”(下)，初步感知甲骨文字“　”(上)、“　”(下)的外形特征。

师：小朋友们，愉快的游戏活动结束了，相信大家收获满满。不仅参观了幼儿园环境，还认识了有趣的甲骨文，期待咱们下次的相见。

通过参观幼儿园环境，幼儿认识了甲骨文象形文字。小朋友对幼儿园甲骨文环境产生了浓厚的兴趣。在参观幼儿园环境中，教师引导幼儿观看了解幼儿园相关符号图片，认识甲骨文字“一”(一)、“二”(二)、“三”(三)，发展幼儿对符号的理解认知。

小朋友通过接触和理解这些不同类型的符号，发现符号不再是抽象的标志物，它是形象生动的，是可以与之对话的事物。不只是符号在说话，更多的是孩子们在认识世界，在表达情感和发展自己！

家园共育

1. 家长带孩子查找甲骨文“　”(上)“　”(下)的资料。
2. 了解甲骨文字“一”(一)、“二”(二)、“三”(三)。
3. 在家和幼儿一起进行影子墙用身体摆甲骨文字的亲子游戏。

“你好，幼儿园”活动实施建议

1. 教师前期做好幼儿园甲骨环境讲解词介绍。
2. 拓展幼儿实地参观幼儿园环境后,在家长协助下,以表格形式记录自己的发现。

主题二　你好,甲骨文(10月)

主题说明

《幼儿园教育纲要》中指出:“要充分利用社会资源,引导幼儿实际感受祖国文化的丰富与优秀,感受家乡的变化和发展,激发幼儿热爱家乡的情感。”安阳殷墟博物馆和中国文字博物馆有着丰富的文化资源。这一独特的优势,为幼儿教育提供了丰富的内容,提供了广阔的社会实践途径。让我们可以用发现和欣赏的眼睛走进殷墟,走进文字博物馆,带领幼儿一起感受我国灿烂辉煌的古代文化。初步接触并感受甲骨文字象形、有趣的特点,并激发幼儿爱家乡的情感,萌发文化自豪感。并激发幼儿产生爱家乡的情感,从而促进幼儿初步萌发文化自豪感。

教育活动一　走进殷墟

活动目标

1. 感受独特的殷商文化,对殷商文化和甲骨文字感兴趣。
2. 知道殷商文化的由来,了解甲骨文记载了古代发生的故事。

活动重点

感受独特的殷商文化,对殷商文化和甲骨文感兴趣。

活动难点

知道殷商文化的由来,了解甲骨文记载了古代发生的故事。

活动方法

实地参访。

活动过程

一、殷墟大门

引导幼儿观察殷墟宫殿宗庙遗址大门的特点，在讲解员的帮助下，了解大门的造型是仿照甲骨文(门)字建造的。

图 2-1-10 殷墟宫殿宗庙遗址大门

二、观看后母戊鼎

走进景区，映入眼帘的是这个大大的青铜器——后母戊鼎，小朋友们围着它讨论这是什么？它是用来做什么的？它是迄今为止世界上所发掘的最大的一件青铜器，是我们的国宝。鼎最初的作用只是一口煮肉用的锅，随着时代的发展，逐渐变成了权力的象征。

图 2-1-11 后母戊鼎

三、参观殷墟车马坑

参观车马坑时，孩子们既兴奋又震惊，孩子们了解到了我国是世界上最早发明和使用车的文明古国之一，这个展厅展示了3000多年前交通工具的样子，这里有车马坑和道路遗迹。

图2-1-12　车马坑

四、妇好墓

这位身穿战袍，手握兵器，飒爽英姿的人是谁呢？她就是妇好，她不仅是商王武丁的王后，还是中国考古发现的最早的女将军，她足智多谋，英勇善战。

图2-1-13　妇好

五、参观甲骨碑林

我们现在来到了甲骨文碑林。这里有很多商代的故事呢，如：晴雨碑，记录了一天的天气情况，就像我们现在的天气预报。还有一块碑记录的则是中国最早的一次交通事故——大王翻车。通过这些记录,我们可以穿越千年,了解商代时期发生的事情,是不是很神奇呀?

图 2-1-14　甲骨碑林

教育活动二　殷墟博物馆

活动目标

1. 参观殷墟博物馆,感受大邑商博物馆文化氛围。
2. 观看殷墟博物馆展示文物,萌发探索殷商古文化的兴趣。

活动重点

参观殷墟博物馆,感受大邑商博物馆文化氛围。

活动难点

观看殷墟博物馆展示文物,萌发探索殷商古文化的兴趣。

活动方法

实地参访。

活动过程

2024 年 2 月,殷墟博物馆新馆落成,为世人揭开“大邑商”的真实面貌,让更多的人能够近距离感受商文明的魅力。

孩子们依次来到“探索商文明”“伟大的商文明”“世界的商文明”展区。“探索商文明”展区内,陈列着大量出土于殷墟的文物,包括青铜器、玉器、陶器等。孩子们好奇地观察着每一件展品,通过这些文物,孩子们仿佛穿越到了遥远的商代,感受到了那个时代的繁荣与辉煌。“伟大的商文明”展区,展示了商代的社会制度、宗教信仰、文化艺术等方面的内容。孩子们通过观看模型、图片和多媒体展示,更加深入地了解商文明的特点和内涵。他们惊叹于商代人的智慧和创造力,也为中华文明的源远流长而自豪。“世界的商文明”展区,展示了商文明与世界其他文明的交流与影响。孩子们了解到,商文明不仅是中国文明的重要组成部分,也对世界文明产生了深远的影响。

图 2-1-15　大邑商博物馆

图 2-1-16　参观出土文物

在这里,孩子们感受到了中华文明的博大精深,在时空交错间与历史对话,亲身感受到了殷商文明的魅力,也让他们对中华文脉有了更深刻的认识。这是一次生动的文化教育,也是对中华优秀传统文化的一次有力传承,孩子们将带着对中华文明的热爱和敬畏,继续探索、学习、传承,让中华文明的瑰宝在新时代焕发出更加璀璨的光芒,携手共进,赓续中华文脉,共同书写中华民族伟大复兴的壮丽篇章!

教育活动三 趣玩字博

一片甲骨惊天下，甲骨文字是迄今发现的最早的较为成熟的中国文字，甲骨文是中华文明的起源，是现存中国最古老的成熟文字。它距今约3600多年的历史，成功入选《世界记忆名录》。它是中国的也是世界的，甲骨文字是中国走向世界的一张名片。

中国文字博物馆，在甲骨文字的发源地河南安阳，是一座面向国内、国际开放的国家级的专题博物馆，是我国第一座以文字为主题的博物馆。馆内以汉字为主干，也有少数民族文字，丰富的博物馆资源是我们安阳的骄傲，也是中国首批中小学研学基地。

我们和孩子们一起走进文字博物馆，感受中华民族灿烂的传统文化，感受文字的魅力，引导幼儿接触甲骨文，感知中华文明的源远流长，帮助幼儿建立民族自尊和文化自信，感受作为一个中国人的自豪。

活动目标

1. 参观中国文字博物馆，感受独特的文字发展史。
2. 知道甲骨文是中国最早的文字，对甲骨文字产生初步的兴趣。

活动重点

参观中国文字博物馆，感受独特的文字历史。

活动难点

知道甲骨文是中国最早的文字，对甲骨文字产生初步的兴趣。

活动方法

实地参访。

活动过程

一、激发幼儿参访兴趣，讨论外出参观要求

1. 激发幼儿参观文字博物馆的愿望

幼儿观看文字博物馆的宣传片，教师介绍甲骨文的由来、发现、重要价值、特点，激发幼儿参访文字博物馆的兴趣。

2. 引导幼儿讨论参观前的准备

教师介绍参观前的准备，帮助幼儿了解每做一件事情都应该有详细的计划。例如：我们可以查找到达文字博物馆的路线，确定交通工具等，幼儿讨论列出准备清单。

3. 注意事项

参观文字博物馆应该注意什么呢?先请幼儿互相交流,教师适时给予强调和补充。例如:外出时要统一听老师安排,排好队一个一个地走,不能在马路边玩耍或追逐,不可离开班级队伍。

二、探访文字博物馆

参观文字博物馆,特邀课程文字顾问陪伴孩子探访文字博物馆。

1. 感受文字博物馆外观

孩子们快看,这就是文字博物馆大门,文字博物馆大门是一个大大的甲骨文的“字”的造型。上面有些图腾装饰,大家可以摸一摸,看一看。

图 2-1-17　中国文字博物馆

2. 参观游览

幼儿园志愿小导游向来参观的幼儿介绍,孩子给孩子介绍,增强亲切感和认同感。大导游(文字专家)陪同补充。

(1)一楼展厅:通过观察世界四大古今文字分布图,了解文字对文明发展延续的巨大作用。

孩子们,我们来看一看,这里展示了甲骨文的发掘、发现、认知的全过程。墙壁上的四块浮雕,浓缩了中国文字的概况,表现了中国文字的丰富多彩和源远流长。浮雕旁边的天然石材有竖向的凹槽,远远看去,好似古代的竹简,黑、白、灰的颜色搭配也象征着中国的水墨书法,房顶上的苍穹代表了天空,周围的灯饰象征着天空中闪烁的星星。

（2）专题展厅：“一片甲骨惊天下”讲述了王懿荣发现甲骨文的故事，让幼儿了解甲骨文发现的历史。

小朋友们，我们一起听一听仓颉造字的故事，了解汉字起源的传说和历史。小朋友们，商王是怎么问卜的呢，商代人占卜的原因、方法和过程是什么样的呢？我们一起来看看吧。

图 2–1–18　王懿荣

（3）观看二楼展厅的后母戊鼎和四羊方尊等青铜器，了解其中的故事。

小朋友们，闻名中外的后母戊鼎已经有 2000 多年的历史了，是我们现在发现的最早、最重的青铜器，上面精美的花纹反映了我国古代的冶铜技术。其中精美的青铜器还有四羊方尊、三星堆等。

图 2–1–19　四羊方尊

(4)参观三楼展厅。

孩子们，我们一起来欣赏3000多年前先人们的播种五谷、畜牧渔猎的生活场景。

三、参观后谈话

师：小朋友肯定有很多感受要分享，请你们来回忆参观活动中印象最深的情节，来说一说吧。也可用绘画日记的形式记录自己的参观过程和所见所闻。

家园共育

1. 家长和幼儿一起参观殷墟博物馆和文字博物馆。
2. 参观后和幼儿交流感受，交流参观的所见所闻。

“你好，甲骨文”实施建议

1. 教师可以带幼儿去殷墟博物馆进行研学活动。
2. 教师可指导幼儿画一画博物馆里自己最感兴趣的内容，并用幼儿作品布置环境。

主题三　水精灵和火娃娃(11月)

主题说明

水和火不仅是孩子生活的一部分，也蕴含着无限的教育契机，更能激发孩子探究的欲望。小班幼儿对自然界的事物充满了好奇，有强烈的探究欲望，因此，水精灵和火娃娃的故事就拉开帷幕了……

在“水精灵和火娃娃”这一主题，甲骨文中的“”(水)、“”(火)是甲骨文中的象形文字。甲骨文字“”(水)，字形似一条弯弯曲曲的溪流，两边若干小点表示水滴或浪花。甲骨文字“”(火)像一堆正在燃烧的柴火冒出的三股火焰。水，是生命之源，是文明之源。水的文化历史悠久，伴随着人类社会的诞生而诞生、发展而发展，从大禹治水的传说，到连通二江的灵渠、灌溉成都平原的都江堰、沟通南北的大运河，再到《诗经》《尚书》《水经》等历史文献中的水文化记载，水的文化在中国历史的长河中扮演着重要角色。它不仅哺育了中华民族，也孕育了丰富多彩的水文化。在中国的文化中，“”(火)有着丰富的象征意义和文化内涵，它代表着生命力、能量、热情和勇气，也象征着光明与温暖。

与此相关的词语有“钻木取火”“祝融取火”等。

在“水精灵和火娃娃”这一主题中，孩子是天生的探索家，他们热衷于用自己的每一个感官去探索“”（水）、“”（火）的奥秘。在探索的同时要根据幼儿年龄特点开展消防和防溺水安全教育，帮助幼儿掌握基本的自我保护意识，提高幼儿逃生技能。在主题活动中，教师追随幼儿的兴趣，为幼儿提供丰富的材料，支持他们进一步思考、操作、探索。

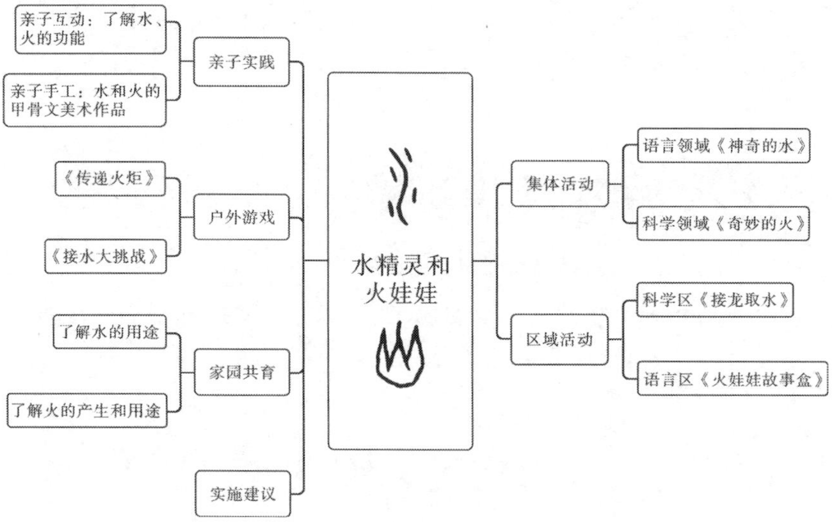

图 2-1-20　“水精灵和火娃娃”思维导图

教育活动一　神奇的“”（火）

活动目标

1. 初步感知甲骨文“”（火）和了解“”（火）的有关文化。
2. 了解防火的简单方法，培养防火意识和自我保护能力。

活动重点

初步感知甲骨文“”（火）。

活动难点

了解“”（火）的有关文化。

活动准备

课件,甲骨文“”(火)。

活动过程

一、谜语导入

红光光,大大篷,见风它就更逞凶;无嘴能吃天下物,最怕雨水不怕风。

二、了解甲骨文“”(火)

1. 火的来历

师:火是怎么来的呢?

小结:最早是钻木取火,后来从打火石发明了火柴,伴随着科学的进步人们又发明了打火机,现在我们能用电子打火。

2. 甲骨文“”(火)的来历

师:甲骨文火像燃烧时的火焰,我们看物品燃烧时火苗是向上的。古人们非常智慧,把火燃烧的状态描绘了出来,火苗的形象旁加两点,两点像火苗中迸发出的火星。这就是我们看到的甲骨“”(火)字。

图2-1-21　火焰

图2-1-22　火的甲骨文

三、“”(火)的文化

1. 火的故事

师:你听过哪些和火相关的故事?

“钻木取火”“祝融取火”

2. 生活中的火

师:火和我们的生活息息相关,它对我们的生活有哪些作用?

小结:因为有火,黑暗里有了光明,寒冷的冬天可以取暖,夜晚可以抵挡猛兽的袭击,

还可以把生的食物变成熟的。当然有火，也会发生很多危险的事情，会把房子烧着、把很多东西也烧着、引起火灾，伤害到人类和动物的生命。遇到火灾时人们需要尽快地安全逃生。

3. 如何预防火灾，发生火灾怎么办？

教师出示图片，引导幼儿说出预防火灾的方法和火灾中的小技巧。

小结：刚才小朋友想出的办法都不错，如果出现了小火，我们可以用水泼灭火、用湿布灭火、用沙子灭火、用灭火器灭火……但小朋友要记住，如果出现大火的时候，我们一定要先拨打电话119。

四、甲骨文游戏“”（火）：大火和小火

教师组织幼儿玩游戏，听指令做动作。

1. 制作一个火苗袋，将剪成碎片的红纸片装入其中。

2. 将吸管插入火苗袋中。

3. 听指令：大火时，用力吹；小火时，轻轻吹。

教育活动二　奇妙的“”（水）

活动目标

1. 简单感知甲骨文“”（水）。

2. 感知水的特点，了解水的作用。

3. 初步了解和“”（水）有关的文化。

活动重点

了解水的特点，初步感知甲骨文“”（水）。

活动难点

初步了解和水有关的文化。

活动准备

甲骨文“”（水）的图片、课件《奇妙的水》、水的视频。

活动过程

一、出示水的视频，引发幼儿兴趣

师：这里有一段视频，画面上出现了什么？

(启发幼儿说出看到水正在流动)

小结:原来是河里的水在连续不断地流动,水在我们生活中随处可见。

二、出示甲骨文“”(水)的图片,初步感知甲骨文“”(水)

1. 师:我们的古人造字特别形象。看看这一次出现的会是谁呢?小朋友,谁来说一说,这个图上是谁呢?

图2-1-23　水的甲骨文

出示甲骨文“”(水)的图片,启发幼儿说出“中间像水流动的路线,两旁四个点像流动的水”。

2. 师:我们的古人造字特别形象。这就是甲骨文中的“”(水)。

三、观看视频,了解水的用途

1. 师:我们认识了甲骨文字“”(水),水对我们生活有什么用途呢?

2. 教师播放视频,幼儿观看。启发幼儿说出“水可以用来灌溉农田,人们饮食需要用水,但是水过多会给人们的生活带来危害”。

小结:“”(水)在我们生活中必不可少。生活中人们常用“水能载舟,亦能覆舟”告诉我们一个道理:任何事物如果使用得当,就会给我们带来好处,反之,就会给我们的生活带来坏处。所以我们要懂得及时预防水带来的危害。

四、讨论图片内容,感知甲骨文“”(水)的有关文化

1. 师:这里有一些图片,请小朋友来看看他们的行为对吗?为什么?

2. 启发幼儿说出“水可以帮助我们清洗身体卫生和让蔬菜变得干净”。

小结:生活中,人们都喜欢美好的事情。人们常用上善若“”(水)希望人们的品质像水一样,用自己的行动让大家变得更快乐、更美好。

师:我们认识了甲骨文字“”(水),了解了水的用途和文化。我们种植园的蔬菜也需要喝水,我们去给他们浇浇水吧!

图 2-1-24　洗手

图 2-1-25　洗菜

区域活动一　科学区：接龙取“𣲖”（水）

活动目标

1. 锻炼幼儿的速度，反应能力。
2. 游戏中加深对“𣲖”（水）的印象。

活动准备

纸杯、水，甲骨文“𣲖”（水）。

活动玩法

1. 杯子上贴上甲骨文“𣲖”（水）字，杯子摆成两排。
2. 幼儿将第一个杯子里的水倒往第二个杯子，依次向后传递倒水。
3. 谁先将水倒进最后一个杯子，谁获胜。

图 2-1-26　接龙取水

区域活动二　语言区:“ ”(火)娃娃故事盒

活动目标

1. 会用自己的语言简单讲述关于火的故事。
2. 喜欢用甲骨文“ ”(火)做游戏。

活动准备

1. 甲骨文故事盒。
2. 甲骨文“ ”(火)。

活动玩法

故事盒中有甲骨文“ ”(火)字和一些场景图,幼儿边摆弄材料,边创编和火相关的故事。

图 2-1-27　火娃娃故事盒

户外活动一 传递“”(火)炬

活动目标

1. 锻炼幼儿的身体协调能力和跑跳能力。

2. 熟悉甲骨文“”(火)字的特点。

材料准备:

1. 火炬。

2. 甲骨文“”(火)。

活动玩法

1. 幼儿分成2组。

2. 幼儿手持贴有甲骨文“”(火)的火炬进行传递比赛。

3. 分别绕过单元桶,跨过护栏,先到者获胜。

图2-1-28 传递火炬

户外活动二 接“”(水)大挑战

活动目标

锻炼幼儿快速跑和反应能力。

熟悉甲骨文“”(水)字的特点。

材料准备

水瓶、海绵、甲骨文“ ”(水)。

活动玩法

1. 幼儿分成2组。

2. 幼儿站到起点,用海绵吸满水。

3. 快速跑到贴有甲骨文“ ”(水)的瓶子前,把水挤到瓶子里。

4. 谁的水多谁获胜。

图2-1-29　接水大挑战

家园共育

1. 家长带孩子到博物馆、图书馆中查找甲骨文“ ”(火)、“ ”(水)的资料。

2. 观看和“ ”(火)、“ ”(水)有关的神话故事。

3. 学习有关“ ”(火)、“ ”(水)的成语。

4. 家长在家指导幼儿了解预防火灾水灾的逃生方法。

“水精灵和火娃娃”活动实施建议

1. 教师在前期搜集关于“ ”(火)、“ ”(水)的文化、资料,通过调查表的形式,建立水和火的前期经验。

2. 为幼儿积极拓展水和火的相关经验,将甲骨文字“ ”(火)、“ ”(水),提供到不同的区域、户外游戏,如:语言区《火娃娃故事盒》、科学区《接龙取水》等。为幼儿提供形式多样的材料，加深对甲骨文“”（火）、“”（水）的认识。

3. 幼儿到实地参观殷墟或从书上查找甲骨文的相关资料，激发对甲骨文的兴趣。

主题四　我的身体（一）（12 月）

主题说明

小小的身体，大大的奥秘，对于已经融入幼儿园生活的小班孩子们来说，身体是他们探索周围世界、促进自身发展的重要媒介。孩子们开始关注周围的世界，常常会说“我想要……”“这是我的……”，但他们对“我”的认识又是朦胧的，而认识自己的第一步便是认识自己的身体。

在“我的身体（一）”这一主题，甲骨文中的“”（口）、“”（目）是比较形象的象形文字。甲骨文“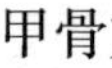”（目）是根据人的眼睛形状创造而来的；甲骨文“”（口）像一张嘴巴，上下唇及口角描绘得惟妙惟肖。“”（口）、“”（目）是小朋友身体的重要器官。在与“”（口）、“”（目）这两个甲骨文字游戏的互动中，孩子们逐渐认识到身体的重要性，并建立起对身体的爱护意识。

根据小班幼儿的兴趣和年龄特点，让幼儿在绘画、儿歌、表演、游戏等形式中认识甲骨文字“”（口）、“”（目），进一步让幼儿了解五官外形特征以及用途，让孩子发现保护自己身体的方法。

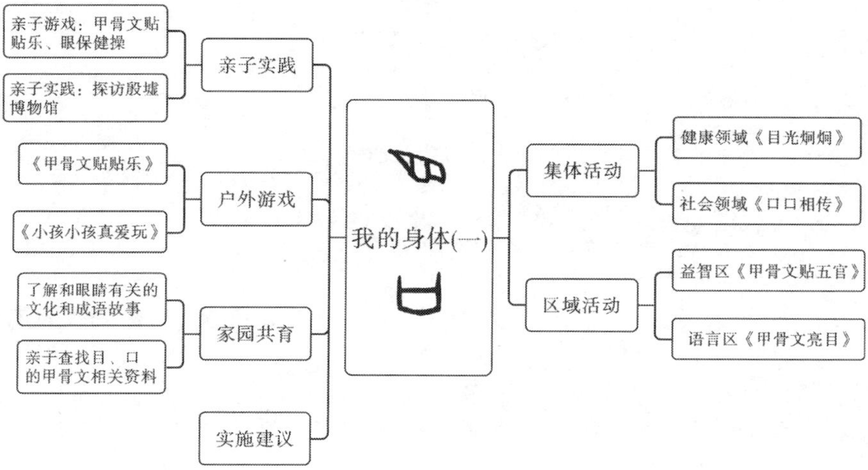

图 2-1-30　“我的身体（一）”思维导图

教育活动一 “ ”(目)光炯炯

活动目标

1. 初步感知甲骨文“ ”(目),知道眼睛也叫“目”。
2. 了解眼睛是人类的重要器官,要保护自己的眼睛。

活动重点

初步感知甲骨文“ ”(目),知道画狮点睛的故事。

活动难点

明白“ ”(目)是人类的重要器官,要保护自己的眼睛。

活动准备

1.《画狮点睛》视频。
2. 课件《保护眼睛》。
3. 甲骨文“ ”(目)的图片。
4. 眼睛保健操视频。

活动过程

一、谜语导入,引“ ”(目)出动

1. 师:今天为小朋友们带来了一个谜语。

上边毛,下边毛,中间有颗黑葡萄。请小朋友们猜一猜,这是你们身上的一样什么东西? 小朋友们猜到是什么了吗?

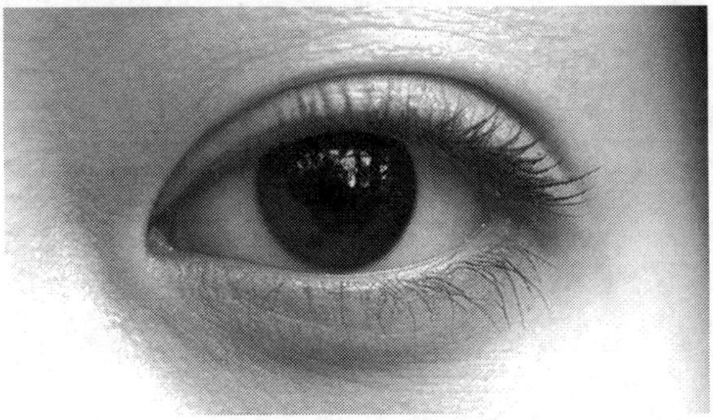

图 2-1-31 观察眼睛

2. 启发幼儿和同伴讨论后，说出谜底是眼睛。

小结：眼睛是我们身体的一个重要器官，我们的眼睛除了眼皮和眼睫毛，里面还有一个圆圆的眼球。

二、感知甲骨文“”（目）和目有关的文化

1. 师：小朋友，猜猜这个图上画的是谁呢？（出示甲骨文目）启发幼儿说出“它像我们的眼睛”。

师：对，这就是甲骨文中的“”（目）。目就是我们的眼睛。

2. 师：眼睛不仅是我们的身体器官，它还是与人说话的窗口，心里想什么都可以通过眼睛来表达。“目瞪口呆”“眉目传情”“怒目而视”，这些词语通过眼睛表达出我们的表情。

师：小朋友，你们知道吗？店铺开业的时候，总会给狮子点眼睛，到底有哪些寓意呢？我们一起来了解一下吧。

小结：原来狮子点上睛后，代表点睛者身边的灵物，可为点睛者带来吉祥如意的好兆头。

三、了解眼睛的用处

1. 师：小朋友们，眼睛有什么用？能看见什么东西？

启发幼儿说出读书认字、欣赏美景等都要用到眼睛。

2. 师：请小朋友闭上眼睛不能睁开，知道老师手里拿的是什么？看得见吗？为什么？（因为我们眼睛闭上了。）

3. 师：现在，赶快睁开眼睛来看看老师手里拿的是什么？为什么？

小结：刚才我们闭上眼睛时看不见任何东西。当我们眼睛睁开时，就能看见所有的东西。眼睛帮我们收藏着美好的世界，所以我们要好好珍惜爱护它，不让它受伤害。

四、保护眼睛，进行“护目行动”

1. 师：那我们怎样做才能保护我们的眼睛呢？

启发幼儿说出不用脏手揉眼睛；不玩尖的东西，以免划伤眼睛；不在光线弱的地方看书，适当地让眼睛休息。

2. 师：平时，我们要坚持做眼睛保健操，我们一起来学一学吧。

> 《眼睛保健操》视频链接：
> https://v.douyin.com/SmKnX_EmdEE/

（幼儿跟音乐做眼睛保健操。）

3. 师：今天我们做了眼睛保健操，也了解了甲骨文“”（目），让我们一起把眼睛的故事分享给更多的人吧！

教育活动二 “𠙵𠙵”(口口)相传

活动目标

1. 初步感知甲骨文“𠙵”(口)。
2. 了解“𠙵”(口)的作用。
3. 说话有礼貌,多说与人有益的话。

活动重点

初步感知甲骨文“𠙵”(口)。

活动难点

了解“𠙵”(口)的作用。

活动准备

五官粘贴图,课件。

活动过程

一、图片导入,引发兴趣

1. 看图片上有什么?

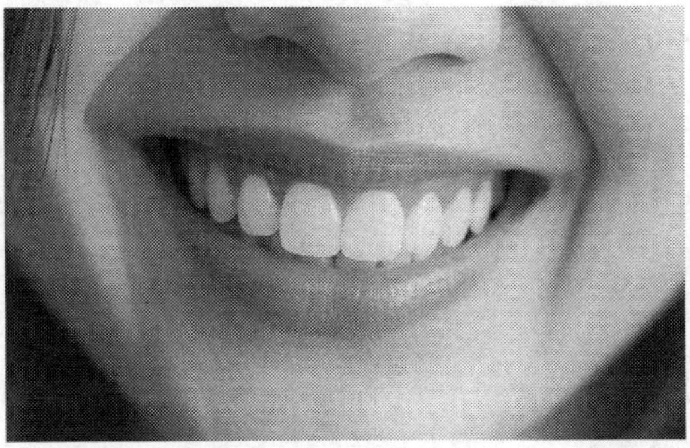

图 2-1-32 观察嘴巴

2. 我们把嘴巴的轮廓画下来吧。

小结:这就是甲骨文“𠙵”(口),它是嘴巴张开、嘴角微微上扬的样子。

二、了解“𠙵”(口)相关的文化

看到“𠙵”(口)字,你会想到什么?

(1)口红,口水,口琴。这是“口”的本义。

(2)瓶口,袖口,洞口。容器或孔洞与外面相通的地方。

(3)三口人,户口。人口的意思。

(4)一口井,一口锅,做量词用。

三、“”(口)的作用

师:“”(口)有哪些作用呢?

(1)吃饭,喝水。

(2)感冒了,鼻子堵的时候,会用嘴巴呼吸。

(3)说话。

师:我们每天都会说很多话,你们认为我们要多说哪些话,少说或者不说哪些话?

启发幼儿说出:多说鼓励的话,关心的话。不说脏话,不说攻击、嘲笑别人的话。

小结:我们的嘴巴在人际交往过程中起着很重要的作用,说与人有益的话,才能更受欢迎,说脏话,嘲笑别人,大家都不喜欢。所以,我们要好好说话!

四、“”(口)的游戏

玩法:幼儿将甲骨文“”(口)贴到五官图片的对应位置上。

区域活动一 益智区:甲骨文贴五官“”(口)

活动目标

1. 知道五官的名称位置,会用甲骨文字找到相应的五官。
2. 遵守游戏规则,感受甲骨文游戏的乐趣。

材料准备

甲骨文字“”(口)、“”(目)、大脸娃娃。

活动玩法

幼儿自主选择出大脸娃娃和甲骨文五官图片,找到甲骨文“”(口)和“”(目)的图片贴到相应的五官上。

图 2-1-33　甲骨文贴五官(口)

区域活动二　语言区:甲骨文亮“　”(目)

活动目标

1. 根据图片判断正确的用眼方法。
2. 熟悉甲骨文字“　”(目)。

材料准备

甲骨文字“　”(目)、眼睛操作图片。

活动玩法

幼儿根据图片内容选择正确的护眼方法,在正确的图片上贴上甲骨文字“　”(目),错误的图片上不贴甲骨文“　”(目)。“　”(口)和“　”(目)的图片贴在相应的五官上。

图 2-1-34　甲骨文亮(目)

户外活动一　甲骨文贴贴乐"凵"(口)

活动目标

1. 遵守游戏规则,奔跑时注意躲避。
2. 喜欢甲骨文游戏,对甲骨文字感兴趣。

材料准备

甲骨文卡"凵"(口)。

活动玩法

教师创设做烧饼的情景,熟悉童谣节奏和歌词内容。教师组织幼儿边唱边围圆圈走,中间的幼儿做四处张望的动作。当唱到"尝"字时,圆圈上的幼儿两两相抱变成"烧饼",中间的幼儿要设法抓到落单的幼儿,而落单的幼儿则需要做出甲骨文"凵"(口)的动作。

附:童谣《烤烧饼》歌词

烤烧饼

烧饼圆圆,烧饼甜甜,
我会自己做烧饼,
揉一揉,团一团,
烤,烤,烤烧饼,
烤,烤,烤烧饼,
烤完烧饼尝烧饼。

图 2-1-35 甲骨文贴贴乐(口)

户外活动二 小孩小孩真爱玩“”(目)

活动目标

1. 感知甲骨文“”(目)字。
2. 在奔跑中能躲避他人的碰撞。

材料准备

甲骨文“”(目)图片、安全场地。

活动玩法

师:幼儿佩戴小乌龟、小鱼、小兔的头饰,创设大森林情景,教师、小朋友围圆在场地一端上,一起说:“小孩小孩真爱玩,摸摸这儿,摸摸那儿,摸摸××[指甲骨文“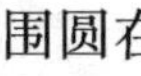”(目)或者其他小动物]就回来!”最后一句由老师一人来说,当老师说完“来”字后,小朋友就向着老师所指的东西,模仿自己喜欢的小动物们的动作通过关卡,摸到所指东西后,读出甲骨文字,返回即可。

图 2-1-36 小孩小孩真爱玩(目)

家园共育

1. 家长带孩子从书上、文字博物馆查找甲骨文口目的相关资料。
2. 观看和保护眼睛有关的视频图片。
3. 了解和眼睛有关文化故事和成语。
4. 和孩子一起讨论,哪些话与人有益,哪些话不能说。
5. 玩甲骨文口贴贴乐和贴五官甲骨亲子游戏。

“我的身体(一)”活动实施建议

1. 活动前让幼儿搜集嘴巴和眼睛相关的健康保健知识。
2. 让孩子观看甲骨文字“”(口)、“”(目)的演变过程。
3. 班级投放“口”“目”相关的故事和成语。如《画龙点睛》《口若悬河》。
4. 增加科学区的操作材料,在户外游戏中融入甲骨文字“”(口)、“”(目)。

主题五　神奇的大自然(一)(3月)

主题说明

大自然是我们的活教材,更是幼儿进行探索活动的天然大课堂。大自然中的日月星辰,风云雨雪,山川原野……这些都是大自然给予孩子们的天然的学习环境。“太阳为什么会发热?”“风从哪里来?”“月亮为什么会变化?”……这一切都让孩子们感到神奇想探究。

在本主题中,甲骨文的“”(日)、“”(月)是小朋友们辨识度最高的甲骨文字。甲骨文字“”(月),在中间加一道竖,表示月亮发光的特性。甲骨文“”(日)是一个圆圈,圆圈的中心还有一个点。圆圈代表太阳的形状,圆圈里的这个点代表太阳可以发光。“”(日)、“”(月)这两个甲骨文字和小朋友的生活息息相关。同时,让孩子们感受到大自然的神奇。

根据小班幼儿好奇爱探索的年龄特点,我们开展《神奇的大自然(一)》的主题活动。幼儿在游戏和故事情境中认识甲骨文字“”(日)、“”(月),进一步加强对大自然的喜爱。

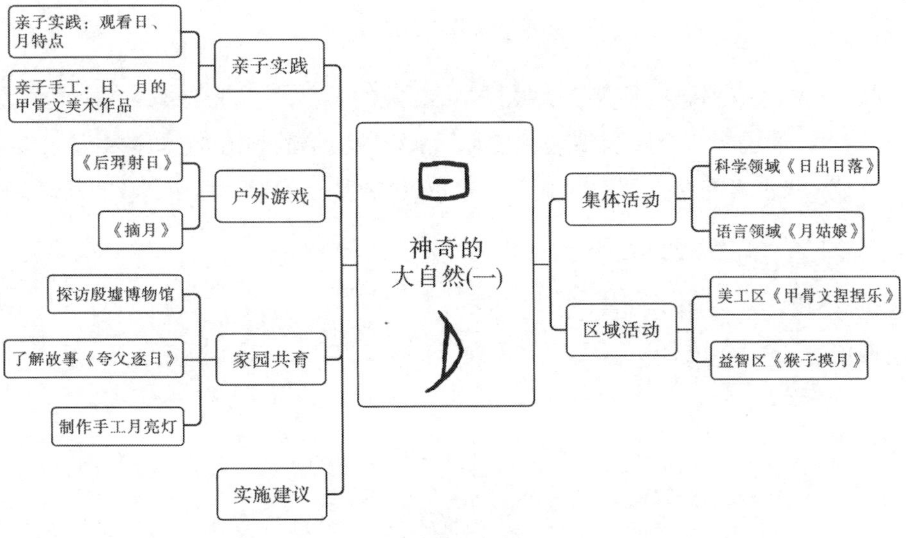

图2-1-37　“神奇的大自然(一)”思维导图

教育活动一 “⊡”(日)出“⊡”落

活动目标

1. 初步感知甲骨文“⊡”(日)及其相关文化。
2. 主动探索昼行性动物和夜行性动物。

活动重点

初步感知甲骨文“⊡”(日)及其相关文化。

活动难点

主动探索昼行性动物和夜行性动物。

活动准备

昼行性动物和夜行性动物图片,甲骨文“⊡”(日)。

活动过程

一、谜语导入

天上有位老公公,圆脸庞红面孔,天一亮就出工,直到傍晚才收工。(太阳)

生活中,人们把太阳叫作“日”。

二、了解甲骨文“⊡”(日)

1. 太阳是什么样子的?

启发幼儿说出:太阳的颜色形状,圆圆的,红红的。

2. 起初古人们画了一个圆圈想表示太阳,可是生活中的圆的物体很多,为了区别太阳和其他圆的物体,古人们又在圆中间画了一个点,这就是我们看到的甲骨文“⊡”(日)。

三、“⊡”(日)的文化

1. 你听过哪些和日相关的故事?

《后羿射日》《夸父逐日》……

图 2-1-38　后羿射日

图 2-1-39　夸父逐日

2. 太阳和人们的生活息息相关,它对我们的生活有哪些作用?

小朋友多晒太阳才能长高,更健康。小花小草的生长也需要阳光,太阳带来了光明和温暖。

四、甲骨文“⊟”(日)的游戏

准备一些动物的图片,上课时展示出来,游戏要求:有一些小动物,有的是白天活动,有的是夜晚活动,请你将“⊟”(日)贴在白天活动的动物身上。

结束语:太阳为我们带来了光明和温暖,孕育着宇宙万物,让我们一起保护大自然,敬畏大自然。

教育活动二　“☽”(月)姑娘

活动目标

1. 了解月亮相关的故事。
2. 简单感知甲骨文“☽”(月)。
3. 初步感受月亮的文化。

活动重点

了解月亮的相关故事,感知甲骨文“☽”(月)。

活动难点

初步感受月亮的文化。

活动准备

1. 猴子捞月的故事。

2. 甲骨文“ ”(月)的图片。

3. 课件《月亮》。

4. 猴子捞月的头饰。

活动过程

一、出示图片，感知甲骨文“ ”(月)和“月”的有关文化

1. 师：小朋友，猜猜这个图上是什么呢？［出示甲骨文“ ”(月)］启发幼儿说出“弯弯的小船两头尖，不在河里游，倒在天上挂”。

师：对，这就是甲骨文中的“ ”(月)。

2. 师：小朋友们，你见过什么样子的月亮，它的形状会有变化吗？启发幼儿说出“月亮的形状有时尖尖像柳叶，有时圆圆像圆盘”。

小结：原来，当月球绕着地球转时，月球与地球位置不同，月亮的形状也会有不同的变化。

3. 师：那你们听过哪些关于月亮的故事？启发幼儿说出关于“ ”(月)亮的故事。

师：小朋友们知道的故事可真不少，在古时候就有许多关于月亮的传说，中秋节这一天，月亮会变成圆盘，家人们聚在一起赏月，寓意着团圆、福气和好运，能够给我们带来财富和希望。

二、讲述“ ”(月)姑娘做衣服的故事，感受月亮的变化

1. 今天，老师给大家带来一个关于“ ”(月)姑娘的故事，我们一起来听一听吧。

2. 讲述故事，初步了解“ ”(月)姑娘的故事。

师：月姑娘长什么样子？她的样子有什么变化？她最后穿上新衣服了吗？

小结：原来“ ”(月)姑娘每天都在变化，会随着不同时间变成不同的形状，所以她的衣服总是不合身。

三、操作游戏：多变的“ ”(月)姑娘。

师：小朋友们，看。这里有许多甲骨文“ ”(月)的图片，你们按照从细到粗的变化给它们排排队。

1. 游戏玩法：四人一组，为“ ”(月)姑娘按规律排排队。

2. 幼儿自主操作，教师巡回指导。

3. 师：今天我们玩了好玩的游戏也了解了甲骨文“ ”(月)。

让我们一起把月亮的故事分享给更多的人吧！

区域活动一　美工区:甲骨文捏捏乐“⊟”(日)

活动目标

1. 沿着甲骨文“⊟”(日)字用彩泥粘贴完整。
2. 喜欢玩彩泥,感受玩彩泥的乐趣。

材料准备

甲骨文“⊟”(日) 图片、彩泥。

活动玩法

幼儿观察甲骨文“⊟”(日)卡片,用彩泥揉成长条沿着甲骨文“⊟”(日)粘贴完整,“⊟”(日)的背面是太阳的图形,可用不同颜色的彩泥对甲骨文日字进行装饰。

图 2-1-40　甲骨文捏捏乐(日)

区域活动二　益智区:猴子摸“☽”(月)

活动目标

1. 能够参与游戏,感知甲骨文“☽”(月)字的乐趣。
2. 锻炼幼儿的动手能力以及反应能力。

材料准备

甲骨文“☽”(月)和“⊟”(日)字、小猴子、粘钩、绳子。

活动玩法

幼儿轻轻用双手拉底下的绳子，让小猴子迅速往上爬，爬到顶端，摸一摸甲骨文"𝒟"(月)字。

图 2-1-41　猴子摸月

户外活动一　后羿射"⊡"(日)

活动目标

1. 锻炼幼儿的手眼协调能力。
2. 遵守游戏规则，感受甲骨文游戏的乐趣。

材料准备

弓箭、箭靶、甲骨文"⊡"(日)。

活动玩法

幼儿分组，手持弓箭，瞄准甲骨文"⊡"(日)字，用力射击，击中靶心得最高分，幼儿依次进行，循环游戏。

图 2-1-42　后羿射日

户外活动二　甲骨文摘“ ”(月)

活动目标

1. 掌握玩攀爬墙的正确方法。
2. 在游戏中感受甲骨文游戏的乐趣。

材料准备

攀爬网、甲骨文“ ”(月)字。

活动玩法

幼儿分组,在攀爬架底端做准备,听到口令后,用正确的攀爬方式开始向上爬,爬到顶端摘下甲骨文“ ”(月),游戏依次进行游戏。

图 2-1-43　游戏摘月

家园共育

1. 家长带孩子参观殷墟或从书上查找甲骨文日月的相关资料。
2. 观看有关月亮的视频。
3. 观看有关月亮的文化故事和神话传说。
4. 和家长一起做有关月亮的手工，如月亮灯、月饼等。
5. 收集太阳的图片和甲骨文“”（日）字图片。
6. 观看有关太阳后羿射“”（日）的动画片。
7. 观看太阳变化的小视频。

“神奇的大自然”活动实施建议

1. 活动前让幼儿搜集太阳月亮相关的科学知识。
2. 让孩子观看月亮的变化图。
3. 班级投放日月相关的故事和成语，如：后羿射日、众星拱月。
4. 增加表演区手偶道具头饰或图片，在户外游戏中融入甲骨文字“”（日）“”（月）。

主题六　我的动物朋友（一）（4 月）

主题说明

动物是幼儿成长过程中的亲密伙伴，他们喜欢与动物相伴并与之对话，说起动物话题更是兴致盎然。他们常常会目不转睛地观察小动物，在他们小小的内心世界里，始终有一种对动物的亲密感。

甲骨文中也蕴含了丰富的动物形象，很多动物都被赋予中国文化特色，我们结合幼儿的生活经验、兴趣特点和中国文化，选取了部分形象生动有趣的动物甲骨文字，让小朋友在认识动物的同时，感知 3000 多年前甲骨文中的动物形象，了解与这些动物相关的中国文化。动物对幼儿来说是一个永恒的话题，根据幼儿年龄的不同，分为“我的动物朋友（一）”“我的动物朋友（二）”“我的动物朋友（三）”，分别放在小中大班，螺旋上升，不断丰富幼儿对动物的认知。

甲骨文中的“”（龟）、“”（鱼）非常直观形象，经过我们的前测，这两个关于动物的甲骨文字,小朋友不假思索就能够认出来,并且是特别感兴趣的两个字。在小朋友生活的环境中,鱼和龟是他们常见的动物。小朋友在家里幼儿园饲养接触它们时常在思考:“它是怎么长大的”“它又是怎么睡觉的”。他们会用好奇的眼睛去观察,用灵敏的耳朵去倾听,对小小的生命充满了探索欲望。在“我的动物朋友(一)”主题中,以幼儿感兴趣的龟和鱼两个小动物贯穿始终,在各种探索活动中进一步激发他们感知甲骨文“”(龟)、“”(鱼)的形象,了解其在生活中蕴含的美好寓意,培养他们喜欢小动物、热爱生命的情感。

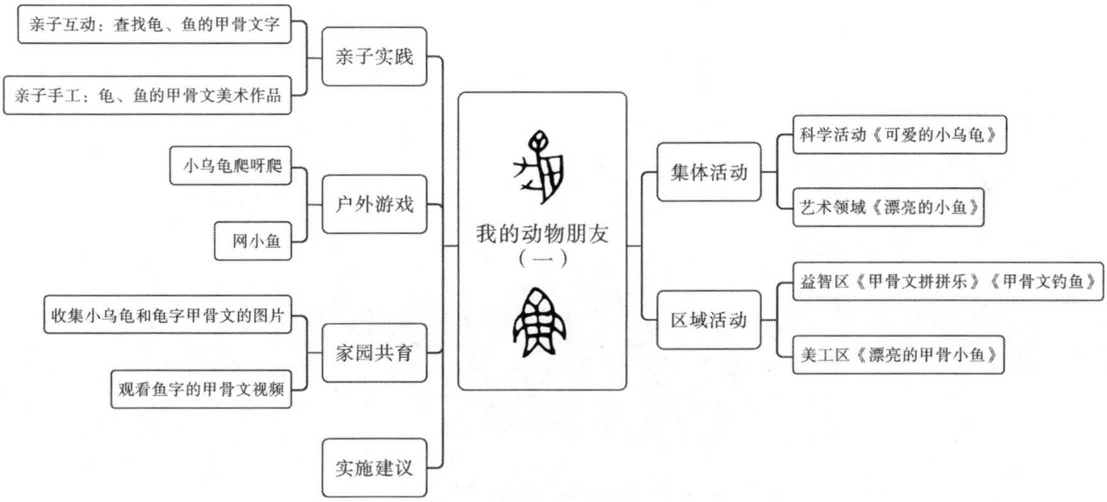

图 2-1-44 “我的动物朋友(一)”思维导图

教育活动一 可爱的小乌“”(龟)

活动目标

1. 了解乌龟的外部特征和生活习性。
2. 简单感知甲骨文“”(龟)。
3. 初步感受龟的文化。

活动重点

了解乌龟的外部特征和生活习性,感知甲骨文“”(龟)。

活动难点

初步感受龟的文化。

活动准备

1. 实物小乌龟。

2. 甲骨文“”(龟)字的头饰。

3. 课件《可爱的小乌龟》。

4. 音乐游戏。

活动过程

一、出示实物，认识小乌龟

1. 师：今天，老师给大家带来一个好朋友，我们一起来看看。

2. 幼儿自由观察乌龟。

师：你们看到的乌龟是什么样的？谁来说一说？

图 2-1-45　观察乌龟

二、感知甲骨文“”(龟)和“龟”的有关文化

1. 师：小朋友，猜猜这个图上画的是谁呢？出示甲骨文“”(龟)，启发幼儿说出“小小的脑袋、大大的龟壳，四条小短腿，小小的尾巴，像一只小乌龟”。

师：对，这就是甲骨文中的“”(龟)。

图 2-1-46　龟的甲骨文

2. 师:小朋友们,你们知道乌龟可以多长时间不吃食物吗? 启发幼儿说出“乌龟比较耐饿,它可以在几个月甚至很长时间不吃食物也能存活”。

师:乌龟在我们国家是吉祥、长寿的象征。在生活中我们会用“龟年鹤寿、龟鹤遐寿”等词语祝福家里长辈。

3. 师:乌龟有着坚硬的外壳,(让小朋友摸一下),你知道这个坚硬的外壳有什么用吗? 启发幼儿说出“乌龟的龟壳遇到危险时可以保护自己”。

小结:是的,乌龟的外壳可以保护它的身体不受天敌和捕食者的攻击,当有危险的时候它就会把脑袋缩到乌龟壳里。所以我们中国有一个词叫“缩头乌龟”。

师:我们古人为了把当时发生的一些有趣重要的事情记录下来,让更多的人知道。于是他们在坚硬的龟甲或者兽骨上刻下文字符号,这种文字就是我们现在发现的最早的甲骨文字。

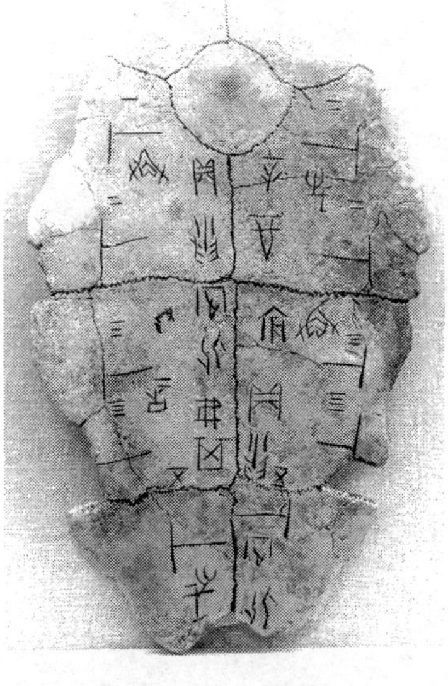

图 2-1-47 甲骨片

三、了解乌龟的生活习性

1. 师:小朋友们,你们知道乌龟喜欢生活在哪里吗?

2. 启发幼儿相互讨论交流自己的想法。

小结:原来小乌龟不仅可以生活在水里,还可以生活在陆地上,这样的动物叫两栖动物。

3. 师:那你们知道,小乌龟最喜欢吃哪些食物呢? 启发幼儿说出乌龟饲料、肉、小鱼等食物。

4. 师:到了冬天,乌龟会进行冬眠吗? 启发幼儿相互交流讨论。

小结:原来乌龟冬眠是为了适应寒冷的气候,保护自己不受低温环境的伤害,保存能量减少身体新陈代谢,延长自己的寿命。

四、游戏《快乐的小乌龟》

1. 师:今天,我们认识了甲骨文字“”(龟),我们来和小乌龟做好玩的游戏。

2. 老师戴上甲骨文“”(龟)头饰扮演小乌龟,一边念儿歌一边做动作。

师:河里乌龟游游游,摇摇尾巴,缩缩头。一会儿游,一会儿爬,快快乐乐游回家。

游戏反复进行:(游一游)—(摇尾巴)—(缩缩头)—(爬一爬)—(游回家)

图 2-1-48　游戏:快乐的小乌龟

3. 师:今天,我们了解了小乌龟的外形特征和身体秘密,回来分享给更多的人吧。

教育活动二　漂亮的小“”(鱼)

活动目标

1. 观看各种小鱼,了解鱼的外形特征。

2. 简单感知甲骨文“”(鱼)。

活动重点

观看各种小鱼,了解鱼的外形特征。

活动难点

简单感知甲骨文“”(鱼)。

活动准备

课件《美丽的小鱼》,彩泥、彩纸。

活动过程

一、观看视频,激发幼儿兴趣,感知甲骨文“”(鱼)

师:今天老师给大家带来一个视频,我们一起来看看,一会儿请你来说说都看到了什么?

你看到了什么呢?你怎么知道它是鱼的甲骨文呢?启发幼儿说出“鱼的头部、身体、鳍、尾,它像一条小鱼”。

教师:对,这就是甲骨文中的鱼。

小结:甲骨文“鱼”是特别形象,可以很清晰地看到鱼头、鱼鳍、鱼鳞和鱼尾,它的背鳍、腹鳍左右对称,古人为了刻写方便,鱼头均朝上。

二、了解小鱼的外形特征

1. 播放课件《美丽的小鱼》。

师:它们一样吗?身上的颜色和花纹有什么不同?

2. 幼儿自主回答。

小结:每条小鱼的花纹都不一样,有的小鱼是黄色的上面是圆形的鱼鳞,有的小鱼颜色是蓝色的,上面是一条一条的直线。原来每条小鱼都是独一无二的。

三、感知“”(鱼)和关于“鱼”的文化

1. 了解中国“”(鱼)相关的文化。

师:小朋友们,你知道我们中国人为什么特别喜欢鱼吗?为什么过年的时候人们都要吃鱼?

小结:很久以前,人们很穷,经常吃不饱肚子,后来人们生活越来越好,每年过年的时候我们都会吃鱼,这里的鱼谐音余,表示剩余富足的意思。

四、幼儿操作,装饰甲骨文“”(鱼)

1. 师:小朋友桌上有很多操作材料,大家自由想象。沿着甲骨文小鱼的轮廓,装饰出漂亮的线条。如果你做的比较快的话,你可以把甲骨文鱼填上漂亮的颜色。

2. 教师进行巡回指导。

图 2-1-49　装饰甲骨文“ ”(鱼)

3. 请小朋友分享展示自己装饰的甲骨文“ ”(鱼)。

小朋友的小鱼都很有特点,每条小鱼身上的花纹都栩栩如生,你是采用什么方法的呢？你的小鱼代表了什么呢？

小结:原来在不同场景不同背景下,每条小鱼都它的作用。

活动延伸:把“ ”(鱼)引申到区域科学区,认识“ ”(鱼)的花纹,“ ”(鱼)的种类,“ ”(鱼)的演变过程。

《甲骨文还原 3000 年前的钓鱼》视频链接:
https://m.douyin.com/share/video/7277767477130480915

区域活动一　益智区:甲骨文拼拼乐“ ”(龟)

活动目标

1. 将甲骨文“ ”(龟)字的碎片拼完整。

2. 喜欢做拼图游戏。

材料准备

甲骨文“ ”(龟)字碎片。

活动玩法

幼儿观察甲骨文“ ”(龟)字卡片,用甲骨文“ ”(龟)字的碎片进行拼图,其背面是小乌龟图形,订正拼图是否正确。和小伙伴聊一聊小乌龟的生活习性或者讲讲小乌龟的故事。

图 2-1-50　甲骨文拼拼乐“ ”(龟)

区域活动二　科学区:甲骨文“ ”(龟)排排队

活动目标

1. 用甲骨文字“ ”(龟)进行有规律排序。
2. 喜欢进行甲骨文游戏。

材料准备

两种不同颜色的甲骨文“ ”(龟)字。

活动玩法

幼儿观看卡片上的排序规律,用甲骨文字“ ”(龟)进行 AB、ABB、AABB 等规律排序。

图 2-1-51 甲骨文“ ”(龟)排排队

区域活动三 美工区:漂亮的甲骨小“ ”(鱼)

活动目标

1. 用美工材料装饰甲骨文“ ”(鱼)字。

2. 喜欢美工活动。

材料准备

各种鱼类图片、甲骨文“ ”(鱼)卡片。

活动玩法

幼儿观察鱼的图片,重点观看鱼身上的花纹和颜色,用彩泥搓条、水彩笔涂色或皱纹纸团彩球装饰甲骨文“ ”(鱼)字,展示作品,师幼共同欣赏评价,并将作品粘贴或悬挂于走廊和教室,装饰班级环境。

图 2-1-52　漂亮的甲骨小“”(鱼)

区域活动四　益智区:甲骨文钓“”(鱼)

活动目标

1. 锻炼幼儿的手眼协调能力。
2. 感受甲骨文游戏的快乐。

材料准备

钓鱼竿、可吸磁铁甲骨文“”(鱼)。

活动玩法

幼儿用鱼竿钓甲骨文“”(鱼)字卡片,数一数钓了几条小鱼,和小伙伴一起钓鱼,比比谁钓得“小鱼”最多。

图 2-1-53　甲骨文钓“”（鱼）

户外活动一　小乌“”（龟）爬呀爬

活动目标

1. 锻炼孩子的四肢着地爬行能力。
2. 感受爬行运动的快乐。

材料准备

大垫子 4 个、甲骨文“”（龟）头饰。

活动玩法

幼儿分成两组，戴上甲骨文龟头饰，趴到垫子上，四肢着地，向前爬行，注意手脚交替依次爬行，爬行时头抬起，五指分开着地，两臂与肩同宽，增加障碍物，障碍物上贴上甲骨文字，让幼儿绕障碍物爬行，增加爬行的难度，同时也提升爬行的乐趣。

图 2-1-54　小乌龟爬呀爬

户外活动二　网小“”(鱼)

活动目标

1. 锻炼幼儿的跨跳能力。
2. 遵守游戏规则,感受甲骨文游戏的乐趣。

材料准备

长绳、甲骨文“”(鱼)头饰。

活动玩法

幼儿分为 5 组,每组 6 人,戴上甲骨文鱼头饰,两位教师拉着绳子跑向幼儿,幼儿从绳子上跳过去,跳不过去的小鱼就被网住了,提高绳子的高度,或多增加几根绳子,让幼儿连续跳,做放松活动。

图 2-1-55　网小鱼

家园共育

1. 收集小乌龟的图片和甲骨文“”(龟)字图片。

2. 家长和孩子一起养一只小乌龟。

3. 和孩子一起做小乌龟的手工。

4. 收集各种鱼的图片和甲骨文“”(鱼)图片。

5. 和孩子一起养小鱼,美化装饰鱼缸。

“我和动物做朋友(一)”活动实施建议

1. 活动前让幼儿准备小乌龟的前期经验,如:小乌龟的习性、龟的文化,甲骨文字多数刻在龟的腹甲上。

2. 让孩子观看各种各样的龟。

3. 了解龟相关的故事和成语,如:龟兔赛跑等。

4. 增加鱼的头饰或图片,在游戏中融入甲骨文“”(鱼)。

主题七　多变的天气(5 月)

主题说明

大自然千变万化,充满着各种奇妙的事物,其中隐藏着许多不为人知的秘密,如云、雨、雷和不断变化的天气等。神奇多变的天气每天都会带给孩子们不一样的感官刺激,他们对探索天气展现出浓厚的兴趣,也好奇这些天气是如何产生的。

在“多变的天气”这一主题,甲骨文中的“ ”(云)、“ ”(雨)是甲骨文中的象形文字。甲骨文字“ ”(云),是先画两道,代表天上和空中的气,然后画一个圆圈,代表云是一朵一朵翻滚的云。在中国的文化中,云是吉祥和高升的象征,又被称为“五彩祥云”。而祥云图案则成了十分独特的文化符号:代表有好预兆。古代人们会把祥云图案画在服饰、玉佩、雕塑上面,以此表示美好的祝愿。甲骨文“ ”(雨)是从云层中降向地面的水滴,四个点像从天空降落水滴的样子。在我国古代,雨是影响农业生产的重要因素之一。雨润农田,是庄稼生长的最基本条件,后有风调雨顺,国泰民安的说法。“ ”(雨)有“新雨”“旧雨”,这便成了新、老朋友的代称。在朋友最困难的时候施以援手,又被称为“及时雨”。

孩子每天的生活与天气息息相关,我们观察到孩子们对于天气“ ”(云)、“ ”(雨)充满好奇和兴趣,在探索和交流中对日常生活中的各种天气现象又有了更深的认识。根据《3—6 岁儿童学习与发展指南》的要求,结合小班幼儿好奇爱探索的年龄特点,我们开展《多变的天气》的主题活动。幼儿在探索、观察和操作中认识甲骨文字“ ”(云)、“ ”(雨),进一步加强对天气现象的喜爱。

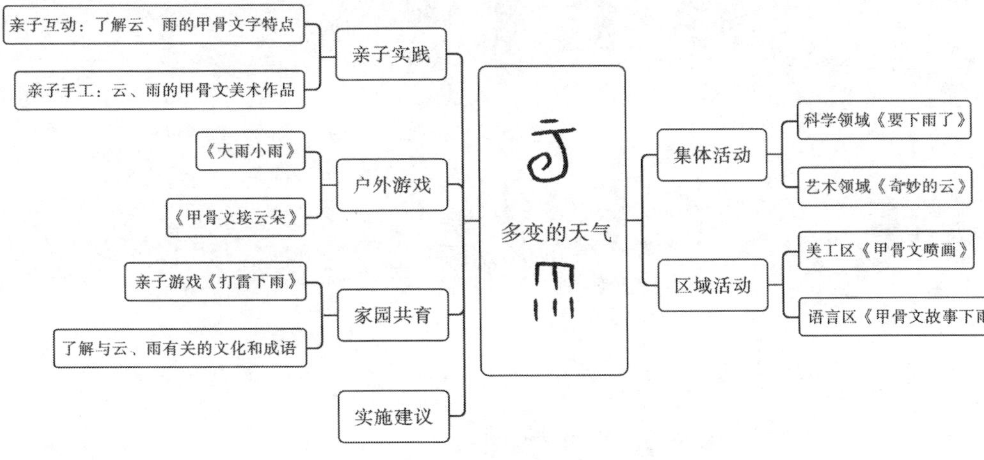

图 2-1-56　“多变的天气”思维导图

教育活动一　要下“”(雨)了

活动目标

1. 了解下雨时动物的行为反应。
2. 初步感知甲骨文“”(雨)。
3. 初步感受和雨有关的文化。

活动重点

了解和雨有关的故事,感知甲骨文字“”(雨)。

活动难点

初步感知和雨有关的文化。

活动准备

1. 要下雨的故事。
2. 甲骨文“”(雨)的图片。
3. 课件《要下雨了》。
4. 甲骨文“”(雨)的头饰。

活动过程

一、出示图片,感知甲骨文“”(雨)和“雨”的有关文化

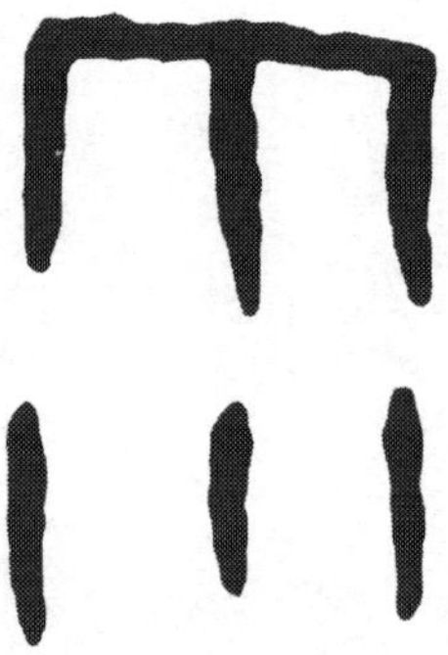

图 2-1-57　甲骨文雨

1. 师:小朋友,猜猜这个图上是什么呢? [出示甲骨文“”(雨)]启发幼儿说出“上边一横像天空,下边的小点像从天空中落下的小雨点。”

师:对,这就是甲骨文中的“”(雨)字,它特别形象,表现出下雨的样子。

2. 师:小朋友们,下雨时可以做哪些事情?它给人们生活带来哪些变化?启发幼儿说出“下雨时小朋友可以穿上雨衣、雨靴玩水。下雨了地里的庄稼、植物吸收水分快速生长”。

小结:下雨可以让小朋友出去玩水,还能帮助庄稼植物生长。

二、了解“雨”的有关文化

1. 师:小朋友,你们听过和“雨”有关的故事吗?

启发幼儿说出“看过西游记孙悟空求雨的视频,下雨对庄稼生长特别重要”。

2. 师:小朋友们知道和“雨”有关的知识可真不少。长期不下雨地里会很干旱,古时到现在都有祈雨的习俗。可见下雨对于农民伯伯的重要作用。生活中也有春雨贵如油、雨润农田的说法。《水浒传》中的宋江平时乐于助人,朋友遇到困难时他总是及时帮助,被人们亲切地称为“及时雨”。我们和朋友之间的友谊就像及时雨一样珍贵。

三、讲述下雨的故事,了解要下雨时动物的反应

1. 今天,老师给大家带来一个关于“”(雨) 的故事,我们一起来听一听吧。

2. 讲述故事,初步了解要下雨时动物的反应。

师:小兔子去摘蘑菇,它都遇到了哪些小动物,它们是怎么说的?最后它安全回到家了吗?

启发幼儿说出“小燕子低飞、小鱼出水、蚂蚁搬家都是要下雨前的征兆”。

小结:小动物们真神奇,它们在下雨之前做出各种动作来提醒大家要下雨了。它们是神奇的动物气象员。

四、游戏:下“”(雨)了

1. 师:小朋友听了下雨的故事,我们和雨一起玩个好玩的游戏吧。

2. 游戏玩法:一名幼儿戴上甲骨文头饰“”(雨),其他幼儿戴上小动物的头饰。小朋友们自由摆动动作,当听到要下雨了,小朋友就根据自己扮演的动物用肢体动作预报天气。幼儿可交换角色进行游戏。

3. 师:今天我们了解了甲骨文“”(雨),和它玩了好玩的游戏。下雨时还可以玩哪些好玩的游戏,我们一起去找一找吧。

《要下雨了》视频链接:

https://haokan.baidu.com/v?pd=wisenatural&vid=6095893073971314491

故事内容：

小白兔弯着腰在山坡上割草，天气很闷，小白兔直起身子，伸伸腰。一只小燕子从他头上飞过，小白兔大声喊："燕子，燕子，你为什么飞得这么低啊?"燕子边飞边说："要下雨了，空气很潮湿，虫子的翅膀沾了小水珠，飞不高，我正忙着捉虫子呢!"小白兔往前一看，那边池子里的小鱼都游到水面上来了。小白兔跑过去问："小鱼，小鱼，今天怎么有空出来啊?"小鱼说："要下雨了，水里闷得很，我们游到水面上透透气。小白兔，你快回家吧，小心淋着雨。"小白兔连忙挎起篮子往家跑，他看见路边有一大群蚂蚁，小白兔把要下雨的消息告诉蚂蚁。一只大蚂蚁说："是要下雨了，我们正忙着往高处搬家呢!"

小白兔加快步子往家跑，他一边跑一边喊："妈妈，妈妈，要下雨了!"他的话一说完，哗，哗，哗，大雨下起来了。

教育活动二　奇妙的""(云)

活动目标

1. 感知甲骨文""(云)。

2. 喜欢用自己的方式，借助美工材料大胆创作云的作品。

活动重点

感知甲骨文""(云)。

活动难点

喜欢用自己的方式，借助美工材料大胆创作云的作品。

活动准备

云朵图片，甲骨文""(云)，彩泥、画笔。

活动过程

一、谈话导入

1. 天空中飘着一个魔术师，他是谁呀?

2. 天上有棉花糖一样蓬松的云，有像羽毛一样轻盈的云，有像山峰一样壮观的云，还有像水墨画一样美丽的云。

二、感知甲骨文“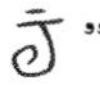”(云)的特点

古人和我们一样,也会常常仰望天空,观看形态各异的云朵,他们把云朵画下来,这就是甲骨文“”(云),下面表示云朵,上面是甲骨文“”(上)字,表示云朵在天上。

图2-1-58　云的甲骨文

三、了解与“云”相关的文化

1. 云有吉祥的寓意,所以很多服装上有祥云。
2. 除了天上有云,你还在哪里看到过云彩?

(衣服上,扇子上,盘子碗上都有云彩。)

3. 大家为什么这么喜欢云彩呢?

(因为云彩有美好吉祥的寓意。)

云集常形容人流量大,场面宏大。如,高手如云,形容高手如云彩那么多。

四、“”(云)的美术作品

1. 幼儿欣赏各种各样的云的图片。
2. 幼儿用美工材料创作云的图画。

图 2-1-59　甲骨文作品

结束语

云特别地美丽，云还特别地神奇，从古至今人们总喜欢观看千变万化的云。云还是天空的日记，它向我们讲述着天空的故事。小朋友们，我们也要多多地仰望天空，去发现云朵更多的秘密！

区域活动一　美工区：甲骨文喷画“ ”（云）

活动目标

1. 能够选择喜欢的颜料进行喷画。
2. 感受甲骨文喷画带来的乐趣。

材料准备

甲骨文“ ”（云）字模具、颜料、画纸。

活动玩法

幼儿自主选择喜欢的颜料，将甲骨文“ ”（云）的模具覆盖在画纸上，沿镂空处喷洒颜料，等待颜料晾干，取出甲骨文“ ”（云）的模具即可。

图 2-1-60　甲骨文喷画(云)

区域活动二　语言区:甲骨文故事 下“ ”(雨)了

活动目标

1. 感知甲骨文“ ”(雨),理解故事内容。

2. 愿意与同伴分享甲骨文故事下雨了。

材料准备

甲骨文字“ ”(雨)、故事盒。

活动玩法

幼儿根据故事内容,在故事盒中挑选手偶及故事提示卡,将故事背景摆放到位,一边讲一边表演,大胆与同伴分享。

户外活动一　大“ ”(雨)小“ ”(雨)

活动目标

1. 感知下大雨和下小雨的声音不一样。

2. 感受音乐游戏带来的乐趣。

材料准备

甲骨文字“”（雨）、音乐。

活动玩法

创设下雨的情景，熟悉《大雨小雨》歌曲内容，教师组织幼儿分为两组，分别在幼儿身上贴大雨和小雨的图片，一组扮演大雨，演奏“大雨哗啦啦”的部分，一组扮演小雨，演奏“小雨淅沥沥”的部分，并做出喜欢的动作，歌曲结束，两组互换，再次进行游戏。

图 2-1-61　大雨小雨

户外活动二　甲骨文接“”（云）朵

活动目标

1. 感知甲骨文字“”（云）。
2. 锻炼幼儿的抛接动作。

材料准备

甲骨文字“”（云）、气球若干。

活动玩法

创设蓝天白云的情景，蓝蓝的天空云朵飘，飘到小朋友的手上，幼儿手持“”（云）朵，自抛自接，也可以两人或多人互相抛掷，互接对方的云朵。注意躲闪迎面而来的人，避免碰撞到一起。

图 2-1-62　甲骨文接“ ”(云)朵

家园共育

1. 家长带孩子博物馆书籍中查找甲骨文“ ”(云)和“ ”(雨)的资料。
2. 观看“ ”(云)和“ ”(雨)相关的神话故事。
3. 学习“ ”(云)和“ ”(雨)的常用成语。

“多变的天气”活动实施建议

1. 让孩子观看关于“云”的服饰或者物品。
2. 增加科学区“ ”和“ ”的操作材料,户外游戏中融入甲骨文字。

主题八　交通安全我知道(6 月)

主题说明

儿童是祖国的未来、民族的希望。孩子们的交通安全不仅关系到每一个家庭的幸福美满,需要全社会的关注和重视。引导孩子增强交通安全意识和掌握必要的交通安全常识，是家庭、幼儿园、社会共同的责任和义务。结合幼儿园安全教育内容，我园开展了“交通安全我知道”甲骨文主题活动，让幼儿从小知安全、讲安全，提高交通安全意识，培养幼儿遵守交通规则的良好习惯。

在“交通安全我知道”这一主题，甲骨文中的“”（车）、“”（行）是甲骨文中的象形文字。甲骨文字“”（车）字形像某种器械两边各有一个轮子，中间是“甲”形的箱体，表示保护性的设备，人在箱体中可以避免受到攻击。甲骨文字“”（行）像四通八达的十字路口。中国汉字文化博大精深、源远流长。“”（车）字的甲骨文对称平衡，两个圆圈格外引人注目，这两个圆圈便是车轮。车轮的出现，是人类历史上最伟大的发明之一。而后期经过改良，用牲畜代替人力拖拉车辆，更是提升了车的驱动效率。甲骨文的“”（行）字，犹如一个没有红绿灯的十字路口，它当年的意思是“道路”。中国人建立了人类文明中最早的道路网络，这得益于中华民族性格中最为显著的优良传统，让一切井井有条。

在“交通安全我知道”这一主题中，幼儿对于交通安全的理解不再局限于斑马线和红绿灯，好奇心促使他们关注身边不一样的交通安全设施。儿童是有能力的学习者，此主题活动中，我们引导幼儿进行深入的学习，让幼儿从被动学习者成为主动的求知者，我们将追随幼儿的需要，继续开展课程，让课程走进幼儿心灵。

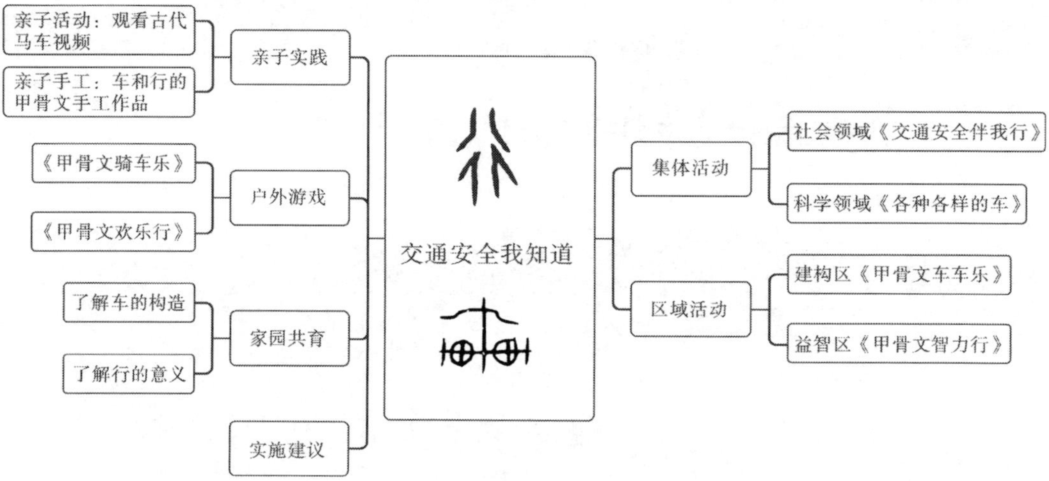

图 2-1-63　“交通安全我知道”思维导图

教育活动一　交通安全伴我“ ”(行)

活动目标

1. 了解甲骨文“ ”(行)的特点。

2. 了解交通安全,出行时能遵守交通规则。

活动重点

了解甲骨文“ ”(行)的特点。

活动难点

了解交通安全,出行时能遵守交通规则。

活动准备

教室里布置马路场景,课件甲骨文“ ”(行)。

活动过程

一、出示十字路口图片,引发兴趣

1. 这是什么地方?

2. 十字路口怎么过马路?

二、感知甲骨文“ ”(行)的特点

图 2-1-64　甲骨文“行”

把十字路口的轮廓画下来,对比一下右边的图片,你发现了什么?

小结:这是甲骨文“ ”(行)字,像个十字路口,它表示的是四通八达的道路。

三、遵守交通规则

1. 走在十字路口，我们要怎么过马路。

2. 学习儿歌《红灯停，绿灯行》。

红灯停，绿灯行，
交通路牌要看清。
过街要走“斑马线”，
交通规则记心间。

3. 行走规则我知道。

走路靠右侧，在走廊和室内要轻轻走路，不推挤打闹。

四、游戏：我们一起过马路

把甲骨文字“ ”（行）贴在地上，布置成十字路口，幼儿分成四组分别站在“十字路口”的四个方向，在“马路”右侧排队行走。走在“路口”处，根据信号灯的指示选择等待或过马路。

图 2-1-65　模拟十字路口

师：今天我们了解了甲骨文“ ”（行）字，并知道了过马路要遵守红灯停，绿灯行的交通规则，我们小朋友要做交通安全的小卫士，将交通安全知识传递给更多人。

教育活动二　各种各样的“ ”（车）

活动目标

1. 简单感知甲骨文“ ”（车）。

2. 了解车的演变，认识不同的“ ”（车）。

3. 初步感受和“ ”(车)有关的文化。

活动重点

简单感知甲骨文“ ”(车)。

活动难点

初步感受和“ ”(车)有关的文化。

活动准备

甲骨文“ ”(车)的图片,课件《各种各样的车》,车演变的视频。

活动过程

一、谈话导入,引发幼儿兴趣

师:这里是哪个地方?里面放的是什么?

启发幼儿说出是殷墟博物馆里的车马坑,里面是古代的车。

图 2-1-66　古代的车

小结:我们的古人发明了便于出行、造型美观的马车,他们可真聪明。

二、出示图片,初步感知甲骨文“ ”(车)

1. 师:我们的古人根据车的样子创造出了有趣好玩的甲骨文字。小朋友猜猜看,这个图上是哪个文字?

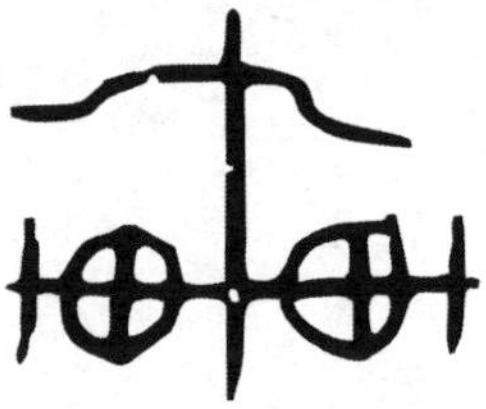

图 2-1-67　甲骨文车

出示甲骨文“”(车)启发幼儿说出“中间像车架,两边各有一个轮子。”

2. 师:聪明的古人很早发明了车辆。我们的古人根据当时车的样子创造出甲骨文“”(车)。古人的车比较笨重,所以出行需要用几匹马拉着车行走。

三、感知和甲骨文“”(车)有关的文化

1. 师:“考古学家们还在一片甲骨片中,还发现了一个有关“车”字的记载。我们一起来看看吧!

图 2-1-68　“车”字的甲骨记载

2. 幼儿观看《大王翻车》视频,讲一讲这片甲骨片记录的事件。

小结:原来这片甲骨片上的甲骨文字,记录了历史上的第一起交通事故《大王翻车》。在殷墟的碑林就可以看到这片甲骨片,有兴趣的小朋友可以和家人一起去看一看。

四、了解交通工具车的演变过程

1. 师:古代的车辆一般速度较慢,需要人力或牲畜来使车辆行进。后来人们又发明了许多车,你们都知道有哪些车吗?

2. 启发幼儿说出交通工具车的发展过程:自行车、电动车、汽车、无人驾驶车。教师播放车的演变视频。

3. 师:小朋友们,你乘坐过哪些车,它的速度怎么样?

小结:现在的交通工具车非常发达,速度很快,但也存在很多危险隐患。希望我们都能遵守交通安全,平安出行。

《“车”字的演变》视频链接:
https://www.bilibili.com/video/BV13J411z7Vh/?bsource=qqbrowser_jisuye

区域活动一　建构区　甲骨文“”(车)车乐

活动目标

1. 根据甲骨文“”(车)的形态,尝试拼搭出各种各样的车。
2. 喜欢区域活动,感受拼搭的乐趣。

材料准备

甲骨文“”车字的图片、积木。

活动玩法

教师出示实物各种汽车玩具引出今天的游戏主题,激发幼儿建构的兴趣,师幼共同讨论汽车的基本构造。结合汽车结构,引导幼儿观察其造型,并观察甲骨文“”(车)字卡片,用积木尝试将甲骨文“”(车)字拼搭完整,根据车的形态,两两合作,可用不同方式来进行拼搭。

图2-1-69　甲骨文“”(车)车乐

区域活动二　益智区：甲骨文智力“ ”（行）

活动目标

1. 培养幼儿动手操作能力和思维能力。

2. 喜欢玩甲骨文“ ”（行）游戏，感受拼拼乐趣。

材料准备

甲骨文“ ”（行）的图片。

活动玩法

教师情景导入，小白兔在森林博物馆开画展，画廊还缺少一部分作品，请小朋友来帮忙，幼儿观察甲骨文“ ”（行）的卡片，根据图形选择，尝试拼搭完整，并按一一对应的关系放置。

图 2-1-70　甲骨文智力“ ”（行）

户外活动一　甲骨文骑“ ”（车）乐

活动目标

1. 培养孩子的手脚协调能力，控制和灵活能力。

2. 遵守游戏规则，感受甲骨文游戏的乐趣。

材料准备

小车、甲骨文“ ”（车）。

活动玩法

教师创设骑行场景，设置快慢车道以满足不同能力的幼儿，培养幼儿认知“交通规则”。幼儿在障碍中呈“S”形往前行驶。鼓励幼儿和同伴一起玩，一人骑车，一人站在车后，在规定的路线上行驶。幼儿依次进行，巡回游戏。

图 2-1-71　甲骨文骑车乐

户外活动二　甲骨文欢乐“ ”（行）

活动目标

1. 锻炼幼儿的协调能力和平衡能力。
2. 遵守游戏规则，感受甲骨文游戏的乐趣。

材料准备

甲骨文字“ ”（行）、沙包。

活动玩法

教师创设情景，幼儿选择自己喜欢的跳格子游戏后面有序排队，幼儿扔出沙包，有甲骨文的单脚跳，每队幼儿按投掷的结果依次单脚、双脚、跨跳向前跳。直至跳完所有格子再次回到起点，幼儿可以重复游戏，也可以重新选择小房子反复游戏。

图2-1-72　甲骨文欢乐行

家园共育

1. 家长带孩子查找甲骨文“ ”(车)、“ ”(行)的资料。

2. 了解与“ ”(车)有关的文化故事。

3. 在家和幼儿一起进行“ ”(行)走的亲子游戏。

“交通安全我知道”活动实施建议

1. 教师在前期搜集关于“ ”(车)、“ ”(行)的文化、资料,通过调查表和表征的形式,建立车和行的前期经验。

2. 让幼儿拓展调查各种车的用途和种类。

3. 鼓励幼儿用各种材料组合拼搭各种造型的车。

4. 幼儿实地参观殷墟博物馆或从书上查找甲骨文的相关资料,激发对甲骨文的兴趣。

中 班 **走进甲骨 体验文明**

主题一 我是中国人(9月)

主题说明

中国是东方文明古国,五千年悠久灿烂的历史积淀了厚重的中华传统文化。《3—6岁儿童学习与发展指南》中提出:要让幼儿知道中国是一个多民族的大家庭,了解中国的突出成就,热爱自己的祖国,为自己是中国人感到骄傲。长城、黄河,甲骨文,韵味十足的戏曲、神奇无比的中草药……丰富的中国元素吸引着孩子们探索的兴趣。

结合中班幼儿年龄特点,我们在本次主题活动中选择了直观、明了、简洁的甲骨文字“”(中)、“”(国)、“”(人)。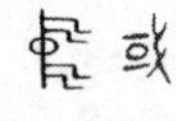两个字最早出现在西周名为“何尊”的青铜器上。“”(人)用侧立的人形突出了弯腰垂臂、面朝黄土背朝天辛勤劳作的中国人形象。这个“”(人)字还像古时候作揖、行礼时的样子。体现了中国人勤劳有礼的品质。甲骨文“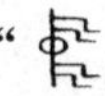”(中) 指代中间位置,运用了方向来进行表达。

在本次主题活动中,我们运用幼儿喜闻乐见和能够理解的方式,多种形式探索、发现,引领幼儿感受祖国美丽的山河、悠久的文化、特有的民间艺术,增强作为中国人的自豪感,体验国庆节欢腾热闹的气氛,萌发幼儿热爱祖国的情感。

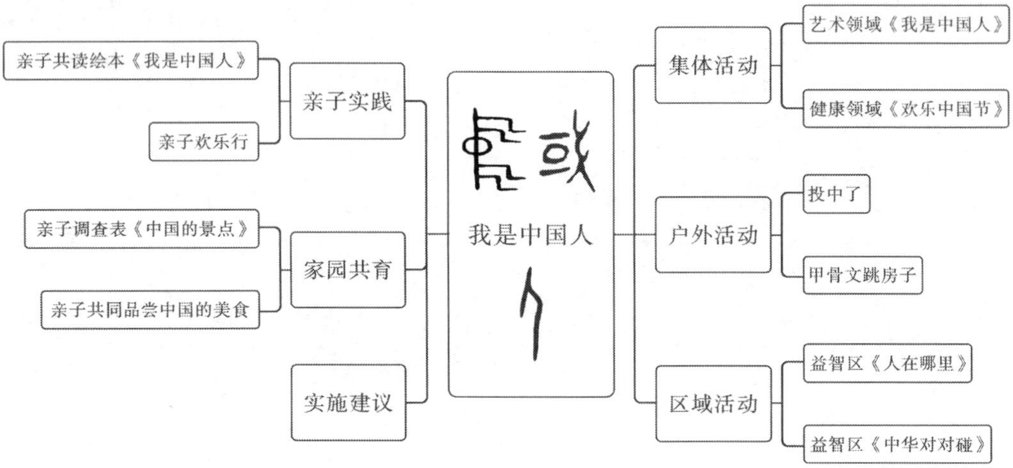

图 2-2-1　“我是中国人”思维导图

教育活动一　我是“”(中)“”(国)“”(人)

活动目标

1. 认识并了解甲骨文的艺术特点，能用绘画表现中国的景色。
2. 通过甲骨文字，感知“”(中)、“”(国)、“”(人)的传统文化。

活动重点

通过甲骨文字，感知“”(中)、“”(国)、“”(人)的传统文化。

活动难点

认识并了解甲骨文的艺术特点，能用绘画表现中国的景色。

活动准备

课件 PPT，绘画材料。

活动过程

一、谈话导入，引入主题

师：小朋友们，今天老师请来了两个小朋友，你们猜猜看他们都是哪个国家的人？你们知道自己是哪个国家的人吗？

小结:中国人有着黄色的皮肤,乌黑的头发和眼睛,这就是中国人的明显特征。“中”“国”这两个甲骨文出现在“何尊”的青铜器上。

图 2-2-2　何尊

二、了解甲骨文“中”(中)、“国”(国)、“人”(人)的由来

1. 出示图片,幼儿观察讨论

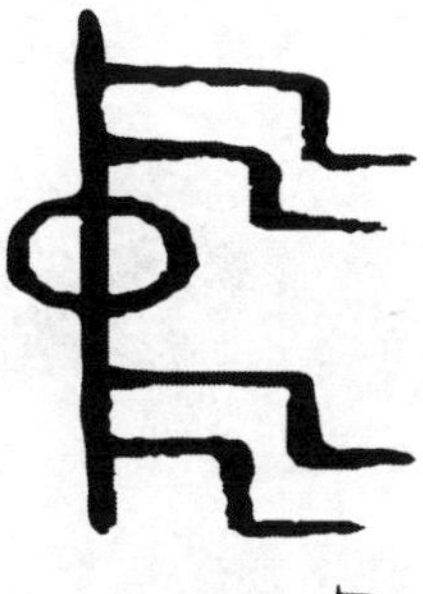

图 2-2-3　甲骨文“中”(中)

图 2-2-4　甲骨文“国”(国)

图 2-2-5　甲骨文“人”(人)

师:你们觉得这两个甲骨文像什么?它们可能代表什么意思呢?

小结:“人”字,是一个侧身而立的人形,形象地描绘了一个站立的人,这个字最早见于甲骨文,像侧面站立的人之形。“中”在古代表示一个方位,古人都面向一个方向祭拜。

2. 出示“中国人”图片

师:小朋友们现在认识的甲骨文真是越来越多了,那你们能用“人”(人)和“中”(中)来说一句话吗?

小结:看来小朋友们都想说出这句骄傲的话,那就让我们一起大声说出来吧——我是“”(中)国“”(人)。

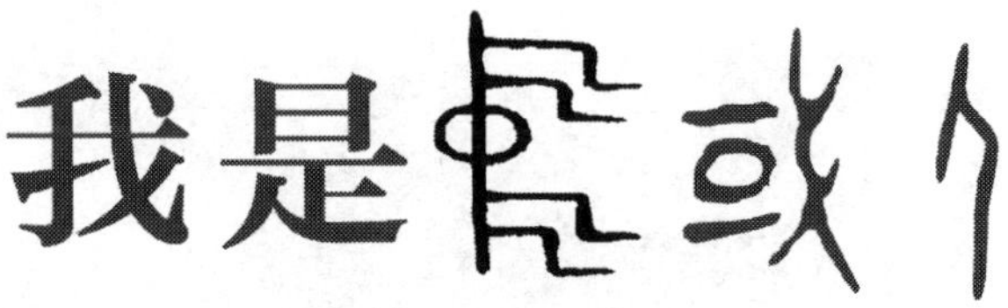

图2-2-6 我是中国人

三、中国山川美如画,欣赏中国标志建筑

1. 欣赏天安门、长城等中国代表性建筑

师:我们骄傲我们是中国人,因为中国有和谐安定的社会秩序,还有美丽的风景名胜。这些图片上的地方你们去过吗?知道是哪里吗?

2. 幼儿小组讨论创作想法

师:这么美丽的地方你们想不想用画笔画下来?你们想怎么画?和旁边的伙伴一起说一说你的想法。

四、绘画表现,教师巡回指导

1. 小组合作共同创作卷轴画《我是中国人》

师:今天我们认识了甲骨文“(中)”“国()”“”(人),一会儿回到小组里请大家合作分工,把“我是……”这句话填写完整,再一起创作你们想要画的中国标志吧。

2. 幼儿小组创作,教师巡回指导

五、作品展示,幼儿分享

小结:每一幅作品的线条和配色都非常好看,流畅的线条组成了一幅幅美丽的卷轴画。有机会让爸爸妈妈带上你也去看看我们中国的山川河流,感受不一样的中国吧!

教育活动二 欢乐国庆节

活动目标

1. 积极参与游戏,锻炼单脚跳、匍匐前进、平衡的技能。

2. 通过活动,加深对甲骨文“”(中)的认识。

3. 体验体育游戏的乐趣。

活动重点

通过活动，加深对甲骨文“”（中）的认识。

活动难点

积极参与游戏，锻炼单脚跳、匍匐前进、平衡的技能。

活动准备

平衡木、方格、爬行筒、调查表、甲骨文“”（中）图卡。

活动过程

一、热身运动

师：小朋友们，马上就要到国庆节了，我们一起去祖国的大好河山看一看吧。在旅行之前，我们先来活动一下身体。每位小朋友向上跳跃，5 次为一组，分别跳跃 3 组。预备，开始。

二、探索游戏路线，进行游戏

师：在旅行的路上，我们一定会碰到许多障碍，例如：遇到高山、小河、桥洞等，我们应如何越过这些障碍呢？现在请和你的好朋友讨论一下。

师：我们用什么来代替这些障碍物呢？（高高的山——平衡木、小河——跳方格、桥洞——爬行筒）

师：当我们遇到这些障碍物时，用什么办法越过它呢？

小结：通过小朋友们的商讨，我们决定“高高的山”就来走平衡木，遇到“小河”时，我们就踩着石头单脚跳过去，来到“桥洞”时，我们就匍匐过去。小朋友们都找到了好办法，我们一起出发吧！

三、操作调查表，加深对甲骨文“”（中）的认识

师：恭喜小朋友们越过障碍物，现在，老师为小朋友们每人准备了一张调查表和许多甲骨文“”（中）的图卡，请小朋友们找一找，调查表中哪些是我们中国的景点，就将甲骨文“”（中）贴到相应的表格中，小朋友们，开始找一找吧。

表 2-2-1 景点调查表

景点 调查				

四、游戏结束，放松活动

师：小朋友们太厉害了，我们不仅越过许多的障碍物，还一起领略了祖国的大好河山，开阔眼界，老师要对所有的小朋友说一句："中！"

师：相信小朋友们也累了，我们一起跟着音乐来放松一下吧。

区域活动一 益智区：""(人)在哪里

活动目标

1. 锻炼幼儿的动手能力和方位感。
2. 培养幼儿的反应和合作能力。

活动准备

马克笔、手工纸。

活动玩法

1. 幼儿用手工纸折出东南西北，并写上认识的甲骨文字。
2. 两个幼儿为一组，石头剪刀布，赢的幼儿说出，东南西北任何一个方向和左右几下(如：东 5 下)，输的幼儿读出相应的甲骨文字。

图 2-2-7　中班区域活动“人在哪里”

区域活动二　益智区：“”（中）华对对碰

活动目标

1. 在游戏中认识甲骨文字。

2. 通过游戏锻炼幼儿观察能力，提高了幼儿反应能力与合作能力。

活动准备

甲骨文消消乐一套。

活动玩法

1. 两个小朋友为一组，将纸杯甲骨文字错落地摆放在棋牌上。

2. 进行石头剪刀布，赢的小朋友任意拿一个纸杯甲骨文字去找另一个相同的甲骨文字，找到后，这两个纸杯就属于赢的小朋友了。

3. 接着再进行第二轮游戏，游戏结束后，纸杯多的小朋友获得胜利。

图 2-2-8　中华对对碰

户外活动一　投“”(中)啦

活动目标

1. 幼儿练习用沙包击准甲骨文字。
2. 发展幼儿的投掷能力和目测力。
3. 感受甲骨文游戏投掷的快乐。

活动准备

甲骨文字板、沙包。

活动玩法

1. 幼儿随意抽出一张甲骨文字后绕过障碍物来到规定的线前。
2. 幼儿拿起沙包投向和手中一样的甲骨文字。

图 2-2-9　投中啦

户外活动二　甲骨文跳房子

活动目标

1. 能进行单脚跳与双脚向前跳,锻炼幼儿腿部肌肉力量,增强幼儿的弹跳能力。
2. 在活动中能够遵守游戏规则,并感知认识甲骨文字。

活动准备

相应的甲骨文字和手掌脚印、沙包。

活动玩法

1. 幼儿站在第一个格子前准备。
2. 根据老师指令,将沙包扔到格子中相应的甲骨文字上。
3. 按照格子里字的变化完成相应的动作,遇到甲骨文字时要大声读出来。

图 2-2-10　甲骨文跳房子

家园共育

1. 家长和幼儿共同走上街头，感受国庆节的欢乐、爱国氛围。

2. 开展“我是中国人”亲子调查表，了解中国、河南、安阳著名旅游景点和代表美食。

3. 假期期间幼儿跟随家长一起到喜欢的地方旅游，感受祖国的大好河山。用照片和绘画等形式记录，回到幼儿园后和同伴进行分享。

4. 亲子共读爱国绘本，如：《我是中国人》《我和我的祖国》《中国茶》等。

“我是中国人”活动实施建议

1. 教师在前期搜集关于中国的文化、资料及视频。通过调查表、绘画记录的形式让幼儿初步了解中国的突出成就、名胜古迹等。建立幼儿“我是中国人”的相关前期知识经验。

2. 主题开展时，为幼儿创设浓厚的国庆氛围，比如在主题墙、班级墙面、吊饰等方面，突出中国红和中国文化元素。同时，幼儿随主题制作的相关作品可以装饰教室、区域等地方。

3. 在幼儿一日生活中，开展“爱国歌曲我会唱”“红色故事我会讲”等活动，从多方面激发幼儿爱国情愫，提升“我是中国人”的自豪感。

主题二　孝在重阳(10 月)

主题说明

《3—6 岁儿童学习与发展指南》指出:应利用传统节日适时向幼儿介绍我国的民族文化,利用中国传统文化中的各种契机让幼儿获得知识与情感的发展。在金秋十月恰逢“九月初九”,重阳节作为我国传统节日有着浓重的民俗文化底蕴,是一个弘扬尊老敬老、学会感恩的重要节日。

其中甲骨文“”(老)字像长发拄拐的老人,“”(子)字像双手张开的小娃娃。幼儿能根据已有的甲骨文知识经验产生自己对甲骨文的理解。中国有着深厚的文化,所以自古就有“百善孝为先”“孝亲之心”“孝感动天”“芦衣顺母”等关于“孝”的古语和故事。

结合“重阳节”这一时机,根据中华“孝”字文化,我们将开展“孝在重阳”的主题活动,结合“”(老)、“”(子)的甲骨文字形特点,让幼儿走进敬老院、为老人捶捶背等活动增进祖孙之间的情感。通过登高、品尝重阳糕的传统习俗更好地了解中国的传统文化。

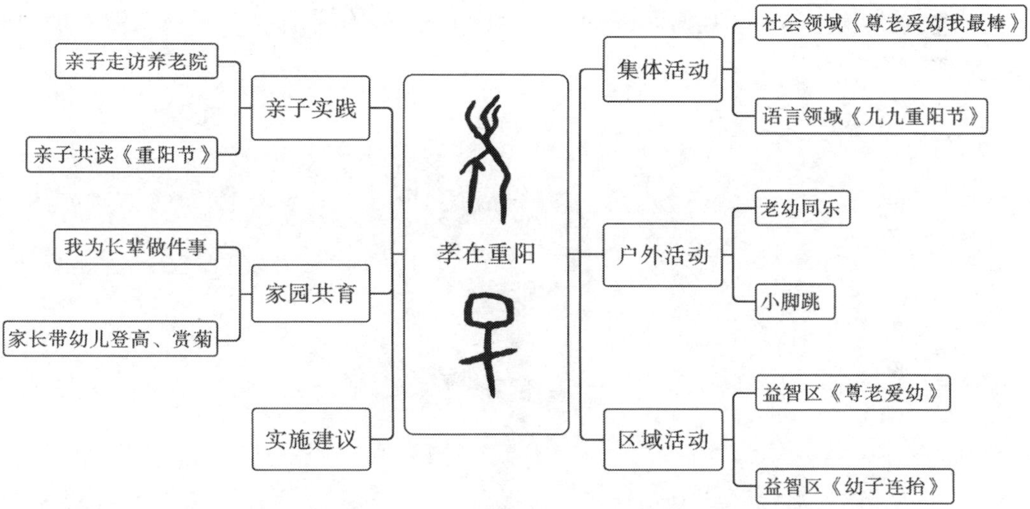

图 2-2-11　“孝在重阳”思维导图

教育活动一　尊“”(老)爱幼我最棒

活动目标

1. 初步感知甲骨文字“”(孕)、“”(老)、“”(子),进一步感受古人的造字美。

2. 主动分享孝敬父母及长辈的方式方法。

活动重点

初步感知甲骨文字“”(孕)、“”(老)、“”(子)”,进一步感受古人的造字美。

活动难点

主动分享孝敬父母及长辈的方式方法。

活动准备

1. 经验准备:了解妈妈怀孕的辛苦及关心父母和长辈的方法。

2. 物质准备:甲骨文卡片碎片、背景音乐、课件、展架。

活动过程

一、出示课件,引发兴趣

师:“小朋友们,又到了我们的甲骨文游戏时间了,一起来看看今天参与游戏的甲骨文宝宝都有谁呢?”

二、观察图片,感受甲骨文的象形特点

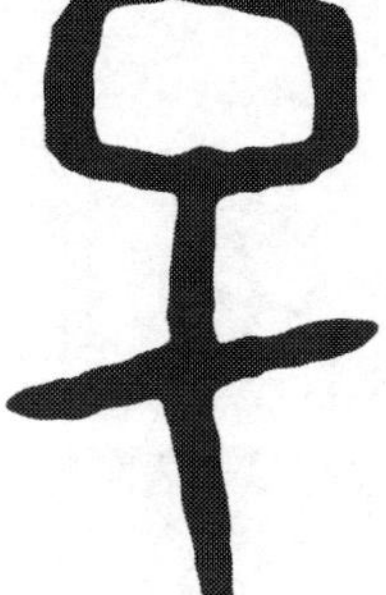

图2-2-12　甲骨文“”(子)

师:"这是什么字,你能用身体来摆一下吗?它看起来像是在做什么呢?"

师:这是甲骨文""(子),一个婴儿的形象。

三、出示新的甲骨文,体验生命成长历程

1. 出示图片,了解甲骨文""(孕)

师:一个人肚子里有个宝宝,说明这个人怀孕了,所以这是甲骨文字"孕"()。妈妈怀孕以后,身体有哪些变化,会有哪些不方便呢?

小结:怀孕是非常辛苦的一件事,吃不好,睡不好,但是当妈妈摸着肚子里的宝宝时,脸上总是挂满了幸福的微笑。

2. 出示图片,了解甲骨文""(老),幼儿猜测并说出理由。

图2-2-13　甲骨文"老"的三种写法

小结:甲骨文字""(老)上面部分象征着人的头发,而下部分则表现了一个侧面人的形象,手中拄着拐杖,表现了年老的特征,指年纪大的人。

四、拼贴甲骨文,体验古人造字的智慧

1. 幼儿分组进行拼贴甲骨文游戏。

2. 用拼出的甲骨文讲述一段话。

总结:今天,我们不仅认识了甲骨文""(孕)、""(老)、""(子),还学会了用实际行动去孝敬父母和长辈。甲骨文,一个字,一幅画,一种思想,一种美德。让我们一起将优秀的甲骨文文化传承下去吧!

教育活动二　九九重阳节

活动目标

1. 阅读绘本，理解绘本内容，知道重阳节的习俗。
2. 感受甲骨文字“ ”(子)、“ ”(老)，尝试根据甲骨文字卡片讲述故事内容。

活动重点

阅读绘本，理解绘本内容，知道重阳节的习俗。

活动难点

感受甲骨文字“ ”(子)、“ ”(老)，尝试根据甲骨文字卡片讲述故事内容。

活动准备

绘本《重阳节》、甲骨文字卡“ ”(子)、“ ”(老)。

活动过程

一、出示甲骨文，激发幼儿兴趣

师：小朋友们，你们见过小娃娃和老人吗？谁来画一画？老师也见过，看看我是怎么表示的？

图 2-2-14　娃娃

图 2-2-15　老爷爷

小结：这就是甲骨文字“ ”(子)和“ ”(老)，“ ”(子)上面是个小脑袋，左右是手臂，两腿包裹在一起，就像抱在怀里的小宝宝。“ ”(老)像一个手里拿着拐杖的老人。

师:小朋友和老人会过哪些节日呢?

小结:小朋友们有六一儿童节,老人也有自己的节日,叫重阳节。小野家来了很多爷爷奶奶,我们一起看看他们是怎么过重阳的。

二、讲述绘本故事,了解故事

1. 观察画面,理解故事内容

师:小野看到了什么?谁来小野家了?带了什么?妈妈做了什么?小野做了什么?

小结:小野家今天过重阳节,老人们欢聚一堂,喝菊花酒、吃重阳糕,充满着温暖和爱的气息。

图 2-2-16　菊花开了

姨奶奶递给奶奶一壶酒:"这是我去年重阳节做的菊花酒。带来给你们尝尝。"

图 2-2-17　喝菊花酒

(图片出自许萍萍文,阿沛绘:《重阳节》,中国人口出版社,2020。文字有删改。)

2. 交流讨论,了解重阳节习俗

师:重阳节是哪一天?为什么在这一天?

小结：重阳节是中国的传统节日，在每年的农历九月初九。在中国人的心中，九是最大的数，有长长久久、长寿的含义，重阳节在九月初九，表达了我们对老人健康长寿的祝福。

师：小野在重阳节这天做了什么？作为小朋友，我们可以怎样表达自己对老人的尊敬？可以为老人做些什么？

小结：小野送给了爷爷奶奶一幅画，为他们拍合照，小朋友们可以为爷爷奶奶唱歌、分担家务、捶背，用自己的方式表达对爷爷奶奶的祝福。

3. 角色游戏，讲述故事内容

师：这里有一些甲骨文字头饰，请七个小朋友为一组，选择一个角色，尝试和小伙伴们一起讲一讲、演一演重阳节的故事吧！

教师提供甲骨文“”（子）、“”（老）字卡头饰，幼儿自由组合，选择角色尝试讲述故事内容。

三、了解重阳习俗，感受重阳氛围

师：除了喝菊花酒、吃重阳糕，重阳节还有哪些习俗呢？

小结：登高、赏菊、插茱萸也是重阳节的习俗，人们登高欣赏秋天的风景，祈求平安吉祥。将茱萸插在门前，寓意驱除邪气，永葆健康。孩子们，让我们将美好的祝愿送给身边的老人吧！

重阳节

秋天到了，院子里的菊花开了。红的、黄的、白的花，在绿叶的掩映下，非常好看。这天，小野正在院子里玩儿。“嘎吱”一声，院门开了，进来一位头发花白的奶奶。“你是小野吧？长这么高了，上次见你的时候，还不会走呢。”奶奶笑呵呵地摸摸小野的头发。姨奶奶送给奶奶一壶酒：“这是我去年重阳节做的菊花酒，带来给你们尝尝。重阳节要饮菊花酒，菊花酒是一种祛灾祈福的吉祥酒，小野等会儿也喝一口啊。”“姨奶奶，说小孩子不能喝酒的。”小野有点儿严肃地说。“哟，真是个小大人。”姨奶奶刮了一下小野的鼻子。这时候，村口的柳爷爷和姜奶奶来串门了，邻村的夏爷爷也来了。妈妈正忙着揉米粉，她说：“重阳节是农历九月初九。是爷爷奶奶、姥姥姥爷们的节日。就像小朋友们过儿童节一样，老人们也要过节，今天大家约好了，要在我们家聚餐。”突然，小野好像想到了什么，转身跑到院子里，捡了一片黄叶子、一片红叶子，又捡了一片绿叶子。她找来卡纸、胶水和彩笔，开始忙碌起来。小野拿起一片树叶，贴在卡纸上。柳爷爷说：“这么特别的礼物，我还是第一次收到。谢谢小野！来，我们一起拍个照！”

区域活动一　益智区:尊“ ”(老)爱幼

活动目标

1. 按照规则合作游戏。

2. 游戏中加深对“ ”(子)、“ ”(老)等甲骨文字的认识。

3. 体验合作的乐趣。

活动准备

中华美德棋一套。

活动玩法

幼儿选择和同伴合作游戏。两名幼儿石头剪刀布,获胜的幼儿先掷骰子。根据掷出的甲骨文数字,棋子前进几格,遇到不同含义的情景图则前进或后退几格,先达到终点的幼儿胜利。

图 2-2-18　尊老爱幼

区域活动二　益智区:幼“ ”(子)连抬

活动目标

1. 锻炼幼儿手眼协调能力。

2. 通过游戏,加深对甲骨文的认识。

3. 体验游戏的乐趣。

活动准备

纸杯、绳子、皮筋、不织布、记号笔以及“ ”(子)和“ ”(老)等甲骨文字的卡片。

活动玩法

游戏开始前,幼儿需先把纸杯摆好,石头剪刀布决定谁先来两两配对。赢了的幼儿将自己选择配对的甲骨文字放在自己的面前。最后,两名幼儿依次大声说出自己面前的甲骨文字,并数一数,谁配对的甲骨文字多,谁获胜。

图 2-2-19 幼子连抬

户外活动一 “ ”(老)幼同乐

活动目标

1. 根据指令做出相应的动作。

2. 加深对甲骨文“ ”(子)、“ ”(老)的认识。

3. 体验甲骨文游戏的乐趣。

活动准备

写有不同甲骨文的大图卡。

活动玩法

幼儿自由分组,用石头剪刀布的方式选出一人,教师捂住幼儿的眼睛,其他幼儿选择一张甲骨文图卡贴在身上,有序排成一队,并用肢体模仿或摆出“ ”(子)、“ ”(老)等甲骨文形象,教师描述幼儿模仿的甲骨文形象,被捂住眼睛的幼儿猜甲骨文,如果猜对了,被捂住眼睛的幼儿受到奖励,没有猜对的幼儿则继续进行游戏。

图 2-2-20　老幼同乐

户外活动二　小脚跳

活动目标

1. 能单脚、双脚向前跳,锻炼腿部肌肉力量。
2. 能够遵守游戏规则,加深对甲骨文字的认识。
3. 体验游戏的乐趣。

活动准备

“”(子)、“”(老)等甲骨文卡片、沙包。

活动玩法

幼儿有序排成一队,进行跳格子,每个格子里只能单脚接触,用单脚跳和双脚跳完成游戏,幼儿向前将沙包扔到格子中相应的甲骨文字上,按照格子的变化完成相应的动作,当跳到甲骨文格子中时,大声说出来。

图 2-2-21　小脚跳

家园共育

1. 家长带领幼儿到当地非营利机构的敬老院看望孤寡老人，为老人提供力所能及的关怀并拍照留影。

2. 带领幼儿陪伴自己的爷爷奶奶、姥姥姥爷，如：与家中老人共进重阳餐、为爷爷奶奶捶捶背等活动，让幼儿学会关爱身边的长辈。

3. 与幼儿共读绘本《重阳节》《奶奶的红披风》《姥姥山》，了解内容后请幼儿尝试简单描述绘本内容，并说一说自己的读后感。

4. 家长可带幼儿外出登高，与长辈一起制作重阳糕，增进亲子关系。

“孝在重阳”活动实施建议

1. 教师在前期搜集关于“重阳节”的文化习俗，整合“”（子）、“”（老）的甲骨文文化。幼儿可通过绘画、表格的形式建立相关的前期经验带到幼儿园内和同伴分享交流。

2. 根据主题活动的延伸为幼儿提供不同的区域材料、户外游戏，如：美工区“重阳贺卡”、生活区“制作重阳糕”、表演区“重阳送歌声”等形式多样的材料，让集体活动延伸到更多的领域。

3. 结合传统节日开展“重阳节”主题升旗仪式，让幼儿养成尊老敬老的优秀品质，感受爷爷奶奶丰富的老年生活。

4. 幼儿在家做件力所能及的事情，并拍照记录，带到幼儿园与同伴进行分享。

主题三　我的身体(二)(11月)

主题说明

身体对幼儿来说既熟悉又神秘。在小班的一年中,幼儿对身体部位有了一些粗浅的认识。进入中班,幼儿的身体和心智都发生了较大的变化,对“身体”的经验从小班时的“指认、初步了解”等笼统认知,发展到对身体各部位特征和作用的探索兴趣。根据中班幼儿的年龄特点,在“我的身体(二)”的主题设置中开展了“ ”(心)、“ ”(耳)两个甲骨文活动。

甲骨文与身体器官有关的字都是从象形文字演变而来,往往更具有象征意义,幼儿在与甲骨文字互动时也更容易理解其含义。其中甲骨文“ ”(心)像人或鸟兽的心脏,本意就是心脏。古人认为心是思维的器官,因此“ ”(心)大多和思想、感情有关。甲骨文“ ”(耳)的文化深厚,“顺风耳”“爱耳日”“吃扁食”等民间活动也都和“耳”有关。

根据甲骨文字“ ”(心)、“ ”(耳)的象形特点,帮助幼儿探索身体的奥秘。带领幼儿一起发现和体验,让幼儿在探索过程中表达对“ ”(心)、“ ”(耳)的认识,培养幼儿保护身体的意识,激发幼儿自我服务的主动性,让幼儿在讨论、直接感知中积累生活经验,感受甲骨文字的魅力。

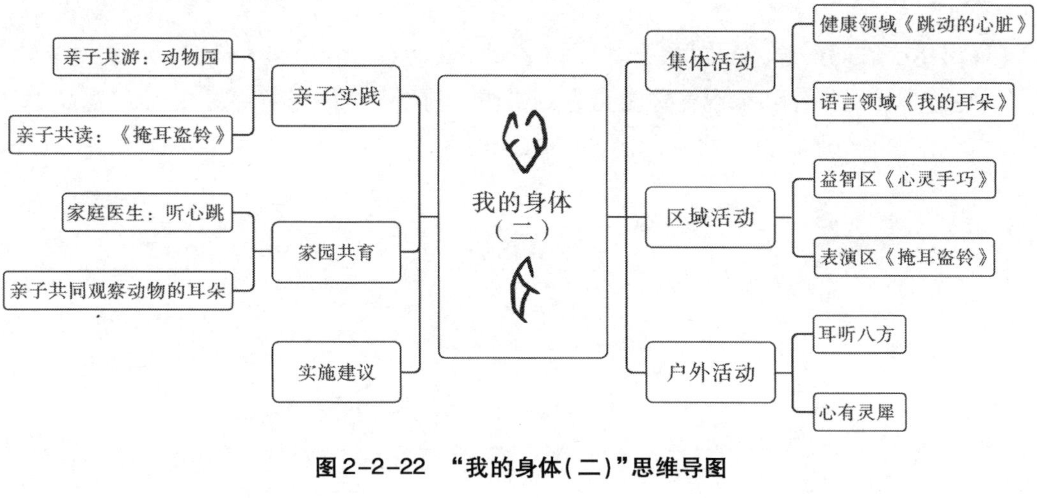

图2-2-22　“我的身体(二)”思维导图

教育活动一　跳动的“”(心)脏

活动目标

1. 初步感知心脏的重要功能,懂得心脏是人体的重要器官。

2. 通过甲骨文“”(心),知道保护心脏的正确方法。

活动重点

初步感知心脏的重要功能,懂得心脏是人体的重要器官。

活动难点

通过甲骨文“”(心),知道保护心脏的正确方法。

活动准备

PPT《跳动的心脏》、听诊器、记录表。

活动过程

一、谈话导入,引发兴趣

师:今天,我为大家带来一段特别的声音,请小朋友仔细听,说一说你听到的是什么声音。

小结:这种声音听起来很像打鼓、敲门的声音,这个声音是我们身体内部的一个非常重要的器官发出来的,它是心跳声。

二、初步感知甲骨文“”(心)

1. 出示心脏的图片,幼儿观察。

师:这是什么?你认识吗?你觉得它是身体的哪个器官?

2. 出示甲骨文“”(心)和心脏图片,自由讨论

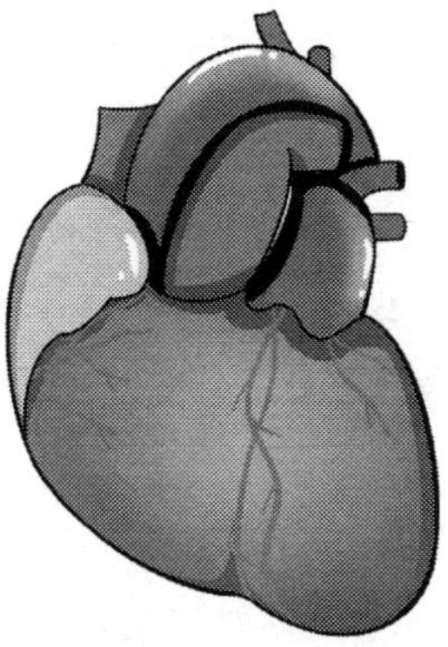

图 2-2-23　心脏

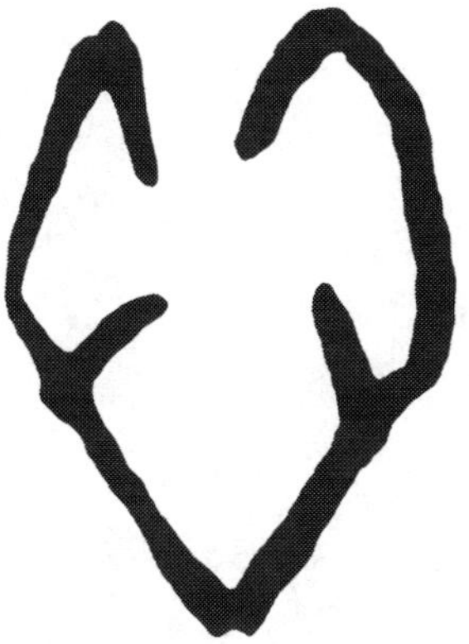

图 2-2-24　甲骨文“”(心)

小结:甲骨文“”(心)是象形文字,字形像包形的心脏,里面两笔代表血管,心脏也维持血液在全身循环流动。

三、感知心脏

1. 感知心脏的位置

师:我们每个人都有一个心脏,你们知道心脏在哪吗?

师:我们一起来找一找!把手放在自己的胸口,然后往左边稍微移一移。你找到了吗?感觉到了什么吗?

2. 感受心脏的跳动

师:刚才有的小朋友说感觉到了心跳,有的说没有感觉到,那怎样让我们每个小朋友都能明显地感觉到心跳呢?你有什么好办法吗?

师:现在,小朋友两人为一组,分工合作,记录运动前和运动后不同的心跳速度。

幼儿自主讨论感受心脏跳动不同速度的方法,并在记录表上记录运动前和运动后的心跳。

表 2-2-2　心脏跳动记录表

运动前	速度记录
时间:1 分钟	
运动后	速度记录
时间:1 分钟	

小结:现在我们知道了一个秘密,原来运动时我们心脏的跳动就会加快。

3. 学习心脏的功能

师：心脏只有自己一个拳头那么大，这么小的一个心脏，在我们人体里，到底起什么作用呢？

小结：心脏跳动，其实就是心脏在做收缩—扩张—收缩—扩张的运动，当心脏收缩的时候，它就把血液挤到动脉血管里，血液通过动脉血管把我们人体所需要的营养和氧气输送到全身，让我们身体的每个细胞都吃饱喝足，心脏要是停止跳动，人的生命就结束了。

四、师幼总结保护心脏的方法

1. 观看图片，让幼儿进一步了解如何保护心脏

师：心脏对我们这么重要，那我们应该怎样保护我们的心脏呢？

小结：锻炼身体能使心脏健康，但又不能长时间做剧烈的运动，否则心脏会劳累。睡觉时姿势要正确，不要趴着睡，以免压迫心脏。只要我们注意保护好我们的心脏，那么我们的身体就会更强壮。

2. 甲骨文反应游戏“我们的 （心）”

幼儿手持甲骨文“ ”（心）卡片，幼儿根据教师敲鼓的速度做出相应的反应。当鼓声快时，甲骨文“ ”（心）宝宝快速跳，当鼓声慢时，甲骨文“ ”（心）宝宝慢慢跳。

教育活动二　我的“ ”（耳）朵

活动目标

1. 倾听故事，初步理解《掩耳盗铃》的含义。

2. 通过甲骨文字“ ”（耳），感知“耳”的文化。

3. 了解爱耳日，知道爱护耳朵的方法。

活动重点

通过甲骨文字“ ”（耳），感知“耳”的文化。

活动难点

倾听故事，初步理解《掩耳盗铃》的含义。

活动准备

课件 PPT、铃铛、头饰。

活动过程

一、出示道具，引入主题

师：（教师摇响铃铛）小朋友们，听，是什么声音？（铃铛）今天，老师带来了一个关于“铃铛”的故事，我们一起来听一听。

二、倾听故事，了解内容

1. 出示开头和结尾，进行猜测

师：（出示铃铛的图片）这是什么？看到它，你觉得会发生什么事情？故事的结尾又会是怎样的？（幼儿猜想并回答）

图 2-2-25　铃铛

2. 教师讲述故事，交流讨论

（教师讲述故事）

师：小偷偷东西时是怎么做的？为什么要捂住自己的耳朵？

小结：原来，小偷想去别人家偷东西，又怕铃铛响起别人发现，于是就想了一个办法，把自己的耳朵堵上，自己就听不到响声了。

师：谁能为这个故事起一个好听的名字？（幼儿思考并回答）

师：小朋友们的想象力可真丰富，这个故事的名字就叫作《掩耳盗铃》，是个寓言故事。

师：小朋友们，“掩耳盗铃”是个成语，意思就是自己以为自己做的坏事，别人不会发现。如果要想别人不知道，不是要去掩盖，而是自己不要去做坏人、不要去做坏事。

三、通过甲骨文字，感知“耳”的文化

师：小朋友们，刚才故事里的人做了一个什么动作？（捂耳朵）

师：出示甲骨文“”（耳），看，这个图片像什么？（耳朵）

图 2-2-26　甲骨文“ ”（耳）

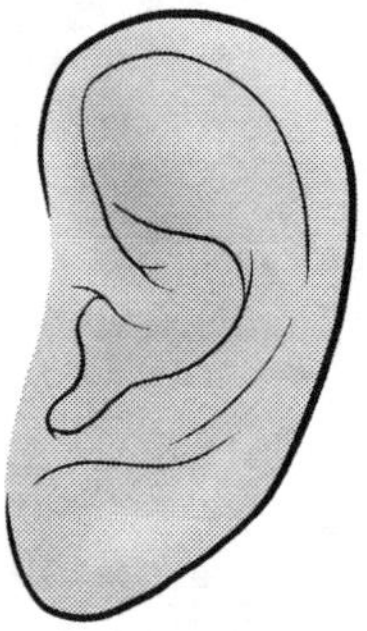

图 2-2-27　耳朵

师：对了，这是甲骨文“ ”（耳），就像你们灵敏的小耳朵。

师：在古代的时候，就有很多关于“耳”的传说，例如：农历二月二龙抬头“食龙耳”，在这一天，人们为了吉祥，就会吃饺子，因为饺子的形状就像是我们的小耳朵。还有，冬至时，我们也要吃饺子，俗话说：“吃了饺子，就不会冻掉耳朵了！”

四、了解爱耳日，说一说爱护耳朵的方法

师：你们知道爱耳日吗？什么是爱耳日？爱耳日是哪一天？

小结：“爱耳日”是从 1998 年设立的，因为，我们的小耳朵很像数字“3”，所以就将每年的 3 月 3 日设定为“爱耳日”。

师：小朋友们是怎么样保护小耳朵的呢？（不频繁掏耳朵、不往耳朵内塞异物……）

小结：小朋友们的办法可真不少，不长时间使用耳机、不能频繁掏耳朵、不用脏水洗澡或游泳、不往耳朵内放异物……

五、故事表演

师：这么好听的故事，我们一起把它表演出来吧。（幼儿自主组合，进行表演。）

图 2-2-28　故事表演《掩耳盗铃》

掩耳盗铃

春秋时期,有个贪婪而又愚蠢的人,自己不愿劳动,见到别人的财物就想据为己有。有一天,他听说晋国世家赵氏灭掉了范氏,便急忙赶到范氏家去,想趁乱捞点儿油水。谁知范氏家已被洗劫一空,他好不懊恼,真生气白跑这一趟。突然,他发现院中柴堆里露出一片亮光,便走过去,扒开横七竖八的柴火一看,原来是一口大钟。他仔细审视了一番,断定这口大钟是用上等的黄铜做成的,不禁喜出望外,眼睛笑得眯成了一条缝。他迫不及待地去背钟,可是那钟又大又高,沉得很,不要说背了,连移动一下都不可能,他急得团团转。就在这时,他在墙脚看见了一把大铁锤,心里顿时有了主意,高兴地自语道:“真是天助我也。”他忙不迭地抢起铁锤,狠狠地朝大钟砸下去,想把大钟砸成碎块,然后再用麻袋装回去。可是,大钟发出的巨响,把他吓了一大跳,且那“嗡嗡嗡”的余音久久地在院子上空回荡,他的耳朵都要震聋了。他很害怕别人听见了钟声会跑来抢他的钟,就赶快用双手紧紧捂住自己的耳朵。于是,他听不见钟声了。他以为自己听不见,别人也一定听不见,就放心大胆地砸起钟来。每砸一下,都要用双手捂住耳朵,待钟声响过后,才松开手再砸。这样一下一下,钟声响亮地传到很远的地方。人们听到钟声蜂拥而至把小偷捉住了。

区域活动一　益智区:“”(心)灵手巧

活动目标

1. 感知甲骨文“”(心)、“”(耳),感受五官的不同作用。

2. 体验甲骨文游戏的快乐。

活动准备

甲骨文“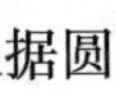”(心)和“”(耳)圆盘、五官作用卡片。

活动玩法

幼儿根据圆盘中的甲骨文文字,分辨身体的五官,并选择出对应的五官卡片,进行匹配。

图 2-2-29　心灵手巧

区域活动二　表演区：掩“”（耳）盗铃

活动目标

1. 通过图卡提示，尝试表演故事掩耳盗铃。
2. 锻炼幼儿语言表达能力。

活动准备

甲骨文字卡、服装、铃铛。

活动玩法

幼儿自主选择甲骨文卡片，道具等，尝试和同伴合作讲述，用动作表演故事《掩耳盗铃》。

户外活动一　“”（耳）听八方

活动目标

1. 感知甲骨文“”（心）、“”（耳）形象。
2. 锻炼幼儿反应能力。

活动准备

甲骨文字卡、音乐。

活动玩法

幼儿每人选择一张甲骨文字卡,跟随音乐自由跳舞,当听到“找到一个好朋友”时,快速找到和自己匹配的甲骨文或汉字,如:“ ”(心)、“ ”(耳)(需要两人配合)。找到后跟随音乐做出“敬个礼”“握握手”“再见”等动作。音乐停止,幼儿说出自己的好朋友是哪个甲骨文字,正确的幼儿进入下一轮游戏。

图 2-2-30　耳听八方

户外活动二　“ ”(心)有灵犀

活动目标

1. 能进行单脚跨跳、匍匐向前等动作。
2. 锻炼腿部肌肉力量。

活动准备

安全场地、跨栏、软垫、五官小卡、面部画。

活动玩法

幼儿分组站在开始线,每人选择一个甲骨文五官小卡,根据教师指令,一次单脚跨跳过跨栏,匍匐通过软垫,达到面部画处时,将手中的甲骨文五官字卡,贴在画中的正确位置,完成后返回起点接力下一名幼儿,先完成并且正确的队伍为胜。

图 2-2-31　心有灵犀

家园共育

1. 扮演小医生，听听爸爸妈妈的心跳声。

2. 了解过人类的耳朵后，爸爸妈妈可带领宝贝去动物园，观察小动物们的耳朵。

3. 家长和幼儿共同搜集有关“心脏”和“耳朵”的资料。

4. 亲子共读绘本《掩耳盗铃》。

“我的身体（二）”活动实施建议

1. 幼儿在前期经验准备中可以通过图片、视频了解“　”（心）和“　”（耳）的作用。开展收集资料、填写调查表等活动，加深其与幼儿生活经验的连接。

2. 教师在主题开展前收集“　”（心）、“　”（耳）等相关图片，准备有关器官的绘本和模型教具等相关资料，并将相关资料投放到相对应的区域中，提供幼儿操作探索的机会和提升幼儿认知。

3. 活动开展中要以幼儿的年龄特点和兴趣特点为依据，从孩子的已有经验出发，促进幼儿经验的提升，可通过故事欣赏、亲身操作、动手体验等形式丰富的活动，引导幼儿思考如何保护我们的身体器官。

4. 在甲骨文基础上，拓展关于五官的其他甲骨文字，为区域提供“甲骨文字卡”“甲骨文故事画”等材料，延伸集体活动内容。

主题四　过年了(12 月)

主题说明

春节,是中国民间最隆重盛大的传统节日,由上古时代岁首祈年祭祀演变而来。每到新春佳节,中华大地上处处张灯结彩,喜气祥和,与家人团聚、守岁等等一些民间习俗也一直在传承。春节蕴含着深邃的文化内涵和丰厚的历史底蕴。其中甲骨文“ ”(年)字像人背着禾,表示丰收。因为庄稼一年一熟,所以“ ”(年)也用来表示时间。甲骨文“ ”(年)有着较高的辨识度,提升了幼儿对甲骨文的兴趣。我国古代的字书把“年”字放禾部,以表风调雨顺,五谷丰登。由于谷禾一般都是一年一熟,所以“年”便被引申为岁名了。

为了加深幼儿对新年的认识与了解,结合相关“ ”(年)的文化,我们开展了“过年了”的主题活动。以知年事、备年货、品年味为主题脉络,幼儿在实践调查、亲身体验中获得关于新年的传统节日文化,体味和积累过春节的生活经验,表达对新年的期盼。

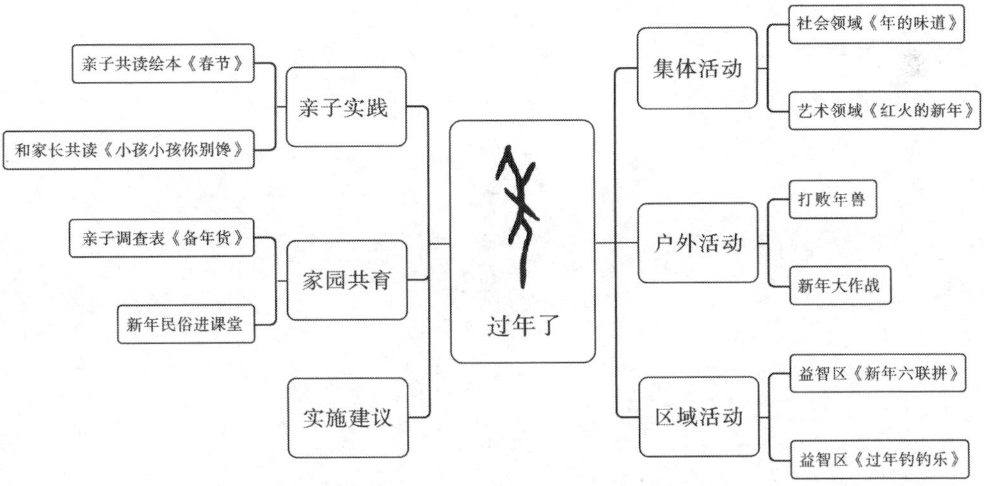

图 2-2-32　“过年了”思维导图

教育活动一　“”(年)的味道

活动目标

1. 认识甲骨文字“”(年),感知“”(年)的文化。
2. 知道春节是我国最重要的节日。
3. 了解一些过年的习俗、基本的习惯和待人接物的礼仪。

活动重点

认识甲骨文字“”(年),感知“”(年)的文化。

活动难点

了解一些过年的习俗、基本的习惯和待人接物的礼仪。

活动准备

1. 经验准备:知道新年是一个热闹的节日。
2. 物质准备:《年兽》视频、红包、纸、笔若干。

活动过程

一、出示甲骨文“”(年),感知“”(年)的文化

图 2-2-33　甲骨文“”“年”

师:小朋友们,你们猜猜这是什么? 这就是甲骨文“”(年)字。

师:甲骨文“”(年)上面部分是“禾”下面部分为“人”,年字好像一个人背着沉甸甸的谷物回家过年,这里的年可以表示计时单位,一年 365 天,春夏秋冬,代表一年的时间,

又可以表示收成，代表着谷物成熟了，丰收之后，农民结束了一年的劳作，要感谢上天的保佑，祈求来年再获丰收。

二、了解过年习俗的由来

1. 师幼相互讨论交流

师：你们知道过新年有哪些习俗吗？

师：为什么新年的时候要贴春联、穿红衣服、放鞭炮呢？

2. 观看视频

师：老师带来了一段关于“年”的视频，我们一起来看一看吧！

师：年兽最怕什么呢？人们做了什么事？最后怎么样？

小结：年兽最怕光、声响，还有红色。所以人们为了吓跑年兽，就用了贴春联、穿红衣服、放鞭炮等方式来过年。并且大家在见面的时候还相互祝福，相互庆贺。

三、交流过年的习俗、礼节，知道基本的待人接物礼仪

师：你们过年的时候都做些什么好玩的事呢？人们是怎样庆祝的？你知道过年的时候，我们北方都有哪些习俗呢？

1. 了解团圆饭的寓意，对新一年的美好祝福

2. 了解拜年时的礼节，大年初一我们要给长辈们拜年

师：那给亲戚朋友们拜年时我们要说哪些祝福的话呢？我们可以做什么动作来祝福他们新年好呢？

小结：我们过年的时候要放鞭炮、贴春联、除夕夜要吃年夜饭、大年初一要穿上新衣服去亲戚朋友家拜年，这时候大人会给我们送压岁钱，我们要有礼貌的接过来，并说一声“谢谢，恭喜发财”。

四、玩“送祝福”的游戏

师：小朋友把自己想送给别人的新年祝福用画画的形式来装饰红包，然后把红包送给自己的长辈或爸爸妈妈，也可以送给好朋友。

师：小朋友都画好了吗？让我们拿着红包去送祝福吧！

教育活动二　红火的新“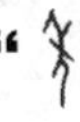”（年）

活动目标

1. 倾听音乐，学唱歌曲。

2. 根据图谱演唱，感受甲骨文“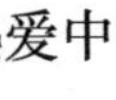”（年）。

3. 了解新年习俗，萌发幼儿热爱中国传统民俗的情感。

活动重点

了解新年习俗，萌发幼儿热爱中国传统民俗的情感。

活动难点

根据图谱演唱，感受甲骨文“”（年）。

活动准备

新年元素图片、《过新年》歌曲音频及伴奏、图谱、甲骨文“”（年）的卡片。

活动过程

一、出示图片，感受年的氛围

图 2-2-34　放鞭炮

师：图片里有什么？我们什么时候可以见到这些？过年的时候还有哪些装饰？谁来画一画？

小结：过新年的时候，我们会贴对联、穿新衣、包饺子，全家一起乐陶陶。

二、熟悉歌词、学唱歌曲

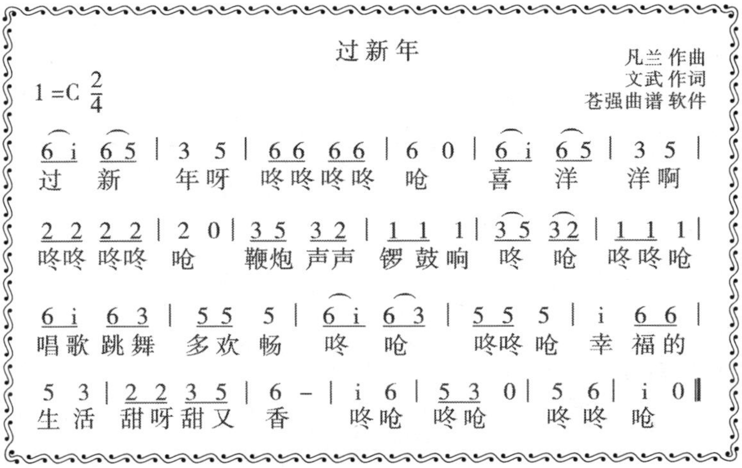

图 2-2-35 《过新年》曲谱

1. 倾听音乐,理解歌词

师:有一首好听的歌曲唱的就是过新年的景象,我们一起来听听看。

教师演唱歌曲。

师:歌曲里是怎么过年的?小朋友们听到的内容不一致,我们再来听一听!

教师再次演唱歌曲。

2. 匹配图谱,掌握歌词

师:老师准备了一些图谱,你们认识吗?谁能把图谱按照歌词顺序,放在正确的位置?

幼儿摆放图谱,教师指导,并在过程中重复演唱歌曲。

师:我们一起唱一唱,看一看图谱是不是正确。

师幼随音乐演唱歌曲,验证歌词顺序。

小结:甲骨文“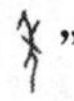”(年)上面部分是“禾”下面部分为“人”,人们背着沉甸甸的谷物回家过年,享受丰收的欢乐。

3. 演唱歌曲,尝试表现

幼儿分成四组,自由选择,尝试合作表演。

师:老师准备了一些甲骨文新年物品,选择自己喜欢的道具,和同伴一起唱一唱、演一演吧!

师:哪组小朋友想表演一下?

游戏可循环进行 3—4 次。

三、了解习俗，集体表演

师：新年时我们贴春联，穿新衣，包饺子！祈祷一年更比一年好。孩子们，我们一起欢欢喜喜过新年喽！

区域活动一　益智区：新“”（年）六联拼

活动目标

1. 锻炼幼儿手眼协调能力。
2. 通过游戏，了解甲骨文字形结构。

活动准备

甲骨文字冰糕棍、甲骨文字卡。

活动玩法

幼儿找到一张自己想要拼摆的甲骨文字卡，对照字卡进行拼摆甲骨文字。成功后再换下一个字进行拼摆。

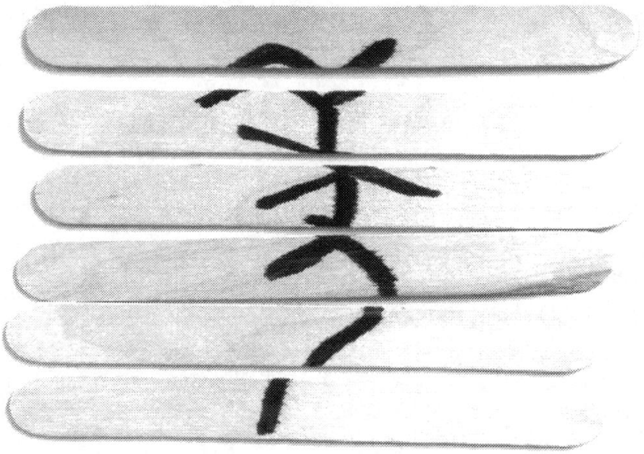

图 2-2-36　新年六联拼

区域活动二　益智区:过“”(年)钓钓乐

活动目标

1. 锻炼手眼协调力。

2. 通过游戏认识甲骨文,并完成配对。

活动准备

粘贴甲骨文字的小鱼,磁铁“钓鱼竿”两支,现代方块字字卡。

活动玩法

两名幼儿石头剪刀布,谁赢了就先钓鱼,钓到甲骨文小鱼之后,与现代方块字进行配对。

图 2-2-37　过年钓钓乐

户外活动一　打败“”(年)兽

活动目标

1. 听指令并做出相应动作。

2. 加深对甲骨文“”(年)的理解。

3. 体验游戏的乐趣。

活动准备

甲骨文动物头饰、“ ”(年)的头饰、幼儿了解过“年兽的故事”。

活动玩法

幼儿游戏前,了解过“年兽”的故事,知道“年兽”出没时,小动物们要躲避抓捕。幼儿围圈站在场地上,念儿歌:“年兽年兽几点了?”教师扮演“年兽”回答几点,当回答“12点时”,年兽出没抓捕“小动物们”,被抓到的幼儿扮演“年兽”,游戏循环。

图 2-2-38　打败年兽

户外活动二　新“ ”(年)大作战

活动目标

1. 加强对甲骨文“ ”(年)的认识。
2. 提高反应力和身体的灵敏性。
3. 体验游戏的乐趣。

活动准备

自制甲骨文字卡、粘球衣。

活动玩法

幼儿站在自己的位置上,5 名幼儿为一组,排成四列纵队,将甲骨文名牌贴在幼儿的背上;游戏开始,四队队员开始互相撕名牌,被撕下名牌的队员淘汰。游戏结束,以名牌多者为获胜队。

图 2-2-39　新年大作战

家园共育

1. 家长和幼儿共读绘本《好忙的除夕》《春节》,了解不同地区过年的习俗。

2. 开展《备年货》亲子调查表,根据采购清单带幼儿一起去超市采购年货,亲身体验年货采购的乐趣。

3. 假期期间幼儿跟随家长一起感受儿歌《小孩小孩你别馋》中从腊月二十三直到大年初一每天不同的安排。

4. 开展家长进课堂活动,在活动中幼儿真实感受蒸花糕、蒸皮渣、剪窗花等不同的春节活动。

“过年了”活动实施建议

1. 教师在前期搜集关于“秊”(年)的文化、资料,幼儿通过调查表、口述记录的形式让幼儿初步了解春节的习俗,建立相关知识经验,并在班级进行分享交流。

2. 主题开设初期,展示年画、春联、福字,营造浓浓的“年味”,自然地引发幼儿谈论过年的习俗。

3. 依循主题渐进的脉络,与幼儿一起创设“过秊(年)了”的环境布置、主题墙面。

4. 结合幼儿园大型“民俗”活动,让幼儿感受丰富多彩的民俗文化。

主题五 男孩女孩(3 月)

主题说明

3—6 岁是儿童性别发展的关键期。儿童对自己性别的认识、对不同性别的差异认知,也是社会性发展的一个重要部分。在小班孩子们对男孩、女孩萌发了初步的认识,通过穿着、发型等外貌特征,能够区分男孩和女孩的不同。到中班后幼儿的探索欲望不断增加,从服饰、发型的认识向爱好、身体等不同方面深入。

甲骨文字“”(女)、“”(男)通过形象的表达,展现了古代男孩和女孩不同的性别特征。较高的辨识度提升了幼儿对甲骨文的喜欢和兴趣。甲骨文字中的“”(女)形象直观,表现了女子跪坐进行家务的形象,具有一定的深意,辨识度高。甲骨文“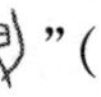”(男)由田地和耒耜组成,将田地里劳作的男子形象刻画得惟妙惟肖。在社会中,男女各自承担着不同的责任,男耕女织、男刚女柔,各显其美,体现着中国古代文化中男女分工协作的智慧。

结合相关文化,并根据幼儿已有的经验和兴趣需要,我们开展了“男孩女孩”的主题活动。幼儿在了解感知、实际操作中认识性别的独特性,并进一步深化幼儿对男孩女孩不同的认识。

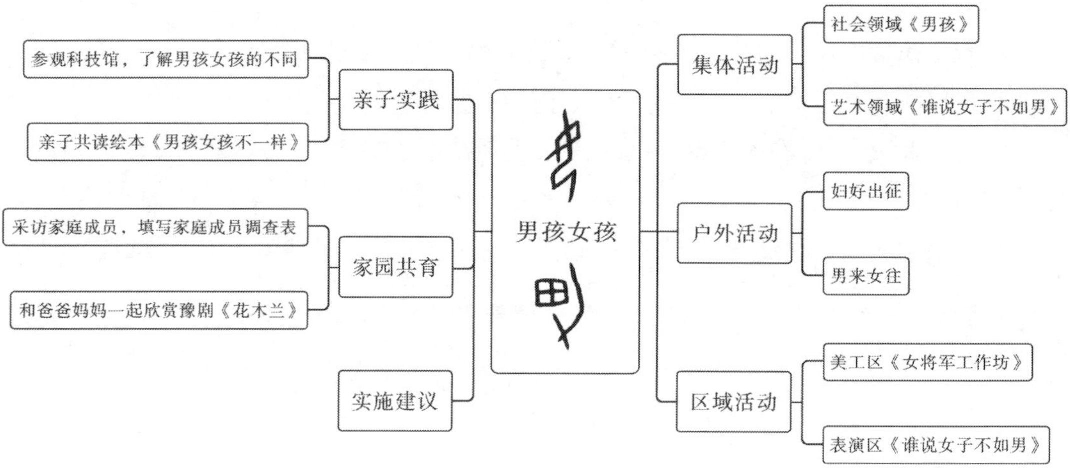

图 2-2-40 “男孩女孩”思维导图

教育活动一　谁说“”(女)子不如“”(男)

活动目标

1. 理解歌曲内容,感知花木兰勇敢、坚强的特点。

2. 认识甲骨文字“”(女),感知“”(女)的文化。

3. 体验歌曲表演的乐趣。

活动重点

理解歌曲内容,感知花木兰勇敢、坚强的特点。

活动难点

认识甲骨文字“”(女),感知“”(女)的文化。

活动准备

幼儿有前期调查的经验,课件 PPT,服装,甲骨文“”(女)头饰。

活动过程

一、出示甲骨文“”(女),激发幼儿兴趣

师:小朋友们,你们猜猜这是什么?这就是甲骨文“”(女),今天,老师就带来了一首歌曲,跟女生有关,我们一起来听听。

图 2-2-41　甲骨文“”(女)

二、欣赏歌曲，理解歌曲内容

师：歌曲里讲述了什么内容？

小结：这就是替父从军的巾帼英雄“花木兰”，她和我们平时见到的英雄不同，是一位女生，因为她没有哥哥，家中的老父亲也年龄大了，弟弟们也还小，所以在打仗时，她主动前去应战。

三、再次出示甲骨文“ ”（女），感知文化

1. 出示甲骨文“ ”（女），了解古代文化

师：小朋友们，古代的女性是不能上学的，她们以料理家务为主。在传统文化中，女性主内，代表着娇柔、娴静、内敛，所以在分工上，男女有很大的区别。就像是甲骨文“ ”（女），屈膝跪坐在这里，双手轻轻交错放在身前，非常安静。

2. 再次欣赏歌曲，感知“花木兰”勇敢、坚强的特点

师：听了歌曲后，小朋友们来说一说，“花木兰”和其他古代女性有什么不同呢？

小结：古代的女性大多是在家料理家务，而“花木兰”却带兵打仗、替父从军、她的事迹告诉我们，女性也可以独当一面，所以遇到困难，一定要勇敢坚强，“谁说女子不如男！”

四、同伴合作，表演歌曲

师：我们听了这首歌曲，相信小朋友们都想来当一当勇敢、坚强的“花木兰”。现在，请小朋友自由组合，一起来再现“花木兰”故事的场景吧。

图 2-2-42 花木兰表演

教育活动二 “”(男)孩

活动目标

1. 帮助幼儿建立性别的认识,了解男孩的性别特征。

2. 认识甲骨文字“”(男),感知“”(男)的文化。

活动重点

帮助幼儿建立性别的认识,了解男孩的性别特征。

活动难点

认识甲骨文字“”(男),感知“”(男)的文化。

活动准备

课件 PPT、绘画材料。

活动过程

一、游戏导入,引发主题

1. 游戏《找座位》

教师:小朋友们,刚才我在每个小椅子上都留下了不同的甲骨文字,下面请大家根据不同的甲骨文字找到自己的座位。

游戏玩法:请幼儿按“”(女)、“”(男)不同的甲骨文标志,快速找到正确的位置坐下,并说说为什么要坐在这里。

2. 师幼总结找到座位的方法

师:你是怎样找到座位的? 你找座位的方法是什么?

小结:每个小椅子上都有甲骨文字,我们根据甲骨文“”(女)、“”(男)找到了属于我们的座位。

二、感知甲骨文“”(男)

1. 出示甲骨文“”(男)图片,请幼儿观察并自由讨论自己的发现

师:小朋友们,你们猜猜这是哪个甲骨文字?

小结:对,它就是甲骨文“男”字。上面一个“田”下面一个“力”,表示“”(男)是在田野劳作的人。男是大丈夫,在古代男人都在田地里干活,有很大的力气。

图2-2-43　甲骨文“”（男）

2. 出示甲骨文“”（男）的演变。

师：我们现代的“男”字从古代到现代经过多次的演变才变成今天的样子。（图2-2-44）

图2-2-44　“男”字的演变

三、了不起的“岳飞”

1. 回顾女英雄，了解男英雄

师：你们了解的我国女英雄都有谁？那男英雄有谁呢？

2. 出示“岳飞庙”图片，引发幼儿兴趣

图2-2-45　岳飞庙

师：小朋友们，你们知道这是哪里吗？你们来过这儿吗？

小结：这里是安阳汤阴岳飞庙，它不仅是中国历史文化名胜之一，更是中华民族崇尚忠诚、勇敢、正义的共同文化记忆。这里出了一位了不起的大将军——岳飞。这座庙就是为岳飞修建的。今天我们就一起去了解一下岳飞的故事。

3. 听《岳飞》故事，激发幼儿爱国情怀

4. 幼儿齐诵《满江红》

四、再次游戏

师：通过这节活动我们认识了甲骨文字“ ”（男），你们是不是对这个甲骨文字有了更深的认识呢？现在让我们再次来找出自己对应的位子吧。

小结：孩子们都找到了对应的甲骨文，也能正确区分男孩、女孩。希望我们男孩女孩都能互相帮助、相亲相爱。

区域活动一　美工区：“ ”（女）将军工作坊

活动目标

1. 锻炼幼儿的动手能力。
2. 让幼儿了解古代兵器及妇好女将军。

活动准备

彩色卡纸、剪刀、胶棒、水彩笔。

活动玩法

根据提示卡，选择自己喜欢的兵器，并进行制作和装饰。

图 2-2-46　女将军工作坊

区域活动二　表演区：谁说“”（女）子不如“”（男）

活动目标

1. 通过演唱和欣赏活动，感受体验豫剧音乐的风格特点，提高音乐感受力和表现力。

2. 喜欢参加表演活动。

活动准备

妇好服饰、头饰、音响。

活动玩法

和同伴一起表演《谁说女子不如男》。

图 2–2–47　谁说女子不如男

户外活动一　妇好出征

活动目标

1. 初步了解中国第一位女将军“妇好”的征战历史。

2. 锻炼幼儿快速奔跑及躲闪的能力。

3. 通过游戏提高孩子们的合作能力，培养他们团结友爱的精神。

活动准备

妇好战袍、战鼓、沙包。

活动玩法

1. 幼儿分敌军和妇好女军两队人马。

2. 开战前每队人马商量对敌策略,之后各队人马听从各自将军使用沙包当作武器开战,抓到俘虏多者为胜。

图2-2-48 妇好出征

户外活动二 “”(男)来“”(女)往

活动目标

1. 锻炼幼儿的快速反应能力,促进幼儿手眼协调的发展。

2. 培养合作意识,养成遵守规则的好习惯。

活动准备

色子,甲骨文“”(女)、“”(男),音响。

活动玩法

1. 幼儿分为甲骨文男和甲骨文女两队,分别站在色子的两侧。

2. 当音乐响起的时候,幼儿开始翻色子,翻成自己组的色子,音乐结束,幼儿回到自己的位置上站好,教师检验,哪组翻的色子量多,哪组获胜。

图 2–2–49　男来女往

家园共育

1. 家长带领幼儿走进科技馆，实地参观、了解人体奥秘。通过观察模型等方法了解男孩、女孩的身体不同之处，建立幼儿已知经验。

2. 了解家庭成员中，男生和女生不同的生活方式，如运动方式、擅长做的事等。并填写《男孩女孩》调查表。

3. 家长和幼儿共读绘本《男孩女孩不一样》《身体的秘密》。了解男孩女孩相关内容并简单描述绘本内容。

4. 幼儿跟随家长参观殷墟博物馆，了解妇好女将军的经历和故事。

“男孩女孩”活动实施建议

1. 教师在前期搜集关于“ ”（女）、“ ”（男）的文化、资料，通过调查表、口述记录的形式让幼儿进行《男孩女孩不一样》的问卷调查，建立的相关前期知识经验，并在班级进行分享交流。

2. 为幼儿积极拓展男孩、女孩相关知识经验。将“ ”（女）、“ ”（男）的甲骨文字，提供到不同的区域、户外游戏，如：科学区《男孩女孩》、美工区《我的自画像》、语言区《男孩女孩不一样》、表演区《妇好征战》等，为幼儿提供形式多样的材料，让集体活动延伸到更多的领域，加深幼儿对男孩女孩的认识。

3. 结合当代或当地优秀女生代表事迹，向幼儿展示新时代女生努力拼搏、勇敢坚强的精神。如：航天员刘洋、人民教师张桂梅、诺贝尔生理学和医学奖获得者屠呦呦等。

4. 向幼儿介绍古今优秀男生代表人物，展示男生阳刚、有勇有谋的形象。如：抗金名将岳飞、杂交水稻之父袁隆平等。

5. 主题实施过程中，注意男女平等思想的融入。

主题六　我的动物朋友(二)(4 月)

主题说明

在小班"我的动物朋友(一)"主题中,孩子们认识了甲骨文""(龟)和""(鱼),加深了对小动物的认识,他们愿意亲近小动物,知道动物是人类的朋友。随着孩子不断成长,到了中班,从自然角到动物园,他们所接触到的动物也越来越多,孩子们对动物的生活习性、基本特点等产生了浓浓的探究欲望,动物的外形特征、生存本领也是幼儿乐于关注并喜欢谈论的话题。

其中"牛"和"羊"是十二生肖中幼儿较为熟悉的动物,在中国传统文化中牛代表着勤劳和无私奉献的精神,羊寓意着吉祥如意,是美好的象征,这些都体现了人们对美好生活的向往和追求。甲骨文字中的""(牛)""(羊)直观、形象,但是又具有一定的符号概括抽象浓缩的特点,辨识度高。甲骨文""(牛)字就是从正面看的牛头的形象,两侧向上弯的部分是一双牛角,牛角之下向斜上方伸展的两笔是牛的一双耳朵。""(羊)是两角弯曲、性情温顺的食草动物。牛和羊是我国文化中很重要的动物,具有丰富的文化内涵。

因此,我们开展"我的动物朋友(二)"这一主题活动。幼儿通过观察、体验等活动认识牛羊的独特性,了解牛羊的形态和本领,愿意进行以牛羊为主题的艺术创作,知道牛、羊代表的优秀品质和美好寓意。

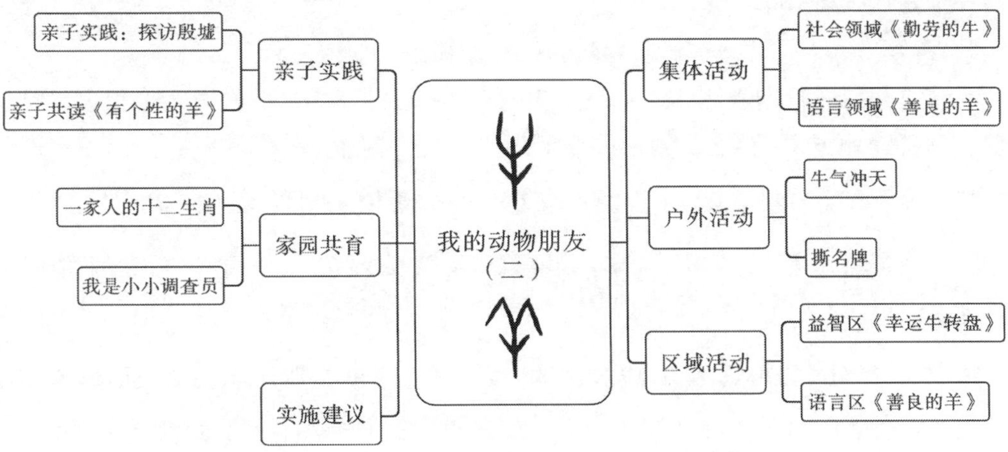

图 2-2-50　"我的动物朋友(二)"思维导图

教育活动一　勤劳的“”(牛)

活动目标

1. 知道“牛”的特征和生活习性，感知“牛”的文化。

2. 在操作体验中，感知甲骨文字形象“”(牛)。

3. 品尝奶制品，学会分享，学会感恩。

活动重点

知道“牛”的特征和生活习性，感知“牛”的文化。

活动难点

在操作体验中，感知甲骨文字形象“”(牛)。

活动准备

PPT、牛奶、调查表、马克笔。

活动过程

一、出示谜语，引入主题

1. 猜谜语，认识牛

师：小朋友们，今天老师给大家带来一个谜语，请小朋友们来猜一个动物，我们一起来猜一猜是什么动物呢？

师：身笨力气大，干活戴枷锁，春耕和秋种，不能缺少它。

小结：小朋友们一下子就猜出了是“牛”，牛不仅身形庞大，而且力气也很大，所以在以前，人们喜欢让老牛来帮助犁地，使我们的庄稼长得更好。

2. 出示甲骨文“”(牛)的图片，引导幼儿说一说牛的外形特征和生活习性。

师：小朋友们，这又是谁呢？[出示甲骨文“”(牛)]它和我们刚才看到的牛的图片有什么相同的地方？

师：小朋友们说得可真不错，甲骨文的“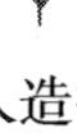”(牛)字就是取用于牛的正面形象，有两个弯弯向上的牛角，下面还有两只耳朵，古人造字时，就是按照它的形象演变出来的。

小结：牛是食草动物，并且在耕种和秋收时是我们人类的好帮手呢！

二、感知"牛"的文化

师:一提到牛,小朋友们会想到什么?(牛在地里耕田拉车的场景)老牛一年四季都在辛勤地劳作,帮助人们耕田犁地,它在我们的印象中就是吃苦耐劳的象征。

师:牛的力量很大,办法也很多,所以我们经常会把什么都会的人称作"这个人真牛",小朋友们,你们身边有这样的人吗?谁来说一说,你为什么觉得他很"牛"?(幼儿举例)

但是,如果我们发现他并没有那么厉害,就变成"吹牛"了。

师:虽然牛特别能干,但是它也有很累、发脾气的时候,为了让牛更加听话,古人就在牛鼻子上拴一个鼻环,鼻环上系一根绳牵着牛鼻子,它就很听话了。

三、操作体验,感知甲骨文字形象"𠂤"(牛)

师:我们了解了关于牛的这么多的知识,下面,老师为小朋友们准备了一张调查表,我们一起来找一找,看看哪些食品与"牛"有关,并且将"𠂤"(牛)画在相对应的表格中吧!

表 2-2-3　食品调查表

食品种类 / 调查结果				

图 2-2-51　进行调查

四、讨论牛奶的益处，感受分享的快乐

师：我们喝了牛奶对我们的身体会带来哪些好处呢？（有营养、补钙、增强抵抗力……）

小结：牛奶中含有对人体有益的蛋白质，营养丰富，还有助于睡眠，使我们的身体更加健康。

师：牛奶是怎么来的呢？我们要感谢谁？

小结：我们要感谢辛苦的奶牛，为人们生产出健康又营养的牛奶，让我们加工出许多美味的食物。

师：老师今天还为小朋友们准备了香甜可口的牛奶，我们一起分享品尝吧。

教育活动二　善良的“”（羊）

活动目标

1. 理解故事内容，感受故事中小羊帮助小动物的美好情感。
2. 通过甲骨文字“”（羊），感知“羊”的文化。
3. 愿意在别人遇到困难时，主动提供帮助，体验助人为乐的快乐。

活动重点

理解故事内容，感受故事中小羊帮助小动物的美好情感。

活动难点

通过甲骨文字“”（羊），感知“羊”的文化。

活动准备

1. 材料准备：《小羊的储蓄罐》故事盒子，甲骨文字“”（羊）头饰、小羊家场景图。
2. 经验准备：幼儿有和同伴一起表演节目的经验。

活动过程

一、出示甲骨文字“”（羊），谈话导入

师：小朋友看，这是什么？［出示甲骨文字“”（羊）］你从哪里看出来了呢？你心中的羊是什么样的？

小结：“”（羊）上面的两角弯曲表示它弯弯的羊角，有着柔软的羊毛。而且性格也特别的温顺。羊是性情温顺的食草动物。

二、讲述故事,了解故事内容

1. 完整讲述故事,初步感受故事内容

师:今天老师也带来了一只小羊,它有一个储蓄罐,里面装着它的压岁钱,我们一起来看看它想用这些钱做什么。

2. 提炼故事核心,进一步理解故事

师:小羊计划给羊爸爸、羊妈妈送什么礼物?

后来小羊给它的爸爸妈妈买了什么礼物?为什么?

它用零用钱都做了哪些事情?

小结:小羊用它给爸爸妈妈买礼物的钱帮助了小猫、鼓励了百灵鸟乐队。所以计划买的两件礼物最后钱不够了。小动物因为有了小羊的帮助感到快乐。

3. 幼儿分享帮助别人的事

师:故事中的小羊很幸福,因为它帮助了别人。你有没有帮助过别人?你的心情是什么样的?

小结:我们帮助别人时心情会很开心、很幸福,希望小朋友们能继续加油做一个有爱心的宝贝。

三、分角色表演故事,并复述故事

幼儿分组,选择故事盒中的角色,佩戴甲骨文字“”(羊)、“”(鸟)头饰,进行表演,教师巡回指导。

师:老师为大家准备了甲骨文“”(羊)、“”(鸟)和其他小动物的头饰,放在了小组里。请小朋友4人为一组,到小组里演一演这个故事吧。

小结:小朋友们表演的真是太生动有趣了,得到小羊帮助的小动物心里一定很开心吧。小羊助人为乐的好行为值得我们去学习!

四、感知中国“”(羊)文化的意义

1. 教师出示图片,感知“”(羊)的文化

师:在中国传统文化中,羊寓意着吉祥如意,是美好的象征。在小羊的故事中有一个让我们非常感动的就是《羊羔跪乳》。小羊也有着孝顺、孝敬的含义。

2. 了解“姥姥送羊”的安阳民俗

师:在我们安阳也有着“姥姥送羊”的传统习俗,每年的六月姥姥就会带着一群“小羊”来看孩子。“送羊”也是提醒我们要尊敬老人,不要忘记妈妈的爱。最后希望小朋友也可以像小羊一样帮助别人,做一个有爱的人。

图 2-2-52　羊的表演

小羊的储蓄罐

小羊有一个储蓄罐，里面装着平时节省下来的零用钱。快过年了，它想用储蓄罐里的钱为妈妈买一件新大衣，为爸爸买一双登山鞋，作为送给他们的新年礼物。小羊抱着储蓄罐向百货商店走去。刚走了一会儿，它就看见小猫蹲在车站哭泣。小羊连忙停下脚步：“小猫，你为什么哭呀？”小猫说：“我把回家的车票弄丢了。”小羊从储蓄罐里倒出一些钱，给小猫重新买了一张车票，并送小猪上了车。小羊继续向百货商店走去，路过街心花园，百灵鸟乐队穿着彩色的礼服正在表演，一曲结束，小羊用力地鼓掌，还从储蓄罐里拿出一些钱，放到乐队前面的礼帽里。

小羊继续走，不久便来到了百货商店。它倒出储蓄罐里所有的钱，但是已经不够买原先计划好的两件礼物了。最后，小羊为妈妈选了一顶帽子、为爸爸选了一条围巾。羊妈妈戴上小羊送的帽子，漂亮极了。羊爸爸戴上小羊送的围巾，非常帅气。他们很喜欢小羊送的新年礼物。

新年到了，小羊收到了一封信，那是猫妈妈写给她的。她感谢小羊对小猫的帮助，还寄回了车票钱，并邀请小羊去她家做客。小羊又收到了森林音乐会的邀请函，百灵鸟乐队要举行新年音乐会了。小羊沉浸在幸福中，它想，明年要准备一个更大的储蓄罐。

区域活动一　益智区：幸运“ ”（牛）转盘

活动目标

1. 熟悉十二生肖的甲骨文字。
2. 对十二生肖的甲骨文字感兴趣。

活动准备

甲骨文大转盘。

活动玩法

转盘上呈现出十二生肖甲骨文形象，幼儿拨动转盘，指针最终指向哪个小动物，幼儿就在纸上描画出这个动物的形象，并说出相对应的甲骨文字是什么动物。

图 2-2-53　幸运牛转盘

区域活动二　语言区：善良的“ ”（羊）

活动目标

1. 尝试用语言表现故事《善良的羊》。
2. 熟悉甲骨文字头饰。

活动准备

《善良的羊》故事盒子、甲骨文头饰。

活动玩法

幼儿自由选择故事角色，佩戴甲骨文“羊”“鸟”头饰，进行故事表演。

图 2-2-54 善良的羊

户外活动一 “Ψ”（牛）气冲天

活动目标

1. 能够将甲骨文字与汉字对应。
2. 喜欢甲骨文，对甲骨文字感兴趣。

活动准备

甲骨文、汉字色子、音乐。

活动玩法

幼儿分为两组，A 组甲骨文队，B 组汉字队，音乐响起时，幼儿开始翻动色子，翻成自己队伍所需的字体朝上，音乐停止，幼儿归队，教师和幼儿共同对照每组翻色子个数，个数多的为胜利。

图 2-2-55 “𠂇”(牛)气冲天

户外活动二　撕名牌

活动目标

1. 锻炼幼儿腿部力量和奔跑能力。
2. 对甲骨文感兴趣。

活动准备

甲骨文、汉字粘球衣、音乐、安全场地。

活动玩法

幼儿分为两组,A 组甲骨文队,B 组汉字队,音乐响起时,幼儿互撕后背名牌,音乐停止,幼儿归队,教师和幼儿共同对照每组撕名牌个数,个数多为胜利。

图 2-2-56　撕名牌

家园共育

1. 家长带领幼儿走访殷墟博物馆甲骨文字长廊，寻找有关十二生肖的甲骨文形象。

2. 幼儿调查家庭成员的十二生肖，并进行记录。

3. 家长陪伴幼儿共同阅读绘本《有个性的羊》，了解内容后，请幼儿尝试简单描述绘本内容。

“我的动物朋友”活动实施建议

1. 幼儿在前期经验准备中可以到动物园实地参访或利用图片、视频等不同形式观察、了解“牛、羊”的外形特点。

2. 在这两个甲骨文字的基础上拓展了“十二生肖”，幼儿通过观看《十二生肖故事》，阅读《十二生肖》绘本。开展“家庭成员十二生肖”调查等活动拓展甲骨文十二生肖相关知识。从收集信息、调查和分享中获得直接经验。

3. 教师需要在主题开展前搜集“牛、羊”相关图片、制作甲骨文头饰和甲骨文故事盒。准备十二生肖故事、绘本等相关资料，并将相关材料及时投放于幼儿区域活动中。在主题活动开展中及时增添或调整甲骨文材料。

4. 在活动开展中要基于幼儿需要，灵活地将集中性活动、生活渗透性活动进行转换，促进幼儿经验的累加。在开展“十二生肖”拓展活动时要让幼儿从收集信息、调查和分享中获得直接经验。

5. 在生成活动中，教师要注意引导幼儿进行其他领域的均衡发展，教师要合理利用幼儿园内的一切资源，努力为幼儿提供丰富的材料和调查方式，来丰富本主题活动的形式。

主题七　神奇的大自然(二)(5月)

主题说明

陈鹤琴先生说：“大自然和大社会是儿童学习的活教材，我们要让幼儿与自然紧密联系。”在小班“神奇的大自然(一)”主题中，孩子们认识了甲骨文“”(日)、“”(月)，加深了对自然中现象的了解，知道我们的生活离不开太阳和月亮。到中班后幼儿的探索

欲望不断增加,自然中的一切都使他们好奇。带着对自然中无数的小疑问,结合河南安阳独特的风景名山——林州“太行山”为切入点,一起开启与自然的相遇,并乐在其中。

在“太行山”中各种奇“山”趣“石”都是幼儿喜欢和感兴趣的。而甲骨文字中的“ ”(山)、“ ”(石)形象直观,具有一定的造字特点,辨识度高。甲骨文“ ”(山)字像群山并立的样子,和林州的“太行山”一样。甲骨文“ ”(石)像山石之形。两个甲骨文字在河南安阳的“红旗渠”、“林虑山”风景中体现得淋漓尽致。

根据幼儿已有的经验和兴趣需要,我们开展“神奇的大自然(二)”的主题活动。幼儿在实地探索、涂涂画画、唱唱跳跳中认识“ ”(山)、“ ”(石)的独特性,进一步加强幼儿对家乡安阳独特风景名山的热爱。

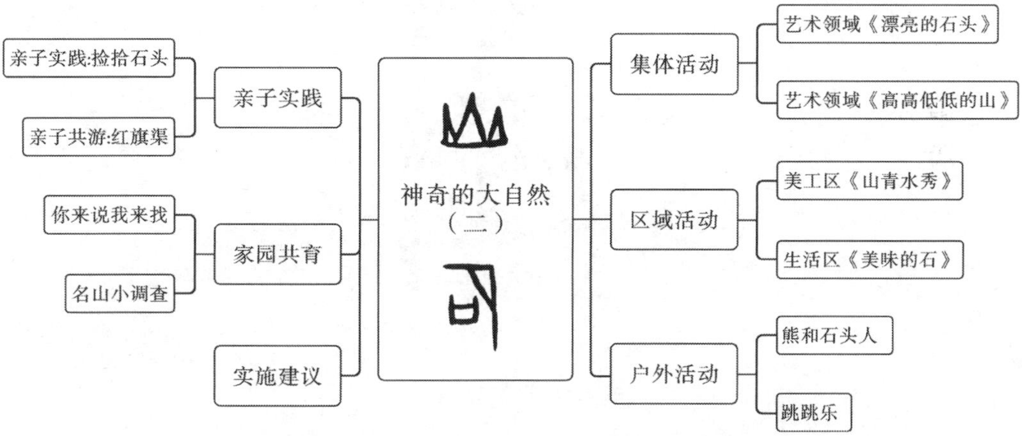

图 2-2-57 “神奇的大自然(二)”思维导图

教育活动一　漂亮的“ ”(石)头

活动目标

1. 欣赏不同造型的石头,能利用石头进行绘画创作。
2. 通过甲骨文字“ ”(石),感知“石”的文化。
3. 体验创作的乐趣。

活动重点

欣赏不同造型的石头,能利用石头进行绘画创作。

活动难点

通过甲骨文字“ ”(石),感知“石”的文化。

活动准备

幼儿有前期调查石头的经验，马克笔、颜料、调色盘、勾线笔，课件 PPT。

活动过程

一、出示甲骨文字“ ”（石），谈话导入

师：小朋友们，今天老师给大家请来了一位神秘的朋友，看，你认识它吗？你觉得它像什么？

启发幼儿说出它像什么？为什么？

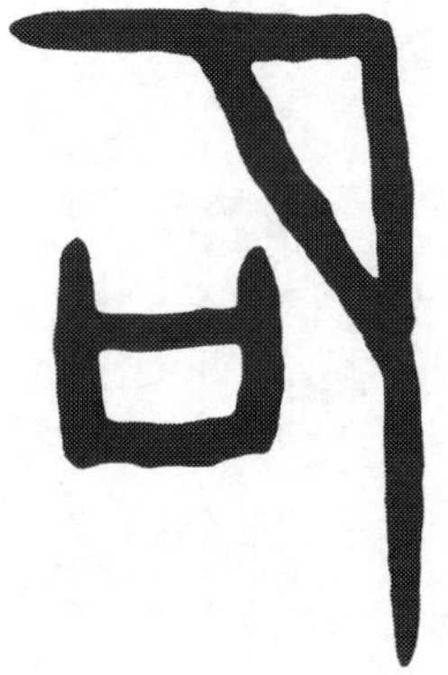

图 2-2-58 甲骨文“ ”（石）

师：有的小朋友说，下面圆圆的像石头，你们说得很棒，“ ”（石）分为两部分组成，上面像山崖，下面像掉落的石头，这个字就是甲骨文“ ”（石）。

师：你在哪里见过石头？（山上、公园的小路）

启发幼儿说出“公园里有石头铺的小路、公园门口的石墩，还有很多各式各样的石头”。

师：那你知道为什么庭院和家里会摆放一些石头吗？

幼儿根据前期调查经验分享自己的发现，石头寓意着家庭的稳定和富有，石头也有驱邪避邪、镇宅的意思。

二、欣赏与创作甲骨文小路

1. 出示背景图，幼儿自由讨论

师：我们幼儿园也要铺一条甲骨文小路，你想用哪些甲骨文字进行装饰呢？和旁边的小朋友说一说你的想法。

幼儿结合以前学过的甲骨文字表述自己的想法。

小结：小朋友说了这么多的想法，原来，甲骨文也可以画在石头上装饰小路。

2. 幼儿自由创作,教师巡回指导

师:接下来请小朋友拿起画笔,动手画起来吧!

三、作品展示,体验甲骨小路乐趣

1. 幼儿作品展示分享

2. 体验甲骨小路乐趣

小结:小朋友们,让我们一起踏着甲骨文小路去游戏吧。

教育活动二　高高低低的“山”(山)

活动目标

1. 倾听音乐,学唱歌曲。
2. 根据图谱演唱,感受甲骨文“山”(山)。
3. 了解太行山,萌发幼儿爱家乡的情感。

活动重点

倾听音乐,学唱歌曲。

活动难点

根据图谱演唱,感受甲骨文“山”(山)。

活动准备

“四季的山”图片、《山》歌曲音频及伴奏、图谱、甲骨文“山”(山)卡片。

活动过程

一、出示图片,感受山的景色

师:你去山上玩过吗?你见到的山是什么样子的?谁来画一画?老师也去山上玩过,看看老师去过的山是什么样子的?[出示甲骨文“山”(山)]

师:和你们去过的山一样吗?(出示自然山与甲骨文山对比图)

图 2-2-59 山

图 2-2-60 甲骨文"山"(山)

小结:老师去过的山用了甲骨文来表示,像这样有着直直的山坡、尖尖的山峰,连在一起,就是甲骨文"山"(山)。

师:除了甲骨文"山"(山),老师这里还有四幅图,是什么季节的山?你是怎么看出来的?

二、熟悉歌词、学唱歌曲

1. 倾听音乐,理解歌词

师:有一首好听的歌曲唱的就是四季的山,我们一起来听听看。(教师演唱歌曲。)

师:歌曲里四季的山分别是什么?小朋友们的意见不一致,我们再来听一听!

师:你还听到了什么山?为什么家乡的山是宝篮?

小结:习近平总书记告诉我们"绿水青山就是金山银山",高高低低的山不仅有着美丽的景色,还有可以吃的野菜和果子,清澈的山泉和很多的宝藏,我们要做山的小小守护员。

2. 匹配图谱,掌握歌词

师:老师准备了一些图谱,谁能把图谱按照歌曲顺序放在合适的位置?

幼儿摆放图谱,教师指导,并在过程中重复演唱歌曲。

师:我们一起唱一唱,看一看图谱是否正确。

图 2-2-61　图谱

3. 演唱歌曲,尝试表现

师:我们可以用什么动作表示山?图谱中甲骨文“山”(山)可以表示出来吗?谁来试一试?

幼儿分成四组,每组幼儿用动作表现出甲骨文“山”(山),四组幼儿各演唱一句,其他幼儿演唱最后一句,全体合作完成歌曲演唱。

师:谁还想试一试?游戏可循环进行 3—4 次。

三、了解太行,热爱家乡

师:在我们的家乡,也有一座俊秀的山,你们知道是哪里吗?是的,就是林州太行山,太行山有高高的悬崖、千姿百态的石头,四季风景如画。可是这里曾经干旱缺水,庄家很难生长,林州人会怎么做呢?你觉得这是什么精神?

小结:60 多年前,勤劳能干的林州人民凿山挖渠,修建出了人工天河“红旗渠”,自力更生、艰苦创业、团结协作、无私奉献的红旗渠精神也在闪闪发光。孩子们,让我们把美丽的太行山告诉更多的人吧!

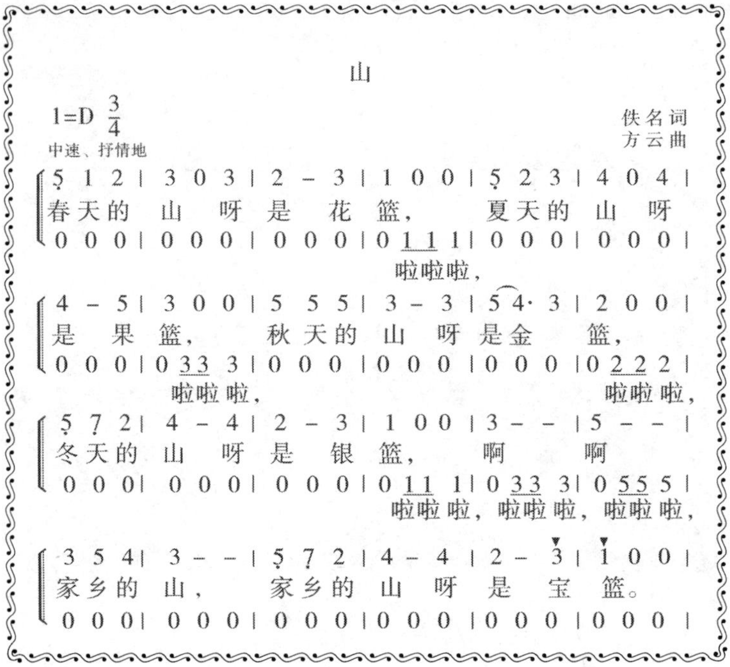

图2-2-62 《山》曲谱

区域活动一　美工区：“ ”（山）清水秀

活动目标

1. 感知甲骨文“ ”（山），卡片上装饰四季景色。

2. 体验绘画的乐趣。

活动准备

马克笔、甲骨文“ ”（山）卡片。

活动玩法

幼儿在卡片上画出甲骨文“ ”（山）的形象，根据四季的景色装饰甲骨文“ ”（山）。

图 2-2-63　山清水秀

区域活动二　生活区:美味的“”(石)

活动目标

1. 通过在食物上挤甲骨文造型,了解甲骨文。
2. 锻炼手部小肌肉发展。

活动准备

番茄酱、饼干若干、面包若干、甲骨文字卡。

活动玩法

幼儿自主选择甲骨文卡片,用小手挤压番茄酱瓶子,在饼干或其他食物上挤出相应的甲骨文字。

图 2-2-64　美味的“石”

户外活动一 熊和“”(石)头人

活动目标

1. 感知甲骨文影子形象。
2. 锻炼幼儿反应能力。

活动准备

甲骨文、甲骨文影子墙、音乐。

活动玩法

教师组织幼儿跟音乐自由跳舞,当听到“熊出没”节奏时,幼儿快速跑到“甲骨文影子墙”处,用身体拼摆出相应的甲骨文字,如:(人)、(天)、(北)(需要两人配合)。“大熊”走近幼儿询问拼摆的甲骨文字,回答正确去找下一组幼儿,动作不正确或者没有正确说出甲骨文字的幼儿,将被“大熊”带回家。

图 2-2-65 熊和石头人

户外活动二 跳跳乐

活动目标

1. 能进行单脚、双脚向前跳。
2. 锻炼腿部肌肉力量。

活动准备

安全场地、跳房子方格、沙包。

活动玩法

幼儿站在开始的第一个格子前准备,根据教师指令,向空中抛出甲骨文数字色子,按照色子正面呈现的甲骨文数字是几,幼儿向前跳出对应的格数,并大声数出来。

图 2-2-66 跳跳乐

家园共育

1. 家长可带领幼儿游山玩水时,观察山、石的特征,感知甲骨文“ ”(山)、“ ”(石)的形象。

2. 可在家进行“甲骨文亲子游戏”,例如:将甲骨文写在纸上,并贴到房间内各处,幼儿听指令找到。

3. 亲子共读绘本故事《人工天河——中国红旗渠》。

4. 家长和幼儿搜集了解关于山石文化的相关资料。

“神奇的大自然(二)”活动实施建议

1. 教师在前期收集关于“太行山”“林虑山”的资料,让幼儿除了实地感受外也能通过视频、照片等多种形式积累关于“ ”、(山)“ ”(石)的前期经验。

2. 活动开展中要紧抓幼儿的兴趣特点,通过涂涂画画、唱唱跳跳等形式丰富活动内容。并引导幼儿思考如何保护大自然,守护我们的家园。

3. 在“ ”(山)、“ ”(石)的甲骨文基础上为幼儿拓展其他关于大自然的甲骨文字。提供“石头画”“甲骨文石头喷画”“甲骨文图谱乐”区角材料,让集体活动延伸到其他不同领域。

主题八 一起探“米”(6 月)

主题说明

《幼儿园教育指导纲要》中强调“教育应密切联系幼儿的实际生活进行,利用身边的事物和现象作为探索的对象”。米是幼儿餐食中必不可少的食物,幼儿知道大米的颜色和味道,但不知道米是从哪里来以及不同的分类。在殷商时期最早的米被称为“粟”,它是小米,也是五谷之首,是最早被人熟识的粮食之一。但对于幼儿来说既熟悉又陌生,于是我们和幼儿共同开启了“一起探‘’(米)”的主题课程。

甲骨文“”(米)是象形字,在甲骨文中“”(米)的形象常用“穗梗结粟子”来表示。“”(米)的文化深厚,从古至今都是非常珍贵的农作物,在古人的眼里送米就是送财、送安康的寓意,民间也有“不为五斗米折腰”的谚语。

本次主题课程中除了甲骨文“”(米)外,还为幼儿延伸出了甲骨文“”(禾)、“”(年)两个有关粮食的甲骨文字,为幼儿拓展新的知识建构。结合中国传统节日“端午节”,在开展集体教育活动《小小一粒“”(米)》的同时,也为幼儿增加了关于“端午节”的多种形式活动。让幼儿在观察、记录、实践、表征中探索万年精耕细作的中国“耕作文化”。

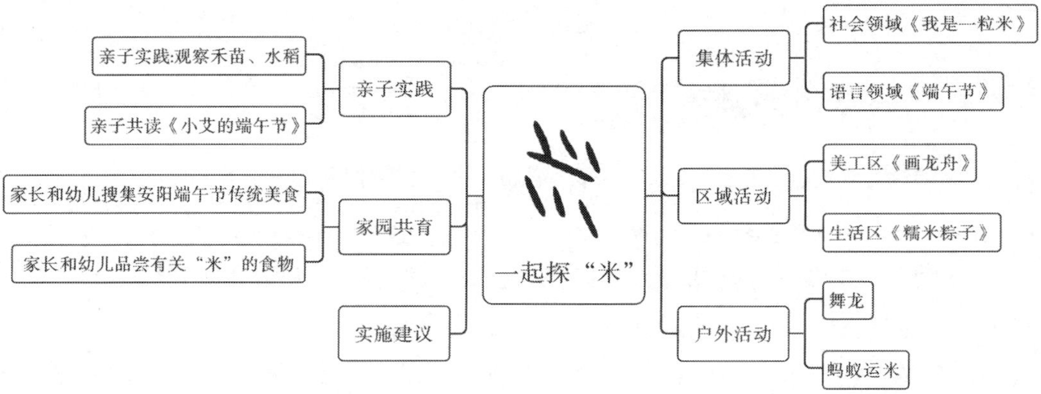

图 2-2-67 一起探“米”

教育活动一　我是一粒“ ”(米)

活动目标

1. 认识甲骨文字“ ”(米),了解米的生长过程。

2. 懂得节约粮食,知道粮食来之不易。

3. 探究农业与人们的关系,知道人们的生活离不开粮食。

活动重点

认识甲骨文字“ ”(米),了解米的生长过程。

活动难点

探究农业与人们的关系,知道人们的生活离不开粮食。

活动准备

幼儿有前期调查的经验,课件PPT,甲骨文字“ ”(米)卡片。

活动过程

一、谈话导入

师:锄禾日当午,汗滴禾下土……小朋友们,你们还记得这首古诗吗?从这首诗中我们知道了农民伯伯种植的辛苦,每一粒米都来之不易。

师:小小的一粒米究竟是怎么来的呢?让我们一起来看一看吧。

二、初步感知甲骨文“ ”(米)的文化

1. 出示甲骨文“ ”(米),请幼儿猜一猜这是什么字。

图2-2-68　甲骨文“ ”(米)

2. 五谷杂粮是指什么？

师：五谷是指稷（即粟，谷子）、黍（黄米）、麦、菽（豆）、麻。

师：古代所说的“米”，其实是“粟”，也就是小米，它是五谷之首。现在我们说的米，就是大米，水稻。

3.“不为五斗米折腰”

师：从古至今，米都是非常珍贵的农作物，在古人的眼里送米就是送财，送安康，还代表着财源滚滚，到现在还有的人在过年或者乔迁新居时送大米。

师：“不为五斗米折腰”源自中国古代的一个典故，前期我们也用调查表了解过它的含义，是用来形容一个人品格高尚，不为一点点利益而低头屈服。

三、了解农产品与我们的关系

1. 你知道哪些农产品

师：刚才小朋友说到的农产品都是农民伯伯劳动的成果。

2. 农业与人们的关系

师：农产品和我们的生活有什么联系呢？如果离开了农业，我们的生活会怎么样？

3. 品尝有关“米”的食物（米线、米糕、米皮）

米皮

米糕

米线

图 2-2-69 有关米的食物

四、观察图片，判断对错

师：有个小朋友说，我实在吃不下了怎么办？你有什么好办法？（少盛点，不够再添）

师：看到别人倒饭你会怎么做？（吃不完的可以打包带回去，放冰箱，下顿热热再吃）

师：太棒了，刚才小朋友说了很多节约粮食的小妙招，让我们从现在开始，呼吁我们身边的人，一起节约粮食，从我做起。

教育活动二　端午节

活动目标

1. 阅读绘本,理解绘本内容,知道端午节的习俗。

2. 感受甲骨文字“ ”(米),能根据甲骨文字卡片讲述端午节习俗。

活动重点

阅读绘本,理解绘本内容,知道端午节的习俗。

活动难点

感受甲骨文字“ ”(米),能根据甲骨文字卡片讲述端午节习俗。

活动准备:绘本《小艾的端午节》、甲骨文字卡“ ”(米)。

活动过程

一、学习甲骨文“米”,激发幼儿兴趣

师:小朋友们,米可以做成哪些美食呢?今天老师带来了一个故事,故事里的小艾将米做成了一道美食,一起听听看!

二、讲述绘本故事,了解端午习俗

1. 观察绘本画,理解故事内容

师:小艾过了什么节?在哪里过节的?人们是怎么过节的?什么是思念?

小结:这就是人们过端午节的情景!放河灯寄托着人们对亲人、朋友的思念。吃粽子、挂香囊、赛龙舟,小镇上的人们都在用自己的方式忙着过端午。

2. 交流讨论,了解端午习俗

师:你们吃过粽子吗?过什么节要吃粽子呢?端午节是哪一天?

小结:端午节是我们中国的传统节日,在每年农历五月初五这一天。吃粽子流传较广的说法是为了纪念爱国诗人屈原。屈原生活在楚国,给国家提供了很多很好的建议,但是都没有被采纳。结果被其他国家打败了,屈原很伤心,最后投江自尽。渔民们怕江里的鱼虾吃掉屈原,就往江里扔米饭粮食和鸡蛋,直到现在,人们把端午节也叫粽子节。

师:端午节除了粽子,你们还知道哪些端午节习俗?

小结:炸菜角、赛龙舟、挂艾草、做香包等都是端午节的习俗!

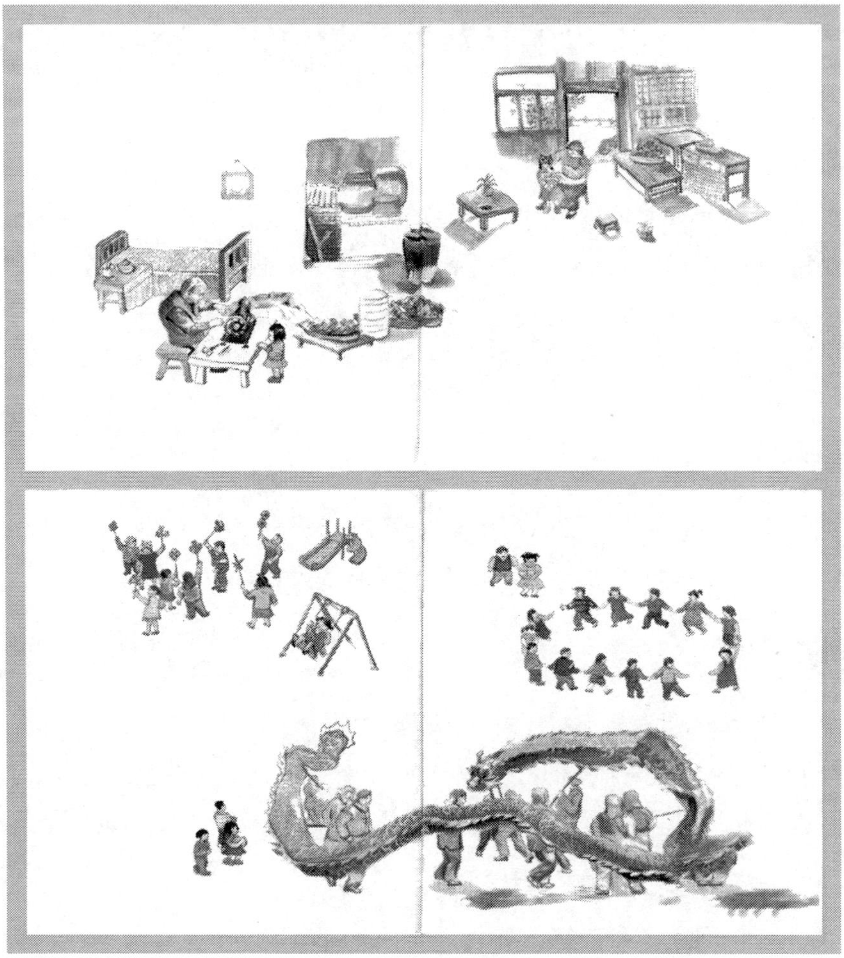

图 2-2-70 端午节故事

（图片出自王轶美、张小瑜工作室：《小艾的端午节》，中国中福会出版社，2015。文字有删改。）

3. 甲骨游戏，讲述故事内容

师：这里有一些甲骨文字卡，请小朋友按照故事内容排序，试着讲一讲与端午节有关的故事吧！

幼儿选择甲骨文字卡，按照故事顺序讲述端午节故事内容。

三、品尝端午美食，感受端午氛围

师：这里有一些端午美食，孩子们一起品尝一下吧！

小艾的端午节

这天,小艾和妈妈一起去逛超市,她最喜欢吃粽子了,她们一定是来购买做粽子的食材。小艾问妈妈:"妈妈,什么粽子最好吃?"妈妈回答道:"太婆包的粽子最好吃。"太婆是小艾妈妈的外婆,已经八十八高寿了,住在一个江南古镇上。古镇是妈妈出生的地方。小艾从小住在繁华的大都市,常听妈妈说起古镇,却从未去过。

五月五,是端阳,门插艾,香满堂。吃粽子,撒白糖,龙舟下水喜洋洋。妈妈随口哼起儿时的童谣,小艾觉得好听极了。"妈妈,今年我们一起回古镇过端午,去看太婆,好吗?""小丫头,你是嘴馋,想吃太婆包的粽子吧!"妈妈笑着,刮了下小艾的鼻子。

端午节到了,古镇家家户户的门窗上挂起了艾叶和菖蒲。一朵云,一片天。水乡的早晨很热闹。吆喝声,此起彼伏。乌篷船,来来往往。上学的娃娃们打打闹闹过小桥。"太婆,太婆,你在做啥?""我在等囡囡,她说五月初五就回来。"太婆坐在自家门前,笑眯眯地包着粽子。一锅喷香喷香的粽子,在太婆家的锅里煮着,这是囡囡最爱吃的。太婆的粽子,在古镇是出了名的。

每年端午,大伙聚在一起喝雄黄酒、赛龙舟的时候,有很多人排了队等着吃太婆包的粽子。"太婆——""哎——"

在八十八岁的太婆面前,三十岁的妈妈又变回当年那个扑到外婆怀里撒娇的小女孩。端午节,镇上好热闹。娃娃们头戴虎头帽,身上挂香囊,玩疯了。小艾东转转西瞧瞧,开心极了!

一点星,一弯月。水乡的夜晚很安静。小艾放着河灯许下心愿。

区域活动一　美工区:画龙舟

活动目标

1. 了解端午节的由来,并知道赛龙舟是端午节的习俗。
2. 体验绘画的乐趣。

活动准备

马克笔、龙头。

活动玩法

根据提示卡,制作龙舟,并进行装饰。

图 2-2-71 画龙舟

区域活动二 生活区:糯“[甲骨文]”(米)粽子

活动目标

1. 了解端午节包粽子的故事,感知甲骨文“[甲骨文]”(米)。
2. 锻炼手部小肌肉发展。

活动准备

粽叶、大米。

活动玩法

幼儿根据前期经验,进行包粽子工作。

图 2-2-72　糯米粽子

户外活动一　舞龙

活动目标

1. 锻炼腿部力量和身体的协调性。
2. 在游戏中,增强团结协作的意识。

活动准备

自制龙头、音乐

活动玩法

教师组织幼儿进行舞龙,一名幼儿为龙头,听到音乐时,根据鼓点进行跳跃,后面的幼儿紧随“龙头”向同一方向跳跃。

图 2-2-73　舞龙

户外活动二　蚂蚁运“ ”(米)

活动目标

1. 提高动作协调性。

2. 发展手膝爬行动作技能,增强上肢力量。

活动准备

沙包、独轮车。

活动玩法

幼儿分为两队,快跑到障碍点将“米袋”放在独轮车中,快速推独轮车,把“ ”(米)送到终点。

图 2-2-74　蚂蚁运米

家园共育

1. 家长带领幼儿到户外田间,实地走访“米、麦、禾”的田间作物,丰富幼儿实际经验感知。

2. 了解米的多种变化时,家长可以带幼儿品尝米线、米皮、米糕等米类做成的食物。

3. 和幼儿一起搜集有关“端午节”的传统习俗,了解安阳端午节传统美食。

4. 家长陪伴幼儿共同阅读绘本《小艾的端午节》,了解内容后,请幼儿尝试简单描述绘本内容。

“一起探‘米’”活动实施建议

1. 教师在前期搜集关于“米”的文化、资料,通过调查表、口述记录的形式让幼儿进行“ ”(米)的问卷调查,让幼儿积极建立“ ”(米)的相关前期知识经验。

2. 在“ ”(米)的基础上为幼儿拓展“ ”(禾)、“ ”(年)的甲骨文字,提供不同的区域、户外游戏,如:科学区《筷子提米》、美工区《“ ”(米)的粘贴画》、语言区《一粒种子改变世界》等形式多样的材料,让集体活动延伸到更多的领域。

3. 结合传统节气开展有关“端午节”的教育活动时,可以提供绘本故事、小剧本等形式让幼儿了解端午节习俗。品尝安阳本地的端午节美食如:菜角、糖糕。

4. 延伸活动时让幼儿亲身感受“ ”(米)的不同变化,包粽子、做甲骨文煎饼、饭团等各种和“ ”(米)、“ ”(禾)相关的食物。

大班 解密甲骨 传承文化

主题一 我爱我的国(9 月)

主题说明

中国是东方文明古国,五千年悠久灿烂的历史积淀了厚重的中国传统文化。随着幼儿年龄的增长,祖国的形象在幼儿心目中逐渐清晰、具体、丰满。有国才有家,家是每个孩子最亲近最熟悉的港湾,爸爸妈妈是孩子最亲近的人,感受家庭的温暖与美好,了解家乡的名胜古迹及历史文化、激发幼儿爱祖国爱家乡的情感。

在"我爱我的国"主题活动中,我们从甲骨文字:""(家)、""(安)、"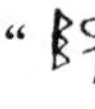"(阳)、""(国)切入,结合孩子的已有经验,运用多种方式了解家乡的名胜古迹,美食特产和历史文化等,使孩子们热爱祖国的情感得以萌发和升华。

通过"我爱我的国"这个主题让孩子们了解祖国的地大物博,家乡的文化历史,爱家庭及家人的情感。培养幼儿的民族情怀及爱国情怀,增强幼儿对中华文化的认同感和自豪感。

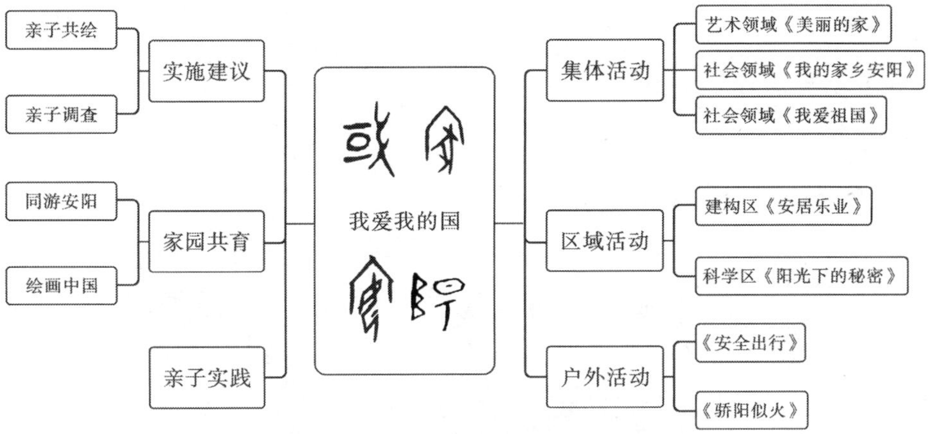

图 2-3-1 “我爱我的国”思维导图

教育活动一　美丽的“”(家)

活动目标

1. 感知甲骨文“”(家)、“”(父)、“”(母)、“”(子)。

2. 能用绘画方式大胆设计不同造型的“”(家)。

3. 乐意与同伴交流自己的作品。

活动重点

感知甲骨文“”(家)、“”(父)、“”(母)、“”(子)。

活动难点

能用绘画方式大胆设计不同造型的“”(家)。

活动准备

1. 各种“”(家)的照片、甲骨文“”(家)、“”(父)、“”(母)、“”(子)图片；画纸、记号笔、皱纹纸、滴管。

2. 经验准备：了解自己的家庭成员。

活动过程

一、谈话导入，激发幼儿兴趣

1. 出示“”(家)的照片

师:今天老师带来几张照片,一起看看这是什么地方?

图 2-3-2 我的家

师:哦,原来是我的“”(家)。请和你的好朋友说一说你的“”(家)是什么样子的?“”(家)里都住着谁?

2. 在集体面前进行交流讨论

教师鼓励幼儿大胆讲述我的“”(家)。

小结:我们每个人都有一个漂亮而温馨的“”(家),里面住着“(父)”、“(母)”和孩“(子)”。

3. 认识甲骨文“”(家)

出示甲骨文(家)的图片。

图 2-3-3 甲骨文“家”

师:刚刚我们知道了自己（家）的样子,那现在我们一起来看看古人的（家）是什么样子的吧。

二、讲解甲骨文“”（家）的来历

请幼儿观察并描述,了解甲骨文“”（家）造字含义。

小结:“”（家）是一个会意字,古人因为经常在外漂泊,没有定所,所以稳定的居所成为人们向往的生活。它的外部像一间房屋;中间是甲骨文“猪”,猪慢慢开始走进人们的生活。猪也是财产的一种象征,家里养的猪越多就表示这家人越富有。“”（家）慢慢经过演变成了现在的家。家里住着“（父）”、“（母）”和孩“（子）”。

三、艺术创作

1. 播放背景音乐,幼儿进行操作

师:在桌子上老师为大家准备好材料,请小朋友们发挥想象,用我们的甲骨文字来创作一幅温馨的“”（家）吧。

2. 作品展示,幼儿进行欣赏与评价

师:谁愿意分享你的“”（家）?

分组讨论评价,自己给好朋友介绍一下自己的图画,也要评价出来,喜欢朋友作品的哪部分。

3. 教师总结,给幼儿以表扬肯定

小结:每一个甲骨文“”（家）就像一幅画。许多的“”（家）在一起创作出一幅美丽的风景。让我们把作品带回家给爸爸妈妈一起来欣赏吧。

教育活动二　我的家乡“”（安阳）

活动目标

1. 感知甲骨文“”（安阳）及其基本特征。
2. 了解家乡的名胜古迹,美食特产和历史文化等。
3. 萌发热爱家乡的自豪感。

活动重点

感知甲骨文“”（安阳）及其基本特征。

活动难点

了解家乡的名胜古迹,美食特产和历史文化等。

活动准备

1. 甲骨文字“”（安阳）。

2. 家乡名胜古迹的照片、去过一些地方的照片、视频。

活动过程

一、播放《大美安阳》视频，认识甲骨文字

师：小朋友们，今天老师带来了一首美妙的诗歌，我们一起来听一下，里面都说到了什么？

小结：安阳是中国八大古都之一甲骨文的故乡，拥有“中华字都”之美誉。也是我们的家乡，我爱我们的家乡。接下来让我们一起走进甲骨文感受它的魅力吧。

> 《大美安阳》视频链接：
> https://tv.cctv.com/2023/10/17/VIDEnScgllECgjEs2DEV13DI231017.shtml

二、认识甲骨文字（安阳）

1. 出示甲骨文“”（安）

师：大家猜猜看，这个是哪个字的甲骨文呢？

图 2-3-4　甲骨文“安”

小结：“”（安）就像一间屋子里有个女子手放胸前，席地跪坐着。其含义是安详、安全、安定的意思。

2. 出示甲骨文“”（阳）

师：这个又是哪个甲骨文字呢？

小结：“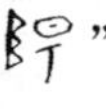”（阳）左边像一座小山丘，右边太阳从下往上缓缓升起，照耀着整个山丘。两个甲骨文字合起来就是我们的家乡——安阳，也是最早发现甲骨文的地方！

图 2-3-5　甲骨文“阳”

三、结合家乡名胜古迹的照片,使幼儿了解并能说出其名称

师:下面请大家跟随老师的脚步,一起走进家乡,感受家乡的美。

1. 自由分组观看照片,相互交流,说说都认识照片中的哪些地方。

2. 请幼儿提出疑问,照片中有哪些地方是不熟悉的,同伴可以补充介绍。

四、总结性谈话激发幼儿对家乡的热爱

1. 你觉得我们的家乡美吗?

2. 你知道我们家乡的美食都有哪些吗?

小结:有文化,必安阳。我们家乡美丽的地方还有很多很多,我们可以一起把这些美丽的地方介绍给更多的客人朋友。

五、大美安阳操作卡

师:今天老师带来了一些图片,大家来看一看哪些是我们安阳的特色,哪些不是?是的可以在后面写上甲骨文安阳。

教育活动三　我爱祖“或”(国)

活动目标

1. 感知甲骨文“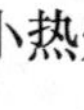”(心)、“或”(国)及其基本特征。

2. 培养幼儿从小热爱祖国的情感。

活动重点

感知甲骨文“”（心）、“”（国）及其基本特征。

活动难点

培养幼儿从小热爱祖国的情感。

活动准备

甲骨文字“”（心）、“”（国），祖国图片、视频。

活动过程

一、看祖国名山大川、名胜古迹图片，激发幼儿了解祖国的兴趣

师：请幼儿谈谈自己去过祖国的哪些地方，看到过什么？

小结：我们中国地大物博，拥有广阔的山川河流、美景，56 个民族，像 56 朵花绽放在祖国的大地上，首都在北京。

二、认识甲骨文“”（国）

出示甲骨文“”（国），幼儿观察。

师：大家知道甲骨文“”字，猜猜看，这是甲骨文中的哪个字？

图 2-3-6　甲骨文“国”

小结：这就是甲骨文“”（国）字，中国的国，家国天下的国，国色天香的国，字的构形上有土地，有保卫城池使用的兵器。古人用兵器来捍卫自己生活的土地。

三、认识甲骨文“”（心）字

师：大家再看看，这又是什么字呢？

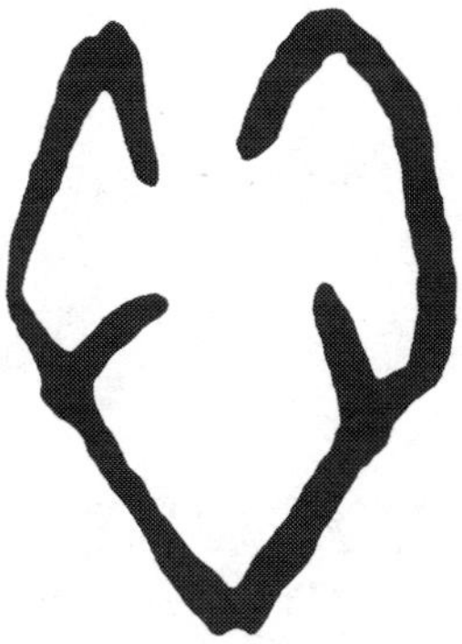

图 2-3-7　甲骨文“”(心)

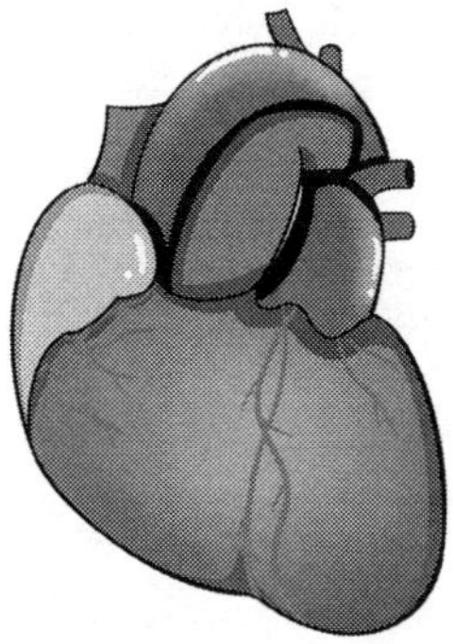

图 2-3-8　心脏

小结:“”(心)字就像人或动物的心脏,心包上还有两笔斜线表示心脏肌理和血管。古人认为心是思维的器官,把思想、感情都称作“心”。

四、我爱祖“或”(国)

师:每位中国人都拥有一颗热爱祖国的心,会用自己的方式去守护自己的国家,我们来欣赏一下为国奉献的同胞,他们是用什么样的方式来表达对祖国的爱。

图 2-3-9　升国旗

师:你会怎么表达对祖国的爱?(幼儿分享自己的想法。)

小结:中国的国旗是五星红旗,是中华民族的象征和标志。我们用心热爱祖国,期待祖国妈妈永远繁荣昌盛,每周一都会举行升旗仪式并立正站好向国旗行注目礼,表达我们对祖国的热爱之情。因为我们都有一颗爱国的心。

五、我和国旗合个影

幼儿分组与国旗合影留念。

《致敬无畏中国人》视频链接：
http://xhslink.com/a/Oxf9bj9CTzU8

区域活动一　建构区：“”（安）居乐业

活动目标

1. 能够用不同的材料搭建我的家乡。
2. 在活动中熟悉甲骨文“”（安）字。

活动准备

木质积木、仿真砖、纸杯、纸碗、树木道具等。

活动玩法

幼儿在素描纸上绘画出“我的家乡——安阳”设计图，然后根据自己的设计选择所需的搭建材料，搭建出“我的家乡”，感受人们居住到其中其乐融融，“”（安）居乐业的样子。

图 2-3-10　建构游戏：“安”居乐业

区域活动二　科学区:“”(阳)光下的秘密

活动目标

1. 知道光和影子的秘密。

2. 感知甲骨文“”(阳)字,激发幼儿爱探究的兴趣。

活动准备

一次性纸杯、过塑膜、记号笔、手电筒、甲骨文“”(阳)字。

活动玩法

把一次性纸杯的底部挖空,用过塑膜封住口部,使用记号笔写上甲骨文“”(阳)字,关闭室内灯光,用手电筒从底部照射,把影子投射到墙面上进行观察,看看你有什么样的发现,并记录到纸上。

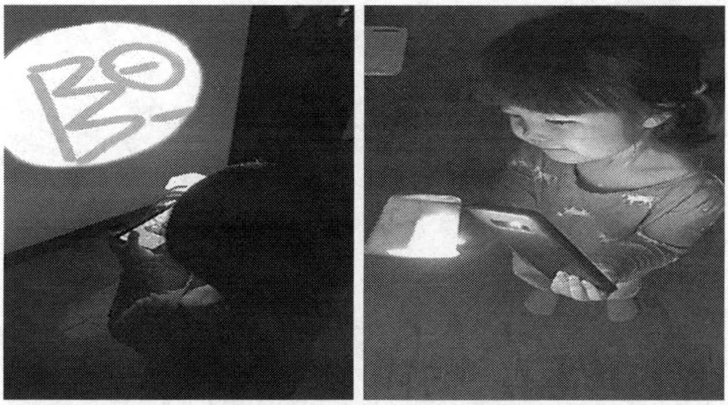

图 2-3-11　“阳”光下的秘密

户外活动一　“”(安)全出行

活动目标

1. 在游戏中感知甲骨文“”(安)字。

2. 提升幼儿的交通安全意识。

活动准备

户外场地、甲骨文“”(安)字卡片、红绿灯、斑马线、幼儿自行车、三轮车、头盔、交警服、指挥棒等。

活动玩法

在户外设置车道,十字路口等交通场景,幼儿佩戴头盔,根据交通指示灯、交通警察的指挥,骑车“”(安)全出行。

图2-3-12　“安”全出行

户外活动二　骄“”(阳)似火

活动目标

1. 在游戏中感知甲骨文“”(阳)字。

2. 感受在“”(阳)光下和影子做游戏的乐趣。

活动准备

空旷的户外场地、选择晴天进行游戏、甲骨文“”(阳)字卡片。

活动玩法

幼儿分成两队站到(阳)光下进行比赛,每个人都要想办法去踩到别人的影子,不让别人踩到自己的影子。在踩影子的过程中不能拉扯同伴的衣服,一声短哨表示一轮结束,此时所有人都静止不动,看看谁能踩到别人的影子,谁的影子被别人踩到。踩到影子的加 1 分,被踩到影子的减 1 分,几轮之后看谁的得分最多,得分最多者可以得到一个“陽”(阳)字卡片。

图 2-3-13　“安”全出行

家园共育

1. 协助幼儿收集祖国各地的图片或视频,并讲出图片的内容。

2. 向孩子介绍一些家乡名胜古迹、美食特产和历史文化。

3. 陪幼儿一起了解家的结构,收集家庭成员的信息。

“我爱我的国”活动实施建议

1. 教师将爱家人、爱家乡、爱祖国融入幼儿日常教学活动中,激发幼儿社会情感。

2. 定期组织幼儿参观红色文化馆,为幼儿讲解红色文化历史。

3. 每周组织幼儿进行升旗仪式,选出小旗手、小主持人,负责升旗仪式,建立幼儿的爱国意识。

主题二　遇见秋天(10 月)

主题说明

“ ”(秋)天丰富而多彩,是个美丽的季节,也是个丰收的季节。这是个充满喜悦的收获季节,也是个处处蕴藏着教育契机的时节。

在“遇见秋天”活动中,引导幼儿回忆木、林、森,引出甲骨文字“ ”(秋)、“ ”(果)的认识和了解,他们对秋天果子的生长、变化充满好奇和探究的兴趣。秋季里树木的结果、落叶……这些生长规律引发大班孩子关注、谈论和思考的话题,都让孩子们感到新奇。

在甲骨文当中,“ ”(秋)字外形就像一只蝗虫,古人害怕蝗虫吃了庄稼,在蝗虫下面放了火,取名秋的意思。甲骨文“ ”(果)就像一棵树结出了果子的样子。“ ”(木)和“ ”(果)联系在一起让孩子们更深层次去观察发现大自然中果实生长的规律现象。在此基础上我们展开了“遇见秋天”主题。

教师引导幼儿用语言、绘画或符号呈现表达自己的感受和想法,并了解“ ”(秋)、“ ”(果)背后所蕴含的文化内涵,让孩子们感受到“ ”(秋)天的美好,丰收的季节,懂得遵守自然界的生长规律、敬畏自然与自然和谐相处的道理,并以此获得全面的成长。

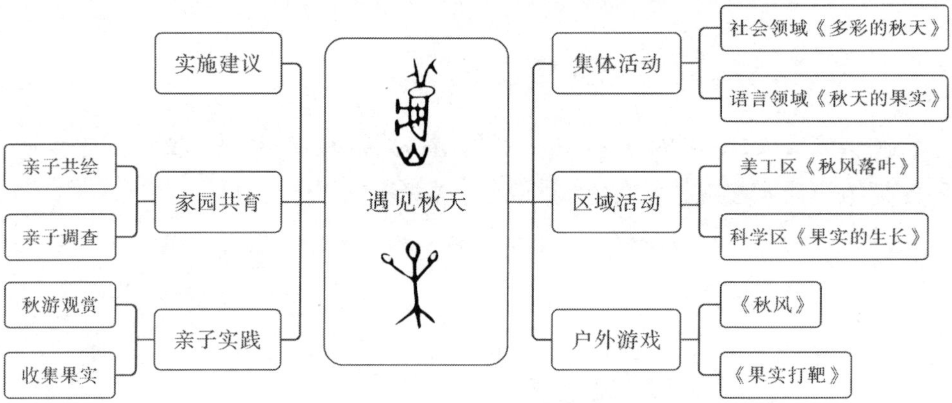

图 2-3-14　“遇见秋天”思维导图

教育活动一　多彩的“ ”(秋)天

活动目标

1. 感知甲骨文“ ”(秋) 及其基本形态特征。

2. 认识几种常见的农作物、水果,知道秋天是多彩的季节。

活动重点

感知甲骨文“ ”(秋) 及其基本形态特征。

活动难点

认识几种常见的农作物、水果,知道秋天是多彩的季节。

活动准备

甲骨文“ ” (秋)字、歌曲《金色的深秋》,玉米、辣椒、南瓜、苹果等。记录纸、马克笔。

活动过程

一、歌曲导入,引出甲骨文“ ”(秋)

师:小朋友们,今天我为大家带来一首好听的歌曲《金色的深秋》,我们一起来欣赏一下。

师:这首歌曲唱的是一年四季中的哪个季节? 秋天的大自然有些什么色彩?

小结:五彩斑斓的秋天真美丽啊!

> 《金色的深秋》视频链接:
> https://v.douyin.com/g6XzXlh3hFo/M@w.sE CHV:/04/13

二、认识甲骨文“ ”(秋)字

1. 出示“ ”(秋)字图片

师:在古人的文字记录中,“ ”(秋)又是怎样的呢? 我们来看一看?

请小朋友观察并描述。

小结:这个就是甲骨文“ ”(秋)字 ,它的上半部分竟然是一种害虫——蝗虫。

图 2-3-15　甲骨文“”（秋）

2. 讲解甲骨文“”（秋）的来历

师：为什么古人要这样来表示秋呢？

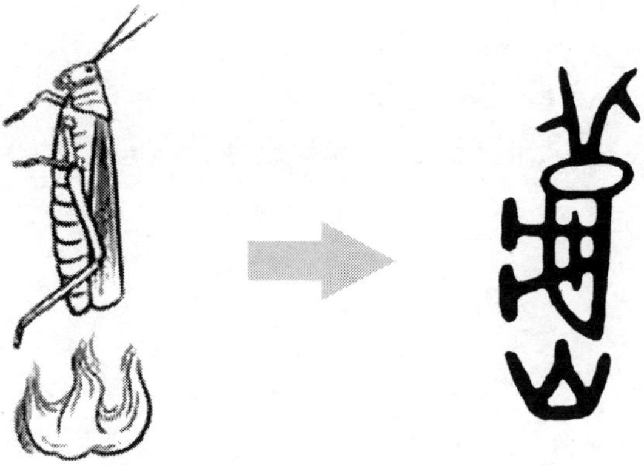

图 2-3-16　“秋”图

小结：秋天是一个丰收的季节，古人用秋天里最常见的蝗虫形象来代表秋天。并且他们在收获谷物后，要焚烧秸秆，目的之一是烧掉庄稼地里的害虫，这样来年庄稼才能长得好。

三、秋天的农作物

师：你们都知道哪些是秋天收获的农作物或瓜果吗？

幼儿表达。

小结：秋天是一个丰收的季节、多彩的季节。

四、晒“”（秋）

师：人们常说寒来暑往，秋收冬藏，秋天是丰收的季节，“晒秋”是老百姓传统农耕的一个重要环节，人们会做什么呢？

小结：在秋收的季节，有些农作物，农民伯伯会对它们进行晾晒，这也叫“晒秋”，通过太阳光的照射,粮食、谷物晒干,方便保存,人们可以长期食用。

五、画“”(秋)

1. 今天老师为大家准备了一些图片,请小朋友们思考一下,哪些是秋天收获的农作物?请在图片后面的方格里画出“”(秋)字。

2. 播放背景音乐,幼儿进行操作。

3. 作品展示,幼儿进行介绍和分享。

教育活动二　秋天的“”(果)实

活动目标

1. 了解甲骨文“”(果)字的含义。

2. 知道“”(果)字的文化特征。

活动重点

了解甲骨文“”(果)字的含义。

活动难点

知道“”(果)字的文化特征。

活动准备

课件《秋天的果实》。

活动过程

一、出示甲骨文“”(木)、“”(林)、“”(森)图片进行游戏

师:小朋友们,让我们跟随音乐一起来玩游戏吧!

教师和幼儿用身体摆出甲骨文“”(木)、“”(林)、“”(森)造型。

二、认识甲骨文字“”(果),了解“”(果)的含义

1. 出示甲骨文“”(果)字

师:刚刚甲骨文“”(木)和我们一起进行了游戏。快看,它又和我们玩捉迷藏了,猜猜它是谁呢?

图 2-3-17 甲骨文“”(果)

小结:对啦,它像一棵果树。这就是甲骨文的果字。在古代,人们通过观察自然界的果实而创造了这个形象的文字——“果”:树上结满了果子。

2. 出示视频,了解“”(果)的含义

师:看到了果字你们想到了什么呢?想到了哪些甜美的水果?这么好吃的水果是如何形成的呢?

小结:甲骨文的“”(果)字像是一棵树梢上结满果子的树。“果”的本义是“果实”。远古时期人们以果充饥,又指“填饱肚子”,吃不饱肚子就叫“食不果腹”。

三、学习“”(果)的文化

1. 出示水果图片,幼儿自由讨论不同水果代表的不同寓意

师:你们猜一猜,每种水果代表的含义是什么呢?与身边的小伙伴讨论一下吧。

小结:果字寓意丰富多彩,这些都是日常生活中常见的果实,不同的果实代表的寓意也不同。如:橙子——代表团圆、幸福;桃子——被视为吉祥之果,它与长寿和健康有关;火龙果——代表着红红火火。

2. 游戏:水(果)蹲

师:刚刚我们了解了果的文化,现在我们来和果一起做个游戏吧!

幼儿头戴不同颜色的甲骨文(果)字卡,按颜色分组游戏。

口令:红(果)蹲,红(果)蹲,红(果)蹲完×××蹲;

绿(果)蹲,绿(果)蹲,绿(果)蹲完×××蹲。

小结:今天我们一起认识了秋天的果实,让我们回去后把这个游戏分享给爸爸妈妈吧!

《"果"字演变》视频链接:
http://xhslink.com/a/vKgEydD3JQ78

区域活动一　美工区:""(秋)风落叶

活动目标

1. 能够用不同的方式创作""(秋)风落叶图。

2. 在绘画中熟悉甲骨文""(秋)字。

活动准备

素描纸、马克笔、勾线笔、彩泥。

活动玩法

引导幼儿在素描纸上画出甲骨文字""(秋),用马克笔对此画进行装饰,装饰完后在周围添画落叶,形成一幅美丽的秋风落叶图。

图 2-3-18　"秋"风落叶

区域活动二　植物角：“”(果)实的生长

活动目标

1. 知道不同果实生长的过程。

2. 认识甲骨文“”(果)字，激发幼儿对大自然的热爱。

活动准备

不同水果的幼苗期、成长期、开花期、结果期图片，“”(果)字生长图。

活动玩法

幼儿了解不同水果的生长过程，在生长图上能够正确的摆好果实生长的过程。

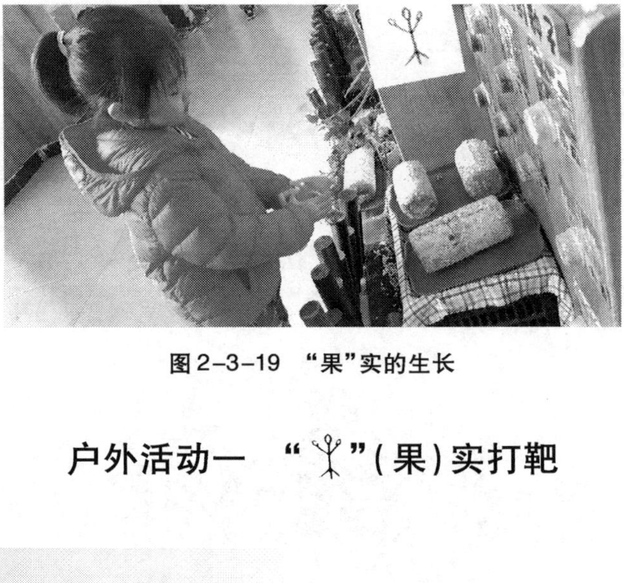

图 2-3-19　“果”实的生长

户外活动一　“”(果)实打靶

活动目标

1. 在游戏中认识甲骨文“”(果)字。

2. 锻炼幼儿的大臂力量，提升幼儿投掷能力。

活动准备

卡纸、沙包、黑板、粉笔。

活动玩法

在黑板上画出“”(果)字并用其当靶心，孩子们用沙包投向“”(果)字，投中者得1分,并记录在卡纸上,得分高者获胜。

图2-3-20 “果”实打靶

户外活动二 “”(秋)风

活动目标

1. 在游戏中感知甲骨文“”(秋)字。
2. 锻炼平衡能力。

活动准备

带有甲骨文“”(秋)字的头饰。

活动玩法

幼儿扮演(秋)风,当老师发出“大风”的口令时,幼儿张开双臂快速旋转;发出“小风”的口令时,幼儿张开双臂慢慢转;发出“风停”的口令时,蹲下不动。游戏可反复进行,看谁的动作能与指令相统一,不会摔倒,也不能碰到别人(指令也可以由“口令”变成“铃声”或“字条”。)

图 2-3-21　“秋”风

家园共育

1. 陪孩子一起感受“”(秋)天的变化,填写调查表。

2. 寻找和收集“”(秋)天各种各样的“”(果)实。

3. 了解“”(果)树的生长过程及果子所代表的含义。

4. 陪孩子一起用绘画、歌唱的方式赞美“”(秋)天,表达自己对“”(秋)天的喜爱之情。

“遇见秋天”活动实施建议

1. 前期经验准备中可以通过图片、视频或到户外中实地观察、感受“”(秋)天的变化。

2. 教师需要在主题开展前收集“”(秋)、“”(果)相关图片、视频、制作甲骨文手工作品等材料。准备果实相关视频、绘本等相关资料,并将所有材料投放到相对应区域中,让幼儿增加认知。

3. 在活动开展中要基于幼儿的身心体验和经验准备,从孩子的已有认知出发,促进幼儿情感的提升。在开展“遇见秋天”时,要让幼儿从收集资料、调查和讨论分享中获得直接经验和情感升华。

主题三　我的身体(三)(11 月)

主题说明

升入大班以后,班里的孩子相继换牙,这一现象引起了他们对齿的思考:古人们是怎么创造出“”(齿)的呢?甲骨文“”(齿)代表什么意思?……孩子们对甲骨文“”(齿)产生了浓厚的兴趣。在探索中发现:甲骨文“”(齿)其形象直观,具有一定的象形特点。古时候,门牙称作齿,大牙叫作牙。所以甲骨文“”(齿)画出来就是门牙的样子。

同时个别幼儿喜欢挖鼻子,问老师:“我为什么会流鼻血”?从甲骨文“”(鼻)字,激发孩子们一起去探索“”(鼻),鼻子由哪儿部分组成?它们都有什么作用?古人提到的鼻祖一词,又是什么意思?对于这些问题大家特别感兴趣。

《指南》中也提到:“应遵循幼儿的发展规律和学习特点。充分尊重并保护其好奇心和学习兴趣,创设丰富的教育环境,最大限度地支持和满足幼儿通过直接感知、实际操作和亲身体验获取经验的需要”。

因此我们开展了“我的身体(三)”这一主题活动。通过开展与“”(齿)、“”(鼻)相关的多种形式的教育活动,让幼儿自主发现更多关于自己身体器官的知识。

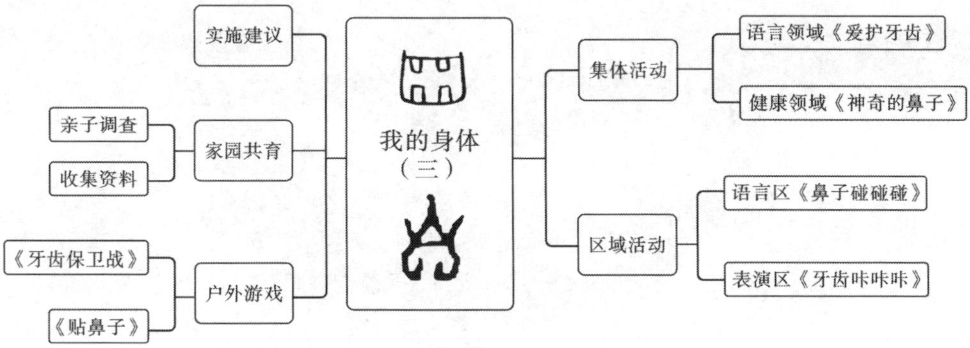

图 2-3-22　“我的身体(三)”思维导图

教育活动一 爱护牙“ ”(齿)

活动目标

1. 感知甲骨文字“ ”(齿)。

2. 知道牙齿对人类的重要性,懂得爱护牙“ ”(齿)。

活动重点

感知甲骨文字“ ”(齿)。

活动难点

知道牙齿对人类的重要性,懂得爱护牙“ ”(齿)。

活动准备

甲骨文字“ ”(齿),课件。

活动过程

一、认识牙齿

谜语:小小石头硬又白,整整齐齐排两排,天天早起刷干净,结结实实不会坏。(打一人体器官)

谜底:牙齿

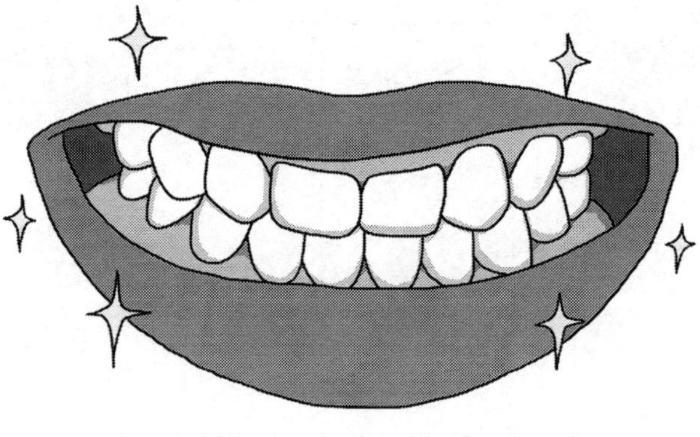

图2-3-23 牙齿

小结:在灿烂的笑容里露出一口洁白的牙齿是我们每个人的心愿。

二、认识甲骨文字“”(齿)

1. 出示甲骨文字“”(齿)

师:小朋友们快看,这是什么?它和我们的牙齿有哪些相似之处呢?

图 2-3-24　甲骨文“齿”

小结:甲骨文中的“”(齿)字非常的形象,就是张开嘴巴露出上下各两颗牙齿的样子,表示门牙。

2. 了解甲骨文“”(齿)字的由来(播放相关视频)

师:甲骨文“”(齿)字是从何而来?如何被考古学家发现的呢?我们一起来看一下。

小结:古人非常爱惜牙齿,在殷墟出土的甲骨片中,就出现了很多记录商王和武丁问卜牙齿好坏的文字。

三、了解牙齿的基本构造和作用

师:牙齿这么多?它们都一样吗?又有哪些作用?

小结:切牙也叫门牙,用来切割食物,尖牙把食物撕裂,磨牙磨碎和咀嚼食物。

师:除了吃饭,牙齿还有哪些作用?

小结:牙齿帮助人们吃饭,发音,还展现出美丽的面部特征,验证年龄大小等。

四、“”(齿)字的含义

师:在中国文化中,我们常喜欢用“齿”字来形容一些人或事,你们都知道哪些有关“齿”的词语可以讨论一下?这里有一些图片,我们来猜一猜,图片中是如何形容齿的?

小结:明眸皓齿、咬牙切齿、幼齿之年(指儿童 5 岁左右)、伶牙俐齿,等等。

五、爱护牙齿

师:牙齿是我们身体的一部分,大班的小朋友都处在换牙期,常会出现掉牙、蛀牙的情况,当小朋友没有牙齿时应该怎么办?日常生活中又该如何保护牙齿呢?

小结：早晚使用正确的刷牙方法，饭后漱口，掉牙后不要频繁叩齿，节制饮食，不吃较多的甜食。希望大家都有一口健康、洁白的牙齿。

《"齿"字演变》视频链接：
http://xhslink.com/a/ARavaAQARS78

教育活动二 神奇的""(鼻)子

活动目标

1. 初步了解甲骨文字""(鼻)造字的特点。

2. 知道""(鼻)子对人类的重要性，懂得保护鼻子。

活动重点

初步了解甲骨文字""(鼻)造字的特点。

活动难点

知道""(鼻)对人类的重要性，懂得保护鼻子。

活动准备

甲骨文""(鼻)字的卡片。

活动过程

一、认识鼻子的特征

谜语：左边一个孔，右边一个孔，有它能呼吸，还能闻香臭。

(引导幼儿说出谜底——鼻子，之后出示鼻子的图片。)

师：小朋友们你们知道鼻子是由哪儿部分组成的吗？

小结：鼻子的不同部分都起到了不同的作用。

二、认识甲骨文字(鼻)

1. 出示甲骨文字(鼻)

师：小朋友们快看我们的鼻子和甲骨文(鼻)有哪些相似之处呢？

小结：上面短短的一竖是鼻梁，两边弯弯的曲线勾勒出鼻子的轮廓，中间是鼻纹，两旁是鼻翼，下面是鼻孔，这是个完整的鼻子。

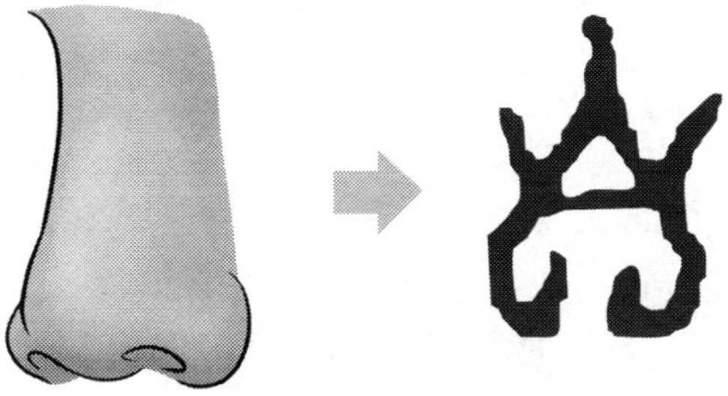

图 2-3-25　甲骨文“鼻”

2. 知道“鼻祖”的意思

师:为什么总称创始人为鼻祖呢?让我们一起来了解一下吧。

小结:“鼻”字的意思即第一、最初或开始的意思。所以,最早的祖先、创始的祖师就称“鼻祖”。“鼻祖”就是创始人的意思。

三、了解鼻子的功能

1. 你觉得鼻毛有什么作用

师:鼻毛可以挡住细菌、灰尘,让吸进去的空气变得更加干净、卫生。

2. 现在请小朋友捏住鼻子,闭紧嘴巴,过一会儿后,说说有什么感觉。

(提醒幼儿注意,捏住鼻子的时间不能太长)

幼儿:捏住鼻子后不可以呼吸了哦!

教师:原来我们的鼻子可以呼吸。是不是光有鼻子呼吸就可以了呢?

小结:在一些特别的时候,来不及呼吸就可以用嘴巴帮忙,但是一般情况我们都用鼻子呼吸。

3. 鼻子可以闻气味

师:现在我们的桌子上放有不同的瓶子和调查表,你们能闻出来里面盛放了什么物品吗?能闻出来的,请在调查表相应的物品后贴上甲骨文“”(鼻)的卡片。

表 2-3-1　气味调查表

物品	气味
胡椒粉	
大蒜	
臭干子	
香水	
酱油	

小结：气味是不一样的，有酸的、辣的、香的，还有没气味的，鼻子可以帮助我们分辨各种不同的气味。当我们去闻气味时，并不是每种气味都是好的，有的气味会影响我们健康，所以小朋友们在闻我们不熟悉的气味时，要用小手做扇子，轻轻扇一扇。

四、知道保护鼻子的方法

师：你们知道应该怎样保护好我们的鼻子吗？

小结：我们平时不要挖鼻孔，鼻子痒时用手轻轻按压；不把东西塞入鼻孔；有了鼻涕要用干净的手帕轻轻擦，不要用力擤；游戏时注意躲闪，也要避免碰撞、推挤小朋友……其实，我们的鼻子、眼睛、嘴巴、耳朵都有自己的作用，都是非常重要的，所以我们要好好保护它们。

区域活动一 语言区：“”(鼻)子碰碰碰

活动目标

1. 感知带有“”(鼻)字的成语或四字词语。
2. 体验成语游戏的乐趣。

活动准备

成语提示卡、带有“”(鼻)字的卡若干。

活动玩法

幼儿拿到带有甲骨文“”(鼻)字的成语字卡，对应提示卡找到相对应的字粘上去，组成一个正确的成语或四字词语，并大声读出来。如：开山鼻祖、嗤之以鼻。

图 2-3-26 “鼻”子碰碰碰

区域活动二　表演区：牙“”（齿）咔咔咔

活动目标

1. 了解绘本内容，并能用自己的语言进行表演。
2. 能和同伴合作体验表演带来的快乐。

活动准备

带有甲骨文“”（齿）字的头饰。

活动玩法

幼儿根据绘本内容选择“”（齿）角色，并戴头饰进行表演。

图 2-3-27　牙“齿”咔咔咔

户外活动一　牙“”（齿）保卫战

活动目标

1. 锻炼幼儿的手眼协调能力和肌肉的力量。
2. 掌握正确的投掷姿势和动作。
3. 喜欢参与甲骨文游戏。

活动准备

沙包若干、带有甲骨文“”（齿）字的嘴巴模型。

活动玩法

教师创设护牙大作战情境。每个幼儿戴上头饰，变成护牙小卫士。幼儿手拿沙包对准带有甲骨文“”（齿）的蛀牙进行投掷，投中则为挑战成功。

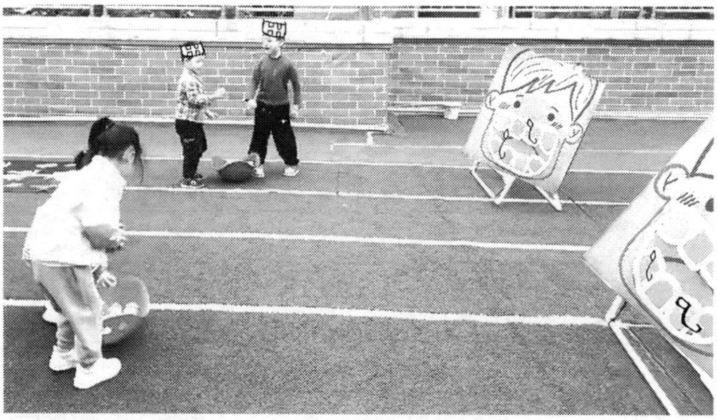

图 2-3-28　牙“齿”保卫战

户外活动二　贴“”（鼻）子

活动目标

1. 锻炼幼儿听指令做相应动作。

2. 在游戏中认识甲骨文“”（鼻）字。

活动准备

“”（鼻）的字卡。

活动玩法

两名幼儿为一组，合作进行游戏。一名幼儿蒙上眼罩，手里拿着“”（鼻）的字卡，从指定位置转三圈后出发，一名幼儿说指令（向左、向右）。把“”（鼻）的字卡贴在相应的位置。摘下眼罩，查看结果，贴正确者则获胜。

图 2-3-29　贴“鼻”子

家园共育

1. 了解鼻子、牙齿的功能。

2. 家长带孩子查找保护鼻子、牙齿的方法。

3. 收集有关鼻子的相关成语或四字词语。

4. 了解牙齿的名称及特点。

“我的身体（三）”活动实施建议

1. 幼儿在前期经验准备中可以通过照镜子或利用图片、视频等不同形式观察、了解“(鼻)、(齿)”的外形特点。

2. 在这两个甲骨文字的基础上拓展了“爱护牙齿”,“有趣的鼻子”,幼儿通过观看《牙齿的秘密》,阅读《奇妙的牙齿》《奇妙的鼻子》绘本,开展“我的身体”调查等活动拓展由身体象形演变成甲骨文的相关知识,从收集信息、调查和分享中获得直接经验。

3. 教师需要在主题开展前搜集“(鼻)、(齿)”甲骨文字、相关图片、视频,制作甲骨奇妙身体配对卡和甲骨文故事盒。准备绘本《奇妙的牙齿》《奇妙的鼻子》等资料,并将相关材料及时投放于幼儿区域活动中。在主题活动开展中及时调整甲骨文材料。

4. 在活动开展的过程中要基于幼儿需求及思考,灵活地将集体性活动、生活渗透性活动进行转换,促进幼儿经验的积累。在开展活动时鼓励幼儿从收集信息、调查和分享中获得直接经验。

5. 在生成活动中,教师要注意引导幼儿进行其他领域的均衡发展。同时要家园携手,创造有利的条件,努力为幼儿提供丰富的环境和调查资料,以便本主题活动的顺利开展。

主题四 冬爷爷的礼物(12 月)

主题说明

伴随冬天的来临,孩子们自然而然地感受到了气候的变化,发现人们的生活起居、穿戴打扮都有了变化,我们满怀欣喜地迎接冬天的到来,并把它作为引导幼儿主动发展的机会。

在“冬爷爷的礼物中”,我们从甲骨文字:“ ”(风)、“ ”(雪)冬天特有的自然现象切入,同时,让孩子观察冬季的景色、人们的活动,体验冬季特有的季节特征、各种有趣的探索活动,从而发现冬季自然现象的奥秘。

甲骨文“ ”(风)字,是一个飞翔的凤鸟形象,不仅有风冠,还突出了修长美丽的翎毛。“ ”(风)的造字法是“假借”,假“凤”为“风”。“ ”(雪)为会意字,在甲骨文中,“ ”(雪)字上半部分为雨,下半部分像一片片飘落的雪花。雪洁白无瑕,因此雪也常被用来借喻白色,由此延伸出高洁的含义。如:松品落落,雪格索索。

通过“冬爷爷的礼物”这个主题让孩子们主动构建知识经验,学会快乐、勇敢地面对冬日的严寒,更加热爱自然、热爱生活。

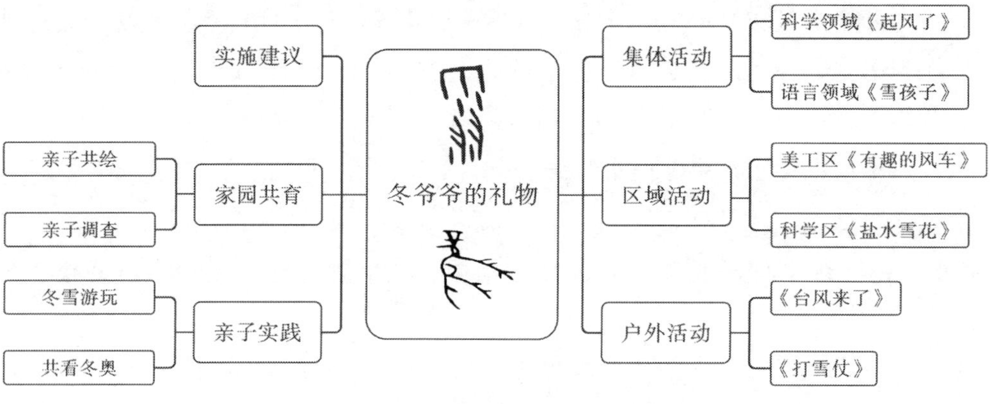

图 2-3-30 “冬爷爷的礼物”思维导图

教育活动一　起“”(风)了

活动目标

1. 了解甲骨文字“”(风)字的特征及含义。

2. 知道“”(风)给我们的生活带来的利弊。

活动重点

了解甲骨文字“”(风)字的特征及含义。

活动难点

知道“”(风)给我们的生活带来的利弊。

活动准备

1. 甲骨文“”(风)的图片、视频。

2. 操作表若干。

活动过程

一、儿歌导入

教师和幼儿一起说儿歌《四季的风》。

四季的风

春天里,东风多。
吹来燕子做新窝。
夏天里,南风多,
吹得太阳像盆火。
秋天里,西风多,
吹熟庄稼吹熟果。
冬天里,北风多,
吹得雪花纷纷落。

师:孩子们,快看,“”(风)爷爷来了。

二、认识甲骨文字“”（风），了解“”（风）的含义

1. 出示甲骨文“”（风）字

师：刚才我们的儿歌说的是谁？你觉得冬天的风有什么特点呢？

师：是的，冬天的风，呼呼地吹，刺骨的冷。所以为了保暖，到了冬天人们都会穿上厚厚的衣服。

师：谁来猜猜这是什么甲骨文呢？

小结：对，它就是“风”的甲骨文字了。这像一只大鸟展翅高飞的样子。

图 2-3-31 甲骨文“风”

2. 出示视频，了解“”（风）的含义

《风的由来》视频链接：

https://www.bilibili.com/video/BV1Q8411Y7AA/

师：看到了风字你们想到了什么呢？古人是怎么创造出来的呢？

小结：甲骨文的“”（风）字像是一只凤凰展翅飞翔时产生的气流。“”（风）的本义是“风”。现在简化为“风”。

三、知道“”（风）的利弊

1. “”（风）与我们的生活

师：“”（风）与我们的生活息息相关。请和你的小伙伴讨论一下“”（风）给我们带来的利弊。

2. 教师引导幼儿将表格填写完整

表 2-3-2 （风）与我们的生活

风的作用						
对人是否有利						

（有利的风画√，有弊的风画×）

3. 幼儿进行结果展示

师:现在谁愿意给我们分享一下你的结果。

小结:风是大自然的现象,它可以给人类造福,也能给人带来灾害,但是,我们是有智慧的人类,为了防止风给人们带来的危害我们建起了防护林,把风挡住,还有天气预报,提前预防,这就减少了风给人们带来的灾害,相信在不远的将来,风一定会给人类带来更大的幸福。

4. 游戏“”(风)来了

引导幼儿想象自己是某种物体,根据老师提出“”(风)力指令,做出相应的动作变化,巩固“”(风)的作用与危害。(风大时幼儿做出旋转动作,风小时幼儿双臂摆动。)

教育活动二　“”(雪)孩子

活动目标

1. 感知甲骨文“”(雪)及其基本形态特征。

2. 初步理解故事内容,记住故事的主要情节。

3. 通过故事学习雪孩子助人为乐,舍己为人的高尚品质。

活动重点

感知甲骨文“”(雪),掌握其基本形态特征。

活动难点

初步理解故事内容,记住故事的主要情节。

活动准备

甲骨文字“”(雪),故事 PPT。

活动过程

一、谈话导入,激发兴趣

师:小朋友们,什么时候会下雪呢?下雪的时候可以干什么?认识甲骨文“”(雪)。

图 2-3-32 甲骨文“”（雪）

二、了解甲骨文雪的来历

小结：“雪”为会意字，在甲骨文中，“”（雪）字上半部分为雨，下半部分像一片片飘落的雪花。“雪”洁白无瑕，因此“雪”也常被用来借喻白色，由此延伸出高洁的含义。

三、出示雪人图片，引出故事

师：小朋友们，今天老师给你们带来了一位非常特别的小客人，想认识它吗？（出示雪孩子的图片）它的名字叫雪孩子。雪孩子今天做了一件非常了不起的事情，会是什么事情呢？我们来听听故事吧！

图 2-3-33 雪孩子

师：故事发生在什么季节？主要讲了一件什么事？

小结：雪孩子成了小兔子的好朋友，小兔子在发生危险时，雪孩子勇敢的救了小兔子。

四、分段演示课件,边讲边提问,进一步理解故事内容

1. 提问:兔妈妈为什么要给小兔堆雪孩子?雪孩子是怎样堆出来的?

2. 提问:雪孩子和小兔是怎样玩耍的?它们的心情怎样?

3. 提问:雪孩子为什么不跟玩累的小兔回家?

4. 提问:雪孩子是怎样救小兔的?小兔得救后,雪孩子的身体发生了怎样的变化?

5. 提问:为什么雪孩子融化后会变成一朵白云呢?

6. 提问:雪孩子牺牲自己救了别人,它是个怎样的孩子?

小结:我们要有一颗善良勇敢的心,与人为善,帮助别人的同时,自己也会感到快乐。

五、""(雪)天的快乐

1. 教师:下雪天可以给我们带来哪些快乐呢(堆雪人、打雪仗、滑雪,冬奥会传统冰雪运动……)

2. ""(雪)的寓意

师:雪可以为我们带来什么呢?

小结:对于农村人来说,下雪是给庄稼加了一床被子,又湿润又松土,预示着第二年的丰收。对于城里人来说,下雪改善了空气质量,增加了游玩的乐趣。瑞雪兆丰年意味着"雪"暗含丰收的寓意,同时也表达着人们的美好愿望。雪真的是太美了。雪天外出,我们还要注意防滑,避免受伤。大家在冬季用火取暖时,也一定要注意防火,避免火灾的发生。

区域活动一　美工区:有趣的""(风)车

活动目标

1. 知道""(风)车的制作过程及原理。

2. 能够制作简易"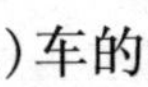"(风)车,体验制作的乐趣。

活动准备

剪刀、马克笔、纸杯、双面胶、棉签、吸管。

活动玩法

幼儿用剪刀将纸杯剪出风车的形状,用马克笔在纸杯上绘画出甲骨文""(风)字并进行装饰,用棉签插进纸杯中心,最后将吸管和棉签连接在一起,制作出风车。

图 2-3-34　有趣的“风”车

区域活动二　美工区：盐水“”(雪)花

活动目标

1. 初步了解“”(雪)花形成的过程。

2. 感知甲骨文“”(雪)字，体验制作盐水“”(雪)花的乐趣。

活动准备

盐、白乳胶、水粉颜料、画笔、深色卡纸。

活动玩法

用白乳胶在卡纸上画出甲骨文“”(雪)字，将盐均匀撒在白乳胶上。画笔蘸上颜料，对甲骨文“”(雪)字进行装饰。最后进行晾晒。

图 2-3-35　盐水“雪”花

户外活动一　台“ ”(风)来了

活动目标

1. 在游戏中感知甲骨文“ ”(风)字。
2. 锻炼身体的协调性及专注力。

活动准备

彩虹伞、甲骨文“ ”(风)的字卡、音乐。

活动玩法

教师将甲骨文“ ”(风)字贴在彩虹伞的不同颜色上,幼儿自由分为两组:一组蹲下手握彩虹伞,另一组站在彩虹伞上游戏。音乐响起,幼儿站在彩虹伞上走圆圈。当听到口令“台 (风)来了”时,一组幼儿将彩虹伞放在地上,另一组幼儿踩在贴有“ ”(风) 字的彩虹伞上,即可躲避台“ ”(风)。未躲避台“ ”(风)的幼儿即淘汰,游戏继续。

图2-3-36　台“风”来了

户外活动二　打“ ”(雪) 仗

活动目标

1. 在游戏中认识甲骨文“ ”(雪)字。
2. 提升幼儿投掷能力及合作能力。

活动准备

贴有甲骨文“ ”（雪）字的海洋球，渔网。

活动玩法

幼儿扮演“雪人”自由分成两组站在渔网两边，听到口令后，幼儿捡起球投掷到渔网对面，投掷时砸中“雪人”，即淘汰。游戏结束时，留下“雪人”多的组胜利。

图 2-3-37　“雪”球

家园共育

1. 陪孩子一起感受冬天的变化。
2. 寻找和收集有关风的图片及视频资料。
3. 陪孩子进行堆雪人、滑雪等亲子游戏。
4. 和孩子讨论风是怎么形成的及重要性。
5. 与孩子一起收集下雪时可以户外的游戏。

“冬爷爷的礼物”活动实施建议

1. 在前期经验准备中可以通过图片、视频或到户外中实地观察、感受冬天的特征。

2. 教师需要在主题开展前收集“ ”（雪）、“ ”（风）相关图片、视频及绘本。将所有材料投放到相对应区域中，让幼儿再次增加认知。

3. 在活动开展中要从孩子兴趣点出发，和幼儿一起收集资料、布置主题环境，增进幼儿情感的提升。在开展《冬爷爷的礼物》中要让幼儿从收集资料、调查和讨论分享中获得直接经验和情感升华。

主题五　神奇的大自然(三)(3月)

主题说明

大自然是最富有魅力的老师,它千变万化、奇趣盎然,潜藏着许多秘密,蕴含着无限的教育价值。走进“神奇大自然(三)”是在幼儿对甲骨文字“ ”(日)、“ ”(月)、“ ”(山)、“ ”(石)有了初步的认识和了解后,他们对种植区的各类植物、树木和农作物的生长、变化充满好奇和探究的兴趣。四季里树木的发芽、开花、结果、落叶……这些生长规律引发大班孩子关注、谈论和思考的话题,都让孩子们感到新奇。

在甲骨文当中“ ”(木)与大树的形象很相近,一棵树为木、两棵树为林、三棵树为森。“ ”(木)、“ ”(林)、“ ”(森)这三个字组合在一起,便于孩子们更加系统地理解和认知。甲骨文“ ”(田)就像一块一块的田地,甲骨文“ ”(禾)是谷物成熟的统称,“ ”(田)和“ ”(禾)联系在一起让孩子们更深层次去观察发现大自然中谷物生长的规律现象。在此基础上我们展开了“神奇的大自然(三)”主题。

教师引导幼儿用绘画表演或符号呈现表达自己的感受和想法,并了解“ (木)”、“ ”(林)、“ ”(森)、“ ”(田)、“ ”(禾)背后所蕴含的文化内涵,让孩子们感受到生命的希望、生活的美好,懂得保护树木、敬畏自然、与自然和谐相处的道理,并以此获得全面的成长,这也是大自然赋予的神奇力量。

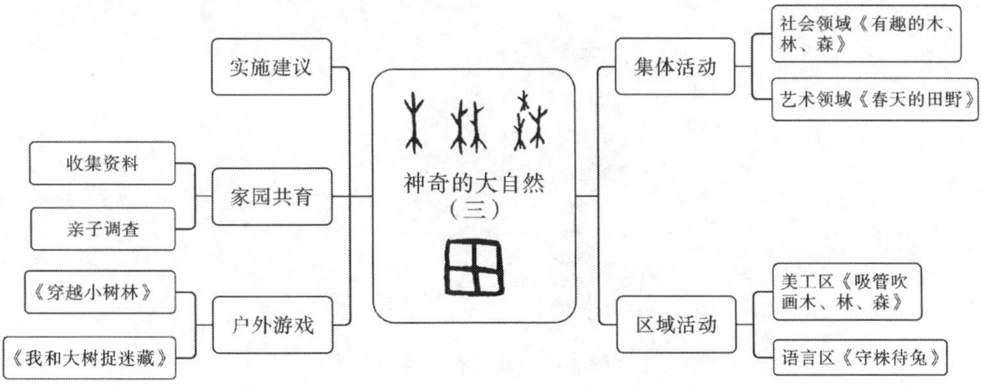

图 2-3-38　“神奇的大自然(三)”思维导图

教育活动一　有趣的“ ”(木)、“ ”(林)、“ ”(森)

活动目标

1. 初步了解甲骨文字“ ”(木)、“ ”(林)、“ ”(森)造字的特点。

2. 知道树对人类的重要性,懂得爱护树木。

活动重点

初步了解甲骨文字“ ”(木)、“ ”(林)、“ ”(森)造字的特点。

活动难点

知道树对人类的重要性,懂得爱护树木。

活动准备

甲骨文字“ ”(木)、“ ”(林)、“ ”(森)的卡片,操作纸每人一份。

活动过程

一、认识树木的特征

出示“树”的图片。

师:小朋友们你们知道大树是由哪几部分组成的吗?

引导幼儿说出:树冠、树干、树根几部分组成。

小结:大树的不同部分都起到了不同的作用,共同促进了植物的生长和发展。

图 2-3-39　树的结构

二、认识甲骨文字“ ”(木)、“ ”(林)、“ ”(森)

1. 出示甲骨文字“ ”(木)

图 2-3-40　甲骨文“ ”(木)

师:小朋友们快看,这是什么? 它像什么?

小结:这是甲骨文的“ ”(木)字,中间直直的树干,下面是树根,扎得稳稳的,上面是向上生长的树枝。像极了一棵树,古人根据树的特征创造了甲骨文“ ”(木)。

2. 出示甲骨文字“ ”(林)、“ ”(森)

图 2-3-41　林和甲骨文“ ”(林)

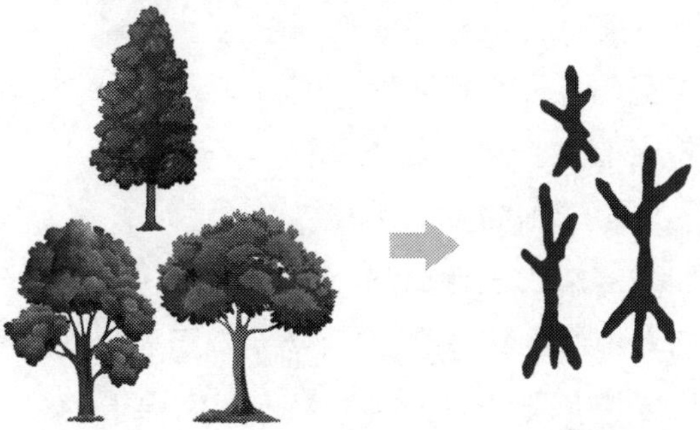

图 2-3-42　森和甲骨文“ ”(森)

师：两棵树是什么呢？三棵树是什么？许多的树在一起又会变成什么？

小结：一棵树为木，两棵树为林，三棵树为森，许多树就是森林。

3. 肢体模仿“”（木）、“”（林）、“”（森）

我们用身体来模仿一下“”（木）、“”（林）、“”（森）吧，看看谁模仿的大树最挺拔。（幼儿用身体摆出“”“”“”造型）

二、了解树木的文化与作用

1. 讲解树木文化

师：大树是我们生活中的好朋友，在安阳有一棵神奇的树，我们一起去看一看吧。（出示老槐树文化讲解视频）

图 2-3-43　老槐树

《老槐树》视频链接：

https://haokan.baidu.com/v?pd=wisenatural&vid=9416231337833079929

师：这棵神奇的树对安阳人民有什么特殊的意义呢？

引导幼儿说出“老槐树有五百年的历史”等。

小结：这棵老槐树见证了安阳的发展历程。

师：下面这些树你们知道它代表什么吗？

小结：其实不同的树有不同的特殊含义，杨树代表正义、坚强和不屈。松树代表健康长寿，老人过生日我们可以说“福如东海长流水，寿比南山不老松”

2. 树的作用

师：树木不仅有特殊的含义，与我们的生活也息息相关，你们知道它有什么作用吗？

引发幼儿说出“树能使空气清新,为我们遮阳;做成许多家具、书本和生活用品”。

小结:树木与我们的生活息息相关,为我们带来了这么多的好处,对人类来说非常之重要。我们应该爱护树木,不踩小树苗;不在树枝上悬挂重物;不在树干上乱写乱画。

三、大树找朋友

师:你们喜欢和大树做朋友吗,接下来让我们一起玩一个有趣的游戏吧。

玩法:身上贴有甲骨文木字,孩子们拉圈走,边说:走走走走走,我们一起手拉手,一二三变变变。当老师说一,幼儿便摆成一个木字造型。当老师说二,幼儿便摆成林字造型。当老师说“三”,幼儿三人聚堆摆成森字造型。

《汉字起源——木》视频链接:
http://xhslink.com/a/6HJlgui2fxU8

教育活动二　春天的“田”(田)野

活动目标

1. 感知甲骨文“田”(田)、“禾”(禾),及其基本形态特征。

2. 知道田地对人类的重要性,懂得保护田地。

活动重点

感知甲骨文“田”(田)、“禾”(禾),掌握田的基本形态特征。

活动难点

知道田地对人类的重要性,懂得保护田地。

活动准备

甲骨文“田”(田)、“禾”(禾)图片、小麦图片、小麦制品的图片,画纸、马克笔。

活动过程

一、图片导入,引出小麦制品

师:小朋友们,我们来看一看这些图片上都是哪些食物?

师:这些食物都是用什么制作的?

师:小麦生长在哪里?

二、感知甲骨文“田”字

1. 出示麦田、禾苗图片

师：我们来欣赏一下麦田，看一看麦田、禾苗是什么样子？

2. 讲解甲骨文田的来历

请小朋友观察并描述。

小结：甲骨文中的“田”（田）字是一个象形字，古时候皇帝把田地分成一块一块的分配给百姓进行农耕，收获粮食。

3. 了解甲骨文田的形象（观看视频）及用途、寓意

小结：只有田地长出各种庄稼我们才能收获粮食，过上幸福的日子，那么我们要保护好田地，如不去田地里踩踏禾苗、不在田地里乱扔垃圾。

4. 欣赏艺术作品《麦田》

师：接下来请大家欣赏两幅艺术作品。

图 2-3-44　麦田画（虾虾绘手工作品）

小结：以上两幅美术作品的形成充满丰富的想象力和创造力，让我们感受到丰收和喜悦。

三、艺术创作

师：老师为大家准备了一些材料，请小朋友们发挥想象，创作出一幅丰收的田地。

1. 播放背景音乐，幼儿进行操作。

2. 作品展示，幼儿进行欣赏与评价。

《汉字起源——田》视频链接

http://xhslink.com/a/xMh3KZVqpCU8

区域活动一　美工区:“ ”(木)、“ ”(林)、“ ”(森)水墨画

活动目标

1. 喜欢参与美术创作,对大树的形态有自己的见解。

2. 能够使用毛笔在宣纸上画出“ ”(木)、“ ”(林)、“ ”(森)。

3. 尝试自己搭配颜色,学习基本的构图方法。

活动准备

素描纸、毛笔、调色盘、颜料。

活动玩法

幼儿自主选择水粉颜料,用毛笔画出“ ”(木)、“ ”(林)、“ ”(森),最后进行添画展示。

图 2-3-45　“木、林、森”水墨画

区域活动二　表演区:守株待兔(皮影戏)

活动目标

1. 通过皮影戏表演,让幼儿了解并感知甲骨文字“ ”(田)。

2. 在表演的同时,锻炼幼儿语言发展能力。

3. 体验甲骨文游戏带来的乐趣。

活动准备

皮影台、皮影、音乐。

活动玩法

熟悉守株待兔的故事后，运用皮影戏的形式向大家进行展示，在观看皮影戏过程中感受甲骨文字“田”（田）。

图 2-3-46　守株待“兔”

户外活动一　穿越“木”（木）、“林”（林）、“森”（森）

活动目标

1. 能绕过障碍物完成接力跑，锻炼身体的灵活性。

2. 在游戏中感知甲骨文字“木”（木）、“林”（林）、“森”（森）。

3. 活动中锻炼幼儿的反应能力和初步的合作意识。

活动准备

贴有“木”（木）、“林”（林）、“森”（森）的沙包，轮胎。

活动玩法

教师将贴有甲骨文字“木”(木)、“林”(林)、“森”(森)的轮胎摆放好。共三条赛道,幼儿分成三组,排成纵队站在起点。教师说开始,每组第一名幼儿快速出发,绕过障碍物把手里贴有甲骨文字的沙包放在相对应的甲骨文字的轮胎里。与下一名幼儿击掌,比比哪组更快。

图 2–3–47　穿越“木、林、森”

户外活动二　稻“田”(田)大闯关

活动目标

1. 初步掌握双脚跳,投掷,推小车的技能。
2. 在游戏中感知甲骨文字“田”(田)。
3. 遵守游戏规则,喜欢参与体育游戏。

材料准备

三辆小车,三个轮胎,30 个海洋球。

活动玩法

幼儿分为三组,三个轮胎放置终点,里面贴有甲骨文“田”(田)字,比赛开始每个孩子手里都拿着海洋球接力放到贴有“田”(田)字的轮胎里,哪组最快全部放到“田”(田)字的轮胎里为胜。

图 2-3-48　稻"田"大闯关

家园共育

1. 了解木林森的区别。
2. 了解树木有哪些作用。
3. 认识各种各样的谷物。
4. 了解小麦可以制作成哪些食物。

"神奇的大自然（三）" 活动实施建议

1. 幼儿在前期经验准备中可以通过图片、视频或到户外中实地观察各种各样的树木了解树木的作用。

2. 教师需要在主题开展前收集"树木、田地"相关图片。准备大自然相关故事、绘本等相关资料，并将所有材料投放到相对应区域中。

3. 教师需要在主题开展前收集"木、林、森、田"相关图片、视频、制作甲骨文手工作品等材料。准备大自然相关故事、绘本等相关资料，并将所有材料投放到相对应区域中，让幼儿再次增加认知。

4. 在活动开展中要基于幼儿的内心体验和经验，从孩子的已有认知出发，促进幼儿经验的提升。在开展《神奇的大自然（三）》中要让幼儿从收集资料、调查和分享中获得直接经验和体会。

主题六　我的动物朋友（三）（4月）

主题说明

大班孩子随着年龄的增长，他们对动物的探究也愈加深入，还产生了许多有意思的话题，开始了一系列的怀疑、假设、验证活动。结合幼儿的已有经验，在“我的动物朋友（三）”这个主题中，我们利用甲骨文字中的“”（龙）、“”（虎）等动物与孩子们一起去观察发现动物世界中的奇特现象，探究它们在中国传统文化中的影响和内涵。

在十二生肖中，龙是唯一的神话动物，它代表着权力、尊贵和繁荣，能够呼风唤雨、控制天气，因此被人们尊崇和敬畏，我们也自称“龙的传人”，在中国文化中有着重要的意义。虎同样被视为一种神秘而不可侵犯的动物。在中国文化中，老虎是“万兽之王”，被誉为山中之王或兽中之王。

甲骨文字中“”（龙）、“”（虎）也受到小朋友们的喜爱。小朋友们作为龙的传人，更好奇龙长什么样？龙与虎发生了什么有趣的故事？它们都有什么样的本领？

因此，我们整个主题强调孩子的内心体验和感受，从孩子的已有经验出发，运用多种手段创设有趣的、互动的环境，唤醒孩子的内在驱动力，有效带动孩子们一起去观察发现动物世界中的神话故事。

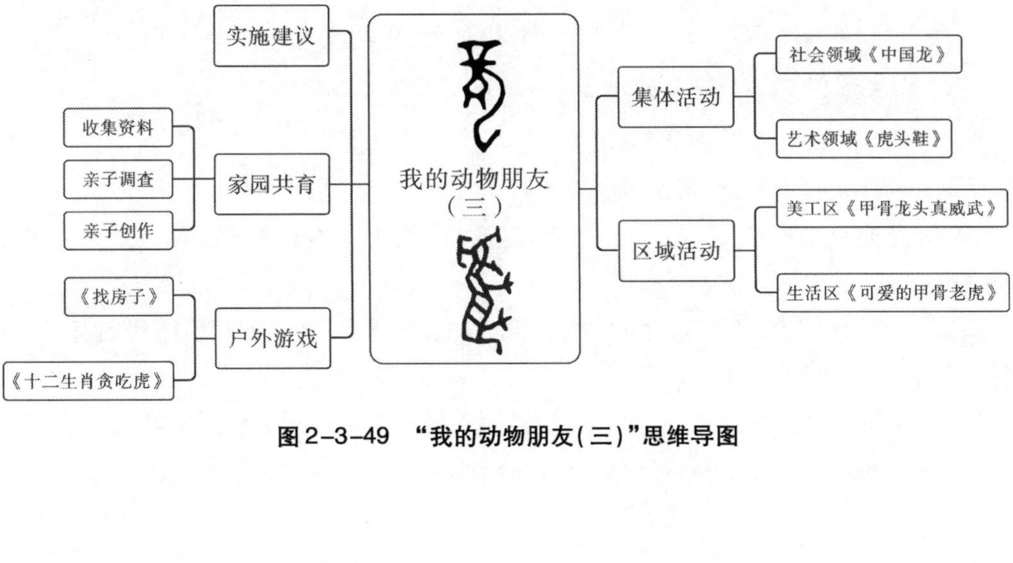

图 2-3-49　“我的动物朋友（三）”思维导图

教育活动一 中国“”(龙)

活动目标

1. 初步了解甲骨文“”(龙)的象征意义。
2. 简单知道有关龙的民俗风情。
3. 体验参与活动的快乐。

活动重点

初步了解甲骨文“”(龙)的象征意义。

活动难点

简单知道有关龙的民俗风情。

活动准备

1. 甲骨文“”(龙)字的卡片、歌曲《龙的传人》、龙的图片。
2. 舞龙道具红绸布、彩球、龙的头饰。

活动玩法

一、歌曲《龙的传人》导入活动

师:你听过这首歌吗?你在歌曲中听到了什么?你知道这首歌叫什么名字吗?

幼:龙、长江等。

小结:我们都是龙的传人,龙是一种吉祥的图案,也是权力和地位的象征。

二、观看甲骨文龙字的特征,了解龙的文化

1. 教师出示龙的图片,引导幼儿进行观察

师:龙长什么样子?谁来说一说它的样子!

小结:龙的头像马的头,龙头上的角像鹿的角,龙的身体像蛇的身体,龙身上的鳞片像鱼的鳞片,龙的爪子像鹰的爪子。

龙是我们的祖先组合了多种动物的形象塑造出的神奇动物,有很多的代表意义。

2. 讲解甲骨文“龙”的象形特征

师:这是甲骨文龙的图片,头上有角,嘴巴张开,身躯呈S形,尾巴外卷。

图 2-3-50　“龙”字的甲骨文

小结:传说中的龙能行云布雨、消灾降福,龙还是中华民族的象征和标志,我们中国人也自称为“龙的传人”。

3. 观看故事《龙的传说》

师:关于龙有很多的故事,接下来,让我们一起来看一看吧。

4. 了解有关龙的物品

师:你们在哪些物品上见过龙？你们去过这里吗？你能找到这里的龙形图案吗？

图 2-3-51　殷墟博物苑大门

师:在古代许多服饰、青铜器上都有不同的纹路,其中龙形的图案让大家最为喜欢,接下来我们一起来看一看。

小结:这些龙纹是中华民族最吉祥、最神圣的纹饰,也是青铜器上应用时间最长的装饰纹样之一。

三、甲骨文成语找朋友

师：下面是和龙有关的成语，你觉得它应该贴到哪副图的后面呢？

幼儿四人为一组分成四组进行成语图画配对。

四、进行甲骨文龙字的音乐游戏

1. 观看舞龙视频

师：我们了解了甲骨文“”（龙），关于龙还有一项民俗活动——舞龙。他们是怎么舞龙的？请幼儿徒手模仿舞龙的动作。

小结：人们用舞龙的方式来祈求平安和丰收是全国各地的一种习俗。

2. 幼儿舞龙离开教室

龙的传说

很久很久以前，森林里有很多凶猛的野兽，它们经常袭击人类，人们都很害怕。一个叫六郎神的神仙看到野兽撕咬人的场面，非常难过，可是怎么样才能帮到这些人呢？他决定创造一个最厉害的动物来管住那些伤害人们的野兽，于是六郎神用老虎的眼睛、鱼的鳞片、老鹰的爪子、蛇的身体、鹿的角、狮子的胡须创造了一个最厉害的动物，它的名字叫作龙。六郎神让龙来保护人。一看到龙，那些凶猛的野兽吓得掉头就跑，再也不敢出来咬人了。从此，人们过上了幸福安宁的生活，龙也被人们看作是威严有力量的守护神。

《舞龙的传说》视频链接：

https://www.iqiyi.com/v_19rs7jy6sk.html

《舞龙表演》视频链接：

https://www.ixigua.com/6530923949910393358

教育活动二　“”（虎）头鞋

活动目标

1. 感知甲骨文“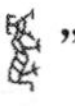”（虎）及其基本形态特征。
2. 能在剪好的鞋样上进行老虎造型与色彩的装饰。
3. 体验中国民间手工作品的用色特点。

活动重点

感知甲骨文虎“”(虎)及其基本形态特征。

活动难点

能在剪好的鞋样上进行老虎造型与色彩的装饰。

活动准备

甲骨文虎及相关图片、虎头鞋、虎头枕图片，画好的鞋底纸板，半圆形鞋面，笔。

活动过程

一、谜语导入，引出老虎

师:身穿花皮袄，山上到处跑，人称百兽王，凶猛脾气火暴。小朋友们猜一猜这是哪种动物呢?

二、感知甲骨文字“”(虎)

1. 出示老虎图片

师:老虎是森林之王，谁能告诉老师你认为老虎有什么特点呢?

2. 讲解甲骨文“”(虎)的来历

图 2-3-52　甲骨文字“”(虎)

让幼儿观察并描述。

师:甲骨文中的“”(虎)字是非常威风的形象，像钳子一样的血盆大口，一身美丽的斑纹，弯曲有力的尾巴，把老虎的凶猛展示得淋漓尽致。

三、了解有关“虎”的成语

师:我们中国人对虎有着很深的民族情结，带有虎字的成语就有很多，猜猜看下面几幅图是什么意思?(出示狐假虎威、照猫画虎、龙争虎斗图片)

图 2-3-53　狐假虎威

图 2-3-54　龙争虎斗

图 2-3-55　照猫画虎

1. 引导幼儿说出图片内容

例如:一条龙和一只老虎在打架。

小结:除了刚刚的几个成语,虎还有其他的象征含义。例如它代表着压倒一切、所向无敌的威力;它也是热情和大胆的代表;它还是强壮、威武以及荣耀的标志等。

2. 了解老虎物品的用途和寓意

师:在生活中人们也会制作布老虎和一些与老虎相关的用品,你们见过带有老虎图案的物品吗?

小结:因为老虎是百兽之王,所以人们会在小孩小的时候穿虎头鞋、带虎头帽,认为由老虎看护宝宝是最安全的,有虎相伴,永保平安。

四、制作虎头鞋,感受老虎造型与色彩的装饰

1. 今天老师为大家准备了一些制作虎头鞋的材料,请小朋友们发挥想象制造出一双独一无二的虎头鞋吧。

2. 播放背景音乐,幼儿进行操作。

3. 作品展示,幼儿进行欣赏与评价。

区域活动一　美工区:甲骨“”(龙)头真威武

活动目标

1. 通过了解“”(龙)的主要特征和象征意义,感受中国传统文化的魅力。

2. 了解龙在古代和现代的象征意义。

3. 尝试自己搭配颜色,学习基本的构图方法。

活动准备

素描纸、水彩笔。

活动玩法

尝试用不同的线条画出龙身,有动态变化。龙鳞像鱼鳞,龙尾巴像火焰,龙爪子像鹰爪。幼儿根据自己的理解去装饰细节。

图 2-3-56　甲骨“龙”头真威武

区域活动二　生活区：可爱的甲骨老“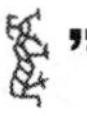”（虎）

活动目标

1. 通过绘画甲骨文字，了解并认识甲骨文字“”（虎）。
2. 锻炼幼儿手部小肌肉的发展。
3. 体验绘画甲骨文字的乐趣。

活动准备

小围裙，帽子，袖套，一次性手套，饼干，番茄酱，甲骨文“”（虎）字卡，盘子，提示卡。

活动玩法

拿出字卡，观察字卡的构造。用小手挤压番茄酱瓶子，在饼干上挤出相应的甲骨文字。甲骨文饼干挤好后，放在展示盘中，向大家介绍自己制作的甲骨文饼干，并引导幼儿认识上面的甲骨文字。

图 2–3–57　制作可爱的甲骨老“虎”饼干

户外活动一　找房子

活动目标

1. 能听懂教师指令并根据教师指令做出相对应的动作。
2. 在游戏中了解十二生肖和甲骨文字“ ”(龙)字。
3. 活动中锻炼幼儿的反应能力和初步的合作意识,发展腿部蹲起力量。

材料准备

十二生肖小动物的家、甲骨文“ ”(龙)字、十二生肖甲骨文头饰。

活动玩法

幼儿佩戴不同头饰,当教师出示任意生肖头像时,幼儿快速找到属于自己属相的房子。当出示甲骨文“ ”(龙)字时,小朋友们要进入带有“ ”(龙)字的房子里休息。

图 2-3-58　找房子

户外活动二　十二生肖贪吃“”(虎)

活动目标

1. 锻炼幼儿的观察力和反应能力。
2. 遵守游戏规则,感受甲骨文游戏的乐趣。

材料准备

十二生肖的甲骨文头饰。

活动玩法

12 个小朋友围成一个圈,幼儿:贪吃“”(虎),贪吃“”(虎),贪吃完了变成“”(虎)。口令结束后老鼠开始找甲骨文“兔”,甲骨文“兔”找“虎”,以此类推。然后直到找到所有的十二生肖。幼儿可换头饰,游戏反复进行。

图 2-3-59　十二生肖贪吃"虎"

家园共育

1. 收集龙、虎不同形态的图片。
2. 观看有关龙、虎的动画片、视频等。
3. 知道龙、虎的代表意义。
4. 去动物园观看老虎,知道老虎长什么样子。
5. 了解老虎的脾性和特征。

"我的动物朋友(三)"活动实施建议

1. 幼儿在前期经验准备中可以通过图片、视频或到动物园中实地参观等不同形式观察、了解、寻找生活中"龙""虎"的外形特征及习性。

2. 在这两个甲骨文字中拓展了"十二生肖"的甲骨形象。幼儿通过观看十二生肖的图片、视频、神话故事,了解到十二生肖的轮回及相关知识。从收集信息、调查和分享讨论中获得直接经验。

3. 教师需要在主题开展前收集"龙、虎"相关图片、视频、制作甲骨文手工作品等材料。准备十二生肖相关故事、绘本等相关资料,并将所有材料投放到相对应区域中。在活动开展时及时增添或调整甲骨文材料。

4. 在活动开展中要基于幼儿的内心体验和感受,从孩子的已有经验出发,促进幼儿经验的累加。在开展"龙和虎"拓展活动时要让幼儿从收集信息、调查和分享中获得直接经验和体会。

5. 在生成活动中,教师要注意引导幼儿探究了解它们在中国传统文化中的影响和内涵,合理利用幼儿园、家庭内的一切资源,为幼儿提供丰富的资源力量,丰富幼儿的内心世界。

主题七　走进小学(5月)

主题说明

孩子们即将迈入小学的大门,“小学”这个陌生又有新鲜感的地方,在孩子们的心中到底是什么样的?他们对“小学”有着怎样的向往、担忧或困惑呢?

在“走进小学”这个主题中,我们将陪伴孩子一起去畅想心中的小学。了解甲骨文“ ”(学)、“ ”(习)、“ ”(小)字,萌发幼儿上小学的愿望。让幼儿知道我长大了,即将要上小学了,逐步消除因对小学生活不了解而产生的担忧,并憧憬和向往小学生活,从而培养幼儿的规则意识、自我服务、责任心、专注坚持等优良品质。

甲骨文中的“ ”(学)上部是双手捧着八卦的基本单位“爻”,表示对所学知识恭敬的态度和对预测未来能力的掌握;下部是房子,表示在房子里学习。学的本意是学校,引申为学习、学问、学派。“ ”(习)这个字,除了学习,也引申出温习复习的意思。古人称理论知识的训练为“ ”(学),称生活实践的体验为“ ”(习)。人们发现,小鸟学飞行是日日练习,日日有进步,进而悟出:我们掌握了理论,还要去实践,并在实践中有所体会,有所悟,从而更加精进。于是,“学到老,习到老”。联系在一起让孩子们从深层次去理解小学的含义。因此,“走进小学”整个主题从孩子的已有经验出发,运用多种手段创设有趣的、互动的环境,充分尊重幼儿身心发展规律和特点,实施科学的教育理念,帮助幼儿做好身心各方面准备,实现从幼儿园到小学的顺利过渡。

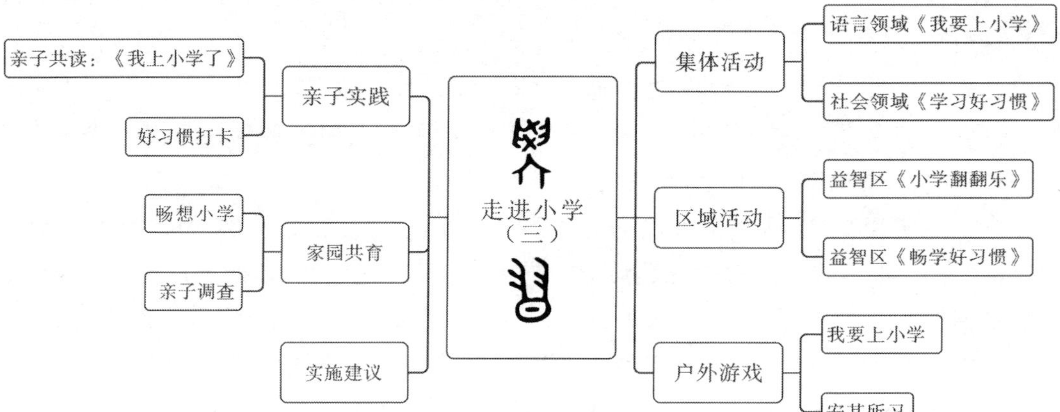

图2-3-60　“走进小学”思维导图

教育活动一　我要上“”(小)”(学)

活动目标

1. 感知甲骨文字“”(小)、“”(学)。

2. 能专注地倾听同伴讲话,大胆说出自己怎么做一名小学生。

3. 感受小学生活的美好,萌发对小学生活的向往之情。

活动重点

感知甲骨文字“”(学)。

活动难点

能专注地倾听同伴讲话,大胆说出自己怎么做一名小学生。

活动准备

1. 经验准备:有参观小学的经验。

2. 物质准备:参观小学的各类照片(校园、上课、图书室等)、甲骨文字“”(学),视频《凿壁偷光》《孟母三迁》。

活动过程

一、谈话导入,激发兴趣

1. 出示“学”字的甲骨文图片

图 2-3-61　“学”字的甲骨文

师:今天老师带来一个好朋友,看看你认识它吗?

师:对,这是“学”字。你们在哪里见过它呢?

2. 出示参观小学的照片

图 2-3-62　走进小学参观

师:是的,我们一起去参观小学的时候见过这个字。

师:那你还记得我们参观的小学是什么样子的?请跟你的好朋友说一说。

图 2-3-63　体验小学课堂

3. 围绕小学与幼儿园的不同之处自由交谈

师:小学与我们的幼儿园有哪些一样和不同的地方?

4. 集体面前进行交流讨论

教师鼓励幼儿大胆讲述小学与幼儿园的相同之处。

师:小学与我们的幼儿园哪里是一样的?(引导幼儿积极补充同伴发言)

二、认识甲骨文字“ ”(学)

1. 甲骨文“ ”(学)字的来历

师:刚刚我们了解了“学”的样子,那在久远的殷商时期“学”是什么样子呢?我们一起来看看甲骨文中的“ ”(学)字吧。(播放视频)

《“学”字的来历》视频链接:

https://haokan.baidu.com/v? pd=wisenatural&vid=6832348423064883150

幼儿观察并描述,了解甲骨文“”(学)字的造字含义。

小结:甲骨文中的“”(学)字是教孩子双手摆弄筹策计数,以学习数学,本义是学习之意。

2. 出示年历让幼儿数一数,看一看

讨论:我们再有一段时间就要离开幼儿园了? 心里有什么感觉?

你对幼儿园最难忘的是什么?

剩下几天,我们可以做哪些事给幼儿园留下美好纪念?

三、中华传统文化

1. 播放《凿壁偷光》的故事视频

《凿壁偷光》视频链接:

https://haokan.baidu.com/v? pd=wisenatural&vid=4677901804163090902

师:在古代有一位非常热爱学习的小朋友,我们来看看他是如何在困境中依然坚持学习的?

结:凿壁偷光的故事让我们了解到原来古人这种刻苦努力,勤奋学习这种精神值得我们大家学习。

2. 播放《孟母三迁》的故事视频

《孟母三迁》视频链接:

https://www.bilibili.com/video/BV1RV4y1y7X4/? p=41

师:在古代,有些孩子的父母为了孩子能够学习,还做出了很多事情,我们一起来欣赏一下。

小结:孟母为了孟轲能够好好学习,经历了几次搬家,最后搬到充满读书声的学堂。而孟轲也从一个爱玩大哭游戏、偷偷去大街上学人卖东西的小朋友变成一个有礼貌、爱学习的小朋友。希望我们的小朋友也要向这两位古人一样,刻苦学习,长大成为栋梁之材。

四、畅谈小学

师:小朋友们,马上就要走进小学,成为一名小学生。你有什么想说的话?

(引导幼儿说说自己的想法。)

小结:我希望你们可以自信地走进小学,成为一名优秀的小学生。

教育活动二　学习好“”(习)惯

活动目标

1. 认识甲骨文字“”(习)字。

2. 理解并遵守生活中的行为规则,养成好“”(习)惯。

活动重点

认识甲骨文字“”(习)字。

活动难点

理解并遵守生活中的行为规则,养成好“”(习)惯。

活动准备

甲骨文“”字图片,课件 PPT。

活动过程

一、谈话导入

师:小朋友们,我们即将毕业,要离开幼儿园进入小学,你们知道怎么样才能成为一名优秀的小学生吗?(幼儿自由讨论)

图 2-3-64　合格的小学生

小结:我们要养成良好的习惯,这样才能成为一名合格的小学生。

二、认识甲骨文“”(习)字

1. 出示甲骨文“”(习)字的图片

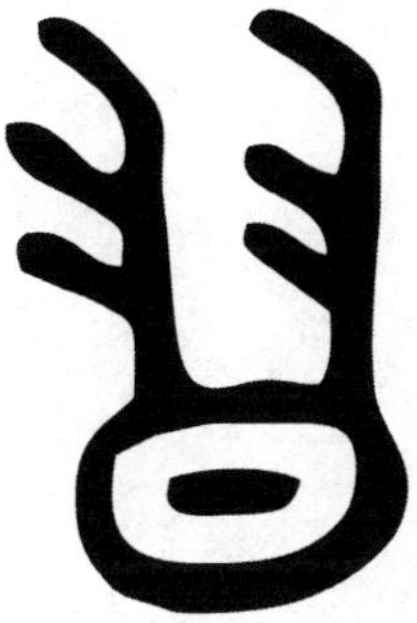

图2-3-65 “习”字的甲骨文

师:我们一起来看一看甲骨文“”(习)是什么样子的吧?

(幼儿分享自己的看法。)

小结:甲骨文“”(习)字,上面是一对鸟的翅膀,下面是太阳,代表鸟儿在太阳下反复练习飞翔的意思,习的本意是反复练习,就好像我们小朋友学穿衣服一样需要反复练习才能成功。

2. 了解现在“”(习)字的含义

师:现在我们说到习会想到各种习惯,你们知道作为一名学生都要养成哪种好习惯吗?(幼儿讨论)

小结:只有养成了良好的生活习惯、学习习惯、行为习惯我们才能成为优秀的小学生。

三、好习惯、早养成

教师:原来好习惯有这么多,你都做到了哪些呢?请大家观察记录表,在上面进行打卡记录。

表 2-3-3　好习惯打卡表

今日我最棒 好习惯打卡表							
好习惯	星期一	星期二	星期三	星期四	星期五	星期六	星期七
早睡早起 自己穿衣 不拖拉							
早上洗脸刷牙 扎辫子 不拖拉							
自己吃饭							
自己整理玩具							
看电视不能 超过一小时							
趣味体育运动 跳绳、拍皮球等							
快乐学习时间							
自己的事情 自己做							
学习做家务							
晚上刷牙洗脸 洗澡洗头 不拖拉							
睡前故事							
晚 9 点半之前 睡觉							

小结：相信只要你们坚持下去，养成好习惯，一定会成为一名优秀的小学生。

区域活动一　益智区：小""（学）翻翻乐

活动目标

1. 喜欢参与游戏，对上小学充满期待。
2. 能够使用翻翻乐游戏棋进行组词。
3. 感受使用甲骨文字""（学）进行组词的乐趣。

活动准备

自制棋盘、甲骨文“”(学)字棋子。

活动玩法

1. 两位幼儿面对面坐在棋盘处。

2. 掷骰子大小决定谁先翻棋子，如果翻到甲骨文“”(学)字正好可以和对方组成一个词语，即可赢得对方一颗棋子。

3. 棋子都翻过后，谁赢的棋子最多即为胜利一方。

图 2-3-66　小“学”翻翻乐

区域活动二　益智区：畅学好“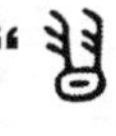”(习)惯

活动目标

1. 通过甲骨文对战棋，让幼儿了解甲骨文字“”(习)。

2. 在游戏中，培养幼儿良好的学习习惯。

3. 体验棋类游戏的乐趣。

活动准备

甲骨文对战棋、甲骨文“”(习)字、记录表、笔。

活动玩法

1. 幼儿两人一组进行掷骰子游戏,谁的点数大谁先在对战棋的起点出发。

2. 一方棋子走到上课坐姿端正、上学不迟到、自己整理书包并标有“”(习)字的图标处,即可在自己的记录表上得一分。

3. 双方走到终点后,谁的分数最高即为胜利。

图 2-3-67　畅学好“习”惯

户外活动一　我要上小“”(学)

活动目标

1. 能跨过障碍物及快跑,锻炼身体的灵活性。

2. 在游戏中感知甲骨文“”(学)字。

3. 体验甲骨文竞技游戏带来的乐趣。

材料准备

书包、写有甲骨文“ ”(学)字的球、障碍物、跳绳。

活动玩法

幼儿背上书包从起点出发,跨过障碍物,跳绳 30 下。在框内找到甲骨文“ ”(学)字球,将球放入书包内。快速跑到终点即获胜。

图 2-3-68　我要上小“学”

户外活动二　安其所“ ”(习)

活动目标

1. 通过投掷沙包,让幼儿了解甲骨文字“ ”(习)。
2. 在投掷沙包的过程中,锻炼幼儿手臂力量。
3. 体验甲骨文游戏的乐趣。

材料准备

沙包、甲骨文""(习)字、标志牌。

活动玩法

1. 幼儿两脚呈前后姿势站立,手持带有""(习)字的沙包。

2. 左手伸向前方,右手抓紧沙包,原地用力向前上方掷出,投向前方贴有甲骨文""(习)字的标志牌处。

3. 投中即为胜利。

图 2-3-69 安其所"习"

家园共育

1. 和幼儿一起畅想小学。

2. 了解小学的作息时间,上小学需要用到的文具。

3. 家园培养幼儿的责任心、坚持性、时间观念、自我服务能力等,为走进小学做好准备。

4. 收集制作甲骨文环创材料。

5. 家长陪伴幼儿进行好习惯养成打卡活动。

“走进小学”活动实施建议

1. 带领幼儿参观小学,实地观察了解小学的环境与生活,获得直接经验和体会。

2. 在主题开展前收集小学生上课、学习、生活、运动等相关图片。

3. 准备《好习惯养成》《我上小学了》《一年级,我准备好了》《小阿力的大学校》《一年级,一点都不可怕》《勇气》相关故事、绘本等资料,并将材料投放到相应区域。

4. 收集甲骨文字“”(学)、“”(习)、“”(小)字相关图片、视频、制作甲骨文手工材料等,进行环境创设。

5. 在活动中要基于幼儿的内心感受和经验,从孩子的已有认知出发,促进幼儿经验的提升。

主题八　文明之光(6月)

主题说明

文明就像一束光,照亮了人类前进的道路,文化是一个国家、一个民族的灵魂。中华文明源远流长、博大精深,铸就了中华民族博采众长的文化自信。本次主题紧扣中华丰富璀璨的文明底蕴,让幼儿感受中华文化的博大精神,培养对祖国文化的热爱和文化自信,激发继承和发扬光大我中华文化的积极主动性,同时为进入小学学习更多的文化提升能力注入动力。

本次主题活动是幼儿在幼儿园的最后一个活动,也是跨入小学前的最后一个活动,起着总结幼儿园教育和开启小学新篇章的承上启下的重要意义,让幼儿感受中华文明的博大精深,在潜移默化的过程中培养孩子的民族自豪感和自信心。

在“之”(文明之光)主题中,我们共设计了三个教育活动,第一个活动“中华文明”,从甲骨文“”“”(文、明)切入,通过认识甲骨文、欣赏诗词歌赋、传统建筑、国粹戏剧、武术和祖国的壮美山河等优秀的中华文化,让幼儿感受丰富璀璨的中华文明,激发文化自豪感与文化自信;第二个活动“神奇的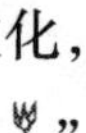”,从对“光”的具体的认识到对“文明之光”的抽象认识,理解文明对人类发展的重要意义;第三个活动“中华文明我传承”重点在激发幼儿对中华文明的继承、传播和创新的情感,同时为进入小学的学习注入动力,

成为有责任、担当的新时代幼儿，为继承和发扬中华文明而努力学习。

通过“之”（文明之光）这个主题不仅让幼儿传承中华文明，让“”（文明）的种子扎根在每个幼儿的心房。同时在进入小学后幼儿可以通过学习来认识和创造更多的文明成果，把中华文明发扬光大。

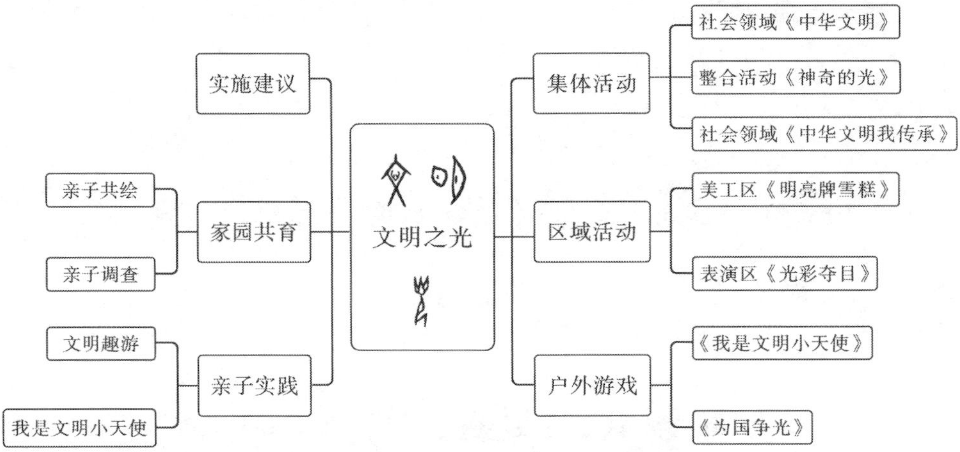

图 2-3-70　“文明之光”思维导图

教育活动一　中华“”（文明）

游戏目标

1. 感知甲骨文字“”（文明）的字形和文明的含义。
2. 感受中华“”（文明）的博大精深。
3. 增强文化自信，热爱中华“”（文明）。

游戏重点

感知甲骨文字“”（文明）的字形和文明的含义。

游戏难点

感受中华“”（文明）的博大精深。

游戏准备

甲骨文“”（文明）图片、传统建筑图片，《中华文明》视频、豫剧《穆桂英挂帅》视频。

游戏过程

一、出示甲骨文字“”(文)

师:小朋友们看,这是什么?(出示甲骨文字“”)

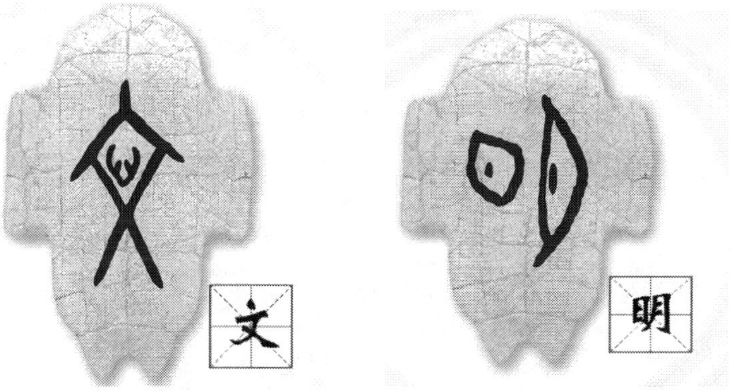

图 2-3-71　甲骨文“”(文明)

小结:对,这是一个甲骨文——“”(文)字,就像一个站立着的人形,上端是人的头,头下面是向左右伸展的两臂,最下面是两条腿。“”(文)本意指写写画画,后来成为对智慧思考的表达。

甲骨文“”(明)——从地球上看去,白天空中最明亮的星体就是“日”,晚上是“月”亮,日和月合起来就是(明),意思就是明亮。

文明是人类物质文化和精神文化的结晶,它包括语言、科技、艺术、信仰。在中国先人眼里,“”(文明)就是人所散发出来的光辉,蕴含着文明教化意思。

二、观看视频,感受中华文明的博大精深

1. 观看视频《中华文明》

> 《中华文明》视频链接:
> https://haokan.baidu.com/v?pd=wisenatural&vid=7095771935013187065

教师:今天老师带来了一个关于“中华文明”的视频,我们一起来看看吧。

(视频内容介绍中华文明:甲骨文、诗词歌赋、传统建筑、精神文明、国粹京剧、武术……)

师:视频中你看到了什么?

小结:对,你们看到的都是中华文明从古至今流传下来的精华。

2. 我们再次观看视频，一起来感受中华“”（文明）的博大精深。

三、再次分段观看视频

1. 中华“”（文明）——甲骨文

师：这就是我们的甲骨文。在古代，没有文字的时候，大家都是口耳相传信息。传说后来一位名叫仓颉的人，创造了最早的文字。被世人称之为“文字之祖”。人们因为有了文字，就可以将中华“”（文明）进行记载和传承。

2. 中华“”（文明）——诗词歌赋

师：我们中华有许许多多美丽的诗词。你们知道哪些诗词呢？谁愿意来分享一下？

幼儿分享诗词。

师：你们在背诵古诗的时候，有什么感觉呢？

小结：诗词是一种情感的寄托。在古诗中，我们可以体验文字的意境美，了解诗词中的欢喜、离别、哀愁，更能感受中华“”（文明）的熏陶。

3. 中华“”（文明）——传统建筑

故宫

长城

图 2-3-72　传统建筑

师：你知道这是什么地方吗？

师：故宫是中华文明的瑰宝，蕴含着深厚的历史文化。让我们再欣赏一些古建筑的美丽和韵味吧。

4. 中华（文明）——国粹戏剧

师：这是我们的国粹戏剧。戏剧有很多种类：京剧、昆剧、越剧、豫剧等。在我们家乡——河南就是以豫剧为主的。大家一起来欣赏一段豫剧吧。

（播放豫剧视频）

《谁说女子不如男》视频链接：

https://v.youku.com/v_show/id_XNTE0MzIzMTA2NA==.html

师:看到大家都很喜欢,我们一起来学一学吧。

幼儿尝试学唱豫剧,进行表演。

小结:孩子们,中国是一个伟大的国度,人们世世代代传承着伟大的文明。泱泱中华,历史何其悠久,文明何其博大。这就是我们的自信之基、力量之源。

四、总结

师:我们的中华“”(文明)博大精深,希望了解和学习更多的中华“”(文明),争取做一名善于传承中华“”(文明)的小朋友。

教育活动二　神奇的“”(光)

活动目标

1. 感知甲骨文“”(光)及其基本形态特征。

2. 了解“”(光)的作用。

3. 感受文明之“”(光)对人类发展的意义。

活动重点

感知甲骨文“”(光)及其基本形态特征。

活动难点

了解“”(光)的作用,给人类带来了光明。

活动准备

甲骨文“”(光)图片、视频,关于光的图片。

活动过程

一、情景导入,引起幼儿对“”(光)的兴趣

师:今天老师邀请来一个神秘的客人,但是这位客人有一个要求,要我们的教室变得黑黑的,它才出来,怎么办呢?

师:教室变黑了,让我们把客人请出来吧。(亮手电筒的光)

师:大家好,我是“”(光)博士,很高兴来大班做客。刚刚的光是哪里发出来的?

二、出示甲骨文“”（光），感知“”（光）的文化

1. 出示甲骨文“”（光）字

师：你们猜猜我是谁？

幼儿分享。

小结：对了，这就是甲骨文字“”（光）。

师：小朋友们，你们看一看这个字形像什么？像不像一个人举着火把呢。

图 2-3-73 甲骨文“光”字

2. 观看“”（光）的视频

《文明之光》视频链接：

https://haokan.baidu.com/v?pd=wisenatural&vid=2345613219925156949

https://haokan.baidu.com/v?pd=wisenatural&vid=7095771935013187065

小结：甲骨文“”（光）字，像一个人举着火把为人类带来了光明。

三、光的作用

师：小朋友们你们想一想除了火把可以给我们带来光明，还有哪些能带来光明？（太阳，月亮，星星，蜡烛，电灯等）

师：那么你们知道，光都有哪些作用吗？

光通信，用于电话、互联网、太阳能发电、电视的数据传输等领域。

小结：光，可以说是这个宇宙中最神奇的东西了，它对于我们人类有非常特殊的意义，没有光我们就无法认知这个世界，生命能够存在也是因为光的存在。

四、文明之“”（光）

师：古人发明了文字，让我们可以记录历史、传播知识，这样我们的智慧就能一代一代地传下去。文字的出现，即是文明的开启。人类文明就像一道光，冲破了愚昧和黑暗，为人类社会的发展指明了方向。

文明的光芒不仅照亮了人类前进的道路，还温暖和启迪了每一个人的心灵，促进了教育、艺术和科学的繁荣，提高了人们的生活质量，增强了社会的和谐与稳定。

师：小朋友，你觉得什么是文明呢？

（文字、诗词、文章、戏剧、建筑、文明礼貌、遵守规则，尊老爱幼，风俗习惯、生活方式、人们积累的知识等）

人类文明是人类智慧的结晶，是人类通过不断探索和实践所积累的宝贵经验，如文学、艺术、教育、科学等，中华文明也叫作华夏文明，是世界上最古老的文明之一，也是世界上持续时间最长的文明，已有4200多年。

我们的中华文明非常的丰富，包括地域文化（鲜明的地方特色文化，如我们经常说南方人北方人）、诸子百家（孔子、老子等的学说思想）、神话传说（盘古开天辟地、女娲造人、大禹治水、精卫填海等）、符号图腾（龙凤）、中华服饰（汉服）、汉字文化（甲骨文字、汉字）、教育（孔融让梨等）、文学（唐诗宋词等）、书法与中国画、音乐（古筝、编钟等中国音乐）、舞蹈（中国各民族舞蹈）、戏曲（京剧、豫剧、越剧等）、影视（电影、电视剧、动画片等）、手工艺（捏泥人、吹糖人、剪纸等）、八大菜系（川菜、湘菜、粤菜等）、体育棋牌（象棋、围棋等）、医学（中医、中药）等。

从传统到现在，中华文明奔涌不息，中国是一个伟大的国家，传承着伟大的文明。

小朋友们，你们是不是感觉我们中华文明真的好丰富，好博大啊，这些丰富的文明都是我们的祖先智慧的结晶。今天回到家里，就请小朋友和家长讲一下中华文明的故事，明天我们集体分享的时候，看哪位小朋友了解到的最多。

教育活动三　中华“”（文明）我传承

游戏目标

1. 了解中华“”（文明），感受中华文明的魅力。
2. 萌发传承中华文明的情感，激发幼儿的文化自信。
3. 愿意积极主动学习和宣传中华优秀文化。

游戏重点

了解中华“”（文明），感受中华文明的魅力。

游戏难点

萌发传承中华文明的情感，激发幼儿的文化自信。

游戏准备

PPT课件、宣纸、墨水、毛笔、甲骨文大印章、汉服。

游戏过程

一、谈话导入，引起幼儿对“”（文明）的兴趣

师：小朋友们，上次我们知道了很多中华文明，中华文明都有哪些？谁能来说一说？

幼儿回忆分享。

我们中华文明丰富博大，都是我们的祖先智慧的结晶，那如果有一天慢慢消失了，我们会是什么感受啊？

幼儿：太可惜了、难过、会哭等。

小结：中华文明源远流长，我们不仅要了解，还要将中华文明传承、发扬下去。

二、激发幼儿传承中华文明的情感

1. 讨论：我们可以怎样去传承中华文明

幼儿分组讨论并分享自己的想法。

图 2–3–74　传承中华文明

师：小朋友们刚才说到我们可以通过朗诵唐诗宋词、欣赏戏剧、参观文字博物馆、游览祖国的大好河山，还可以作为小小讲解员把安阳的文化讲给更多的人知道，一起感受我们中华文明的魅力。

2. 我是中华文明小小传承人

师：作为一位中华文明小小传承人，大家可以选择自己感兴趣的文化形式，来体验一下吧。（水墨画、拓印、甲骨文大印章、汉服、小小建筑师等。）教师通过设置不同的区域，让幼儿感受、体验中华文化的独特美。

三、传承文明，人人有责

1. 分享对中华文明的感受

师：我们了解了这么多的中华文明，小朋友也体验到了中华文明的独特美，作为一名中国人，你的内心有什么想法？

2. 具备传承文化的能力

师：小朋友们即将走进小学，会有机会了解更多的中华文明知识，我们需要具备什么样的能力，才能将中华文明更好地传承下去？（虚心学习、亲身体验，积极宣传。）

小结：要想让这些宝贵的文化遗产世代相传，我们应该多了解、多学习，发现更多的中华文明，去保护和传承。因为我们每个人都有责任、有义务，从我们做起，让中华文明传承下去。

区域活动一　美工区：“ ”(明)亮牌雪糕

活动目标

1. 能够用彩泥制作出带有“ ”(明)字的雪糕。

2. 在活动中熟悉甲骨文“ ”(明)字。

活动准备

彩泥、雪糕棒等。

活动玩法

幼儿使用彩泥在雪糕棒上制作出雪糕造型，然后捏出甲骨文“ ”(明)字粘贴到雪糕上晾干。

图 2-3-75　“明”亮牌雪糕

区域活动二　表演区:“”(光)彩夺目

活动目标

1. 了解戏曲文化,学习戏曲的相关知识。
2. 体验戏曲表演的乐趣,传承中国文化。

活动准备

戏曲音乐《花木兰》、戏帽、戏服、面具、扇子。

活动玩法

倾听音乐,幼儿身穿华丽的戏服,跟随音乐演唱戏曲《花木兰》。

图 2-3-76　“光”彩夺目

户外活动一　我是文“”(明)小天使

活动目标

1. 在游戏中感知甲骨文“”(明)字。
2. 提升幼儿讲文明懂礼貌的行为和意识。

活动准备

户外场地、甲骨文“”(明)字卡片、红绿灯、斑马线、幼儿自行车、三轮车、头盔、交警服、指挥棒、行人等。

活动玩法

在户外设置车道,十字路口等交通场景,幼儿扮演行人通过人行道,车辆知道礼让行人,争做文“ ”(明)城市人。

图 2–3–77 我是文“明”小天使

户外活动二 为国争“ ”(光)

活动目标

1. 在游戏中感知甲骨文“ ”(光)字。
2. 感受竞技运动带来的乐趣。

活动准备

跑道、带有甲骨文“ ”(光)字的接力棒。

活动玩法

幼儿分成四队,每队一根带有“ ”(光)字的接力棒,听到哨声进行接力比赛,每个人都要快跑 20 米,跨过所有跨栏,回到起点交给下一位队员,哪队最后一位幼儿最先到达终点为胜。可荣获未来之“ ”(光)称号,奖牌贴到身上。

图 2-3-78 为国争“光”

家园共育

1. 创设良好、文明的家庭氛围，给予幼儿正确的榜样示范。

2. 支持和肯定孩子，给予鼓励。

3. 以身作则，为孩子树立一个好榜样。

“文明之光”活动实施建议

1. 在前期经验准备中可以引导幼儿了解甲骨文、文字博物馆、殷墟里有什么、中国传统建筑、国粹戏剧、书法、诗词歌赋、壮美山河等内容。

2. 教师需要在主题开展前收集“”（文）、“”（明）、“”（光）相关绘本。将材料投放到相对应区域中，让幼儿再次增加认知。

3. 教师可以在室内区域中，投放有关中华文化的材料，比如宣纸、毛笔、汉服、团扇、戏剧表演服、建筑材料等。让幼儿在游戏中更加深入地了解到中华文明，体验到作为一位中国人的骄傲，从而拥有使命感，要将中华文明传承下去。

拓展篇

游戏活动

室内游戏

一、打卡安阳网红景点

游戏目标

1. 了解安阳主要的旅游景点。
2. 学做小导游，能在老师和同伴面前大胆连贯地介绍安阳的景点。
3. 萌发热爱家乡的美好情感。

游戏准备

汽车、公交车各一辆，统计表若干张。

游戏玩法

适宜年龄:5 ~6 岁。

适宜区域:角色区。

游戏人数:多人。

角色扮演:司机、游客、导游;导游负责接送游客、记录并规划路线，司机负责开车。游客负责参观。每到一个景点，导游负责景点介绍;行程结束后导游负责将游客安全送离。

二、动物巴士

游戏目标

1. 锻炼幼儿的语言表达能力。
2. 遵守游戏规则,体验与同伴一起游戏的乐趣。
3. 体验动物类甲骨文的趣味性。

动物巴士

游戏准备

不织布巴士、甲骨文十二生肖动物两份。

游戏玩法

游戏人数:单人、多人。

适宜年龄:4 ~6 岁。

适宜区域:益智区、语言区。

幼儿通过玩石头剪刀布,决定输赢。胜者根据卡片提示操作:卡片上写有十二生肖的甲骨文字,个别卡片上有上下箭头并配有数字(如箭头朝上,数字 5,则代表这张卡片要放在巴士的上层第五个格);个别卡片上则画有左右箭头以及文字(例如,箭头朝左,箭头处写有狗字,则代表此张卡片在狗卡片的右边)。幼儿合作完成,将每张卡片放到相对应位置。比比谁拼的快又准,完成之后可以创编成故事进行讲述。

三、甲骨文探秘

游戏目标

初步探索影子的秘密,在游戏中体会科学实验的乐趣。

甲骨文探秘

游戏准备

甲骨纸杯、手电筒。

游戏玩法

游戏人数:单人、双人、多人。

适应年龄:3 ~6 岁。

适宜区域:科学区。

玩法一:幼儿取带有甲骨文的纸杯,用手电筒照射底部,认读出现的甲骨文。

玩法二:幼儿取带有甲骨文的纸杯,用手电筒照射底部将甲骨文影子映到墙上,幼儿根据影子进行故事创编讲述。

四、解救小动物

游戏目标

1. 幼儿掌握小动物与甲骨文字的对应关系。
2. 锻炼幼儿逻辑性思维能力。

游戏准备

小动物操作盒。

游戏玩法

游戏人数:单人。

适宜年龄:4 ~5 岁。

适宜区域:益智区。

幼儿在操作盒中任意选一个小动物,根据相对应的动物甲骨文字,在操作轨道把小动物送回家

五、看图猜成语

游戏目标

1. 提高幼儿观察力、语言表达力。
2. 培养幼儿的合作意识。

看图猜成语

游戏准备

甲骨文成语、甲骨文成语对应图。

游戏玩法

游戏人数:双人。

适宜年龄:5 ~6 岁。

适宜区域:语言区。

两位幼儿面对面,一位幼儿看图,观察所看到的图画内容进行猜测成语。换另一名幼儿进行成语猜测。猜出成语最多的幼儿获胜。

六、快乐农场

游戏目标

1. 体验甲骨文字带来的乐趣
2. 认识甲骨文数字 1 ~6,以及甲骨文字牛、羊、猪、兔。
3. 可以点查数,放入对应数字。

游戏准备

农场背景图,牛羊猪兔甲骨文墩子各 6 个,骰子(六个面写有甲骨文数字 1 ~6)。

游戏玩法

游戏人数:2 人。

适宜年龄:4 ~6 岁。

适宜区域:益智区。

游戏开始时,两名幼儿石头剪刀,赢的人先掷骰子。投掷到数字几,则选拿几个甲骨文墩子放入与之对应的圈中;另一位幼儿再掷骰子,投掷到数字几,选拿对应数量的甲骨文墩子放入与之对应的动物圈中。以此类推,谁先把动物圈填满(6 个同类动物即可)则全部赢走,最后谁赢的动物最多即为获胜者。

七、送甲骨文宝宝回家

游戏目标

1. 能专注地玩游戏。
2. 遵守游戏规则,体验与同伴一起游戏的乐趣。
3. 尝试玩走迷宫对应游戏。

游戏准备

不织布材料,自制甲骨文迷宫。

游戏玩法

游戏人数:单人、两人。

适宜年龄:3 ~4 岁。

投放区域:益智区。

根据迷宫甲骨文字的显示来按线条找到相对应位置,将卡片放到对应区域。两人一组,合作将盒子里的甲骨文字宝宝送回家。

八、小动物吃食物

游戏目标

小动物吃食物

1. 认识 3 种动物的名称及其外形特征。
2. 分清 1 和许多。
3. 体验动物类甲骨文的趣味性。

游戏准备

小动物的食物,甲骨文小动物图片。

游戏玩法

游戏人数:单人或多人。

适宜年龄:3 ~4 岁。

适宜区域:益智区、语言区、生活区。

选出 1 ~2 种动物爱吃的食物。边送入动物的口里,边说出“××,××请你吃××、××吃了 1 个胡萝卜,××吃了许多草”的短句。

九、颜色对对碰

游戏目标

1. 锻炼幼儿颜色对应能力、逻辑思维能力。

3. 体验甲骨文的趣味性。

游戏准备

动物颜色卡、甲骨文操作板。

游戏玩法

游戏人数:单人。

适宜年龄:4 ~6 岁。

适宜区域:益智区、美工区。

幼儿取带有颜色的小动物卡片在操作板上找到与之相对应的甲骨文字,同时找到相同颜色,放入相对应的方框内。

十、找朋友

游戏目标

1. 学会辨别和感受直线、曲线、折线及各种线条的变化。

2. 知道甲骨文的一一对应关系。

3. 体验动物类甲骨文的趣味性。

游戏准备

水彩笔、“找朋友”游戏材料。

游戏玩法

游戏人数:单人。

适宜年龄:3 ~4 岁。

适宜区域:美工区。

取出自己喜欢的彩笔,观察两边甲骨文对应的图样,拿起笔把中间的虚线连接起来。

十一、采花蜜

游戏目标

1. 锻炼幼儿的观察能力。

2. 遵守游戏规则,感受甲骨文游戏的乐趣。

游戏准备

甲骨文蜂巢一张,小蜜蜂一个,甲骨文蜂巢卡。

游戏玩法

游戏人数:单人。

适宜年龄:3 ~6 岁。

适宜区域:语言区。

拿一张甲骨文蜂巢卡片。和蜂巢上的甲骨文进行比对,找对应的甲骨文蜂巢贴上去。

十二、甲骨文穿扣子

游戏目标

1. 激发幼儿动手能力,并且初步与甲骨文字体相对应。

2. 知道按照一定规律进行排列穿扣子。

甲骨文穿扣子

游戏准备

提示卡、鞋绳、不同形状、颜色、甲骨文字不织布卡片,每个字 5 ~ 10 张。

游戏玩法

游戏人数:单人。

适宜年龄:3 ~6 岁。

适宜区域:益智区。

教师讲解规则。一名幼儿自主取出《甲骨文穿扣子》工作。游戏开始之前,幼儿取出材料盒,选择好提示卡,按照提示卡显示的规律进行穿扣子,按照颜色、甲骨文字进行正确排列。幼儿根据游戏规则,进行排序穿扣子。整理工作。幼儿把穿好的扣子去掉,放在盘子里,并整理整齐。

十三、版画

游戏目标

1. 了解殷商时期的文化,并喜欢与同伴分享交流自己的认识。

2. 熟悉并懂得版画的制作过程,能用同一方向刷的方法,进行涂色创作。

3. 学会对印版画的不同表现方式并和同伴愉快合作印制出作品。

版画

游戏准备

围裙、画笔、宣纸、颜料、版画;知道如何正确地拿画笔,并进行涂色。对殷商和安阳的知名建筑物有一定的了解。

游戏玩法

游戏人数:多人。

适宜年龄:5 ~6 岁。

适宜区域:美工区。

活动开始前,幼儿先带好围裙,取出操作材料放在桌子上。排笔粘上颜料均匀地涂在版画上。拿出 A4 大小的宣纸放在版画上轻轻按压,使宣纸粘上版画图案再揭开。和同伴交流自己的作品。

十四、姓名描写

游戏目标

姓名描写

1. 通过在游戏中描一描、写一写的过程中感受甲骨文的文字美。

2. 在描写中锻炼幼儿运笔的控制力，为以后的书写做准备。

3. 了解自己姓名中的甲骨文字，产生对甲骨文浓厚的兴趣，喜欢甲骨文。

游戏准备

姓名描写板、水彩笔、夹板、透明描写纸，有一定的写画经验，之前对甲骨文有一定的认识。

游戏玩法

游戏人数：多人。

适宜年龄：5～6岁。

适宜区域：语言区。

教师出示姓名描写材料，并介绍材料名称。教师演示姓名描写用具的使用方法。任意取出一张姓名描写板，根据描写板上的照片读出幼儿姓名，并找出姓名中的甲骨文。将描写纸放于描写板上，夹在夹板上。取出水彩笔，在描写纸上进行姓名描写。将写好的姓名放在桌面一旁。收拾物品并归位。

十五、甲骨文搭搭乐

游戏目标

1. 感知1～6的数量。

2. 能够根据提示卡上的数字找到相应的纸杯进行搭建。

游戏准备

提示卡、纸杯六个。

游戏玩法

游戏人数:单人。

适宜年龄:3 ~5 岁。

适宜区域:建构区、科学区。

在熟悉甲骨文数字“123456”的基础上,根据提示卡要求,找到有相应水果数量的纸杯,进行垒高。

十六、甲骨文动物吃豆子

游戏目标

1. 锻炼幼儿的手部小肌肉。
2. 遵守游戏规则,体验游戏不同玩法的乐趣。
3. 体验动物类甲骨文的趣味性。

游戏准备

甲骨文动物盘子、彩色木球、筷子一双(或勺子一把)。

游戏玩法

游戏人数:单人、多人。

适宜年龄:3 ~6 岁。

适宜区域:益智区、生活区。

选择甲骨文动物盘子。数一数盘子中甲骨文动物的数量。用筷子夹出相应数量的豆子。难度提升:数清楚甲骨动物后,夹出与盘子边缘相同颜色的豆子。游戏可以根据孩子的年龄不同,制定不同难度的玩法,如:按颜色、按数字、使用筷子或勺子等。

十七、甲骨文风车

游戏目标

1. 锻炼幼儿的语言表达能力。
2. 遵守游戏规则,体验与同伴一起游戏的乐趣。
3. 体验动物类甲骨文的趣味性。

甲骨文风车

游戏准备

甲骨文转盘、甲骨文动物卡片(两张一组,背面分别为“喇叭”和“小碗”)。

游戏玩法

游戏人数:单人、多人。

适宜年龄:3 ~6 岁。

适宜区域:语言区。

石头剪刀布,决定输赢。输者转动转盘,决定需要选取的动物甲骨文卡片。从两张相同的甲骨文卡片中选取一张,翻看背面,显示“喇叭”就学相应甲骨文动物卡片的叫声,显示“小碗”需要说:“小牛爱吃草!”

十八、甲骨文故事骰子

游戏目标

1. 提高幼儿语言表达能力。
2. 发展幼儿的想象力。
3. 体验甲骨文带来的乐趣。

游戏准备

筛子 3 个,时间、地点、人物、事件的图片。

游戏玩法

游戏人数:双人。

适宜年龄:4 ~6 岁。

适宜区域:语言区。

两名幼儿石头剪刀布,决定输赢,赢者撒三个骰子。另一位幼儿根据骰子朝上的图片创编成一段完整的话。一共三个骰子,每个骰子六个面均写着不同的甲骨文字。(第一个骰子甲骨文字内容均为时间或者天气;第二个甲骨文骰子内容均为人物;第三个甲骨文骰子内容均为事件)。

十九、甲骨文华容道

游戏目标

1. 了解《甲骨文华容道》游戏规则,能够根据提示卡进行游戏。
2. 体验到游戏的好玩和有趣。

游戏准备

甲骨文华容道,提示卡。

游戏玩法

游戏人数:1 人。

适宜年龄:4 ~6 岁。

适宜区域:益智区。

看提示卡,按照提示卡图案,把《甲骨文华容道》的图案拼出。

二十、甲骨文转转转

游戏目标

1. 感知不同事物，并尝试进行语言讲述。
2. 能够根据纸杯上的不同事物进行讲解。

游戏准备

纸杯六个。

游戏玩法

游戏人数：单人、多人。

适宜年龄：3 ~4 岁。

适宜区域：语言区。

在熟悉甲骨文字的基础上，转动纸杯，说出上面的甲骨文字或进行故事讲述，可配合儿歌："纸杯转转转，转出××来"。

二十一、解救小动物

游戏目标

1. 感知甲骨文字。
2. 锻炼幼儿手指灵活性。
3. 在游戏情境中，培养幼儿保护小动物的情感。

解救小动物

游戏准备

锁、钥匙、小动物道具。

游戏玩法

游戏人数:多人。

适宜年龄:3 ~6 岁。

适宜区域:益智区。

邀请两名幼儿进行解救小动物的工作,创设情境故事"猎人叔叔把小动物们都关在了笼子里,小动物纷纷发来了求助信号,请小朋友前去支援呢,我们出发吧!"解救小动物的时候,需要小朋友找到与小动物锁上文字相同的钥匙,并念出来,这样才可以配对成功,成功解救小动物。比一比,看谁先把自己前面的小动物解救出来。

二十二、井字棋

游戏目标

1. 锻炼幼儿的思维逻辑能力。
2. 遵守游戏规则,体验与同伴一起游戏的乐趣。
3. 区分甲骨文牛和羊。

游戏准备

九宫格纸板、写有甲骨文牛和羊的棋子。

游戏玩法

游戏人数:双人。

适宜年龄:5 ~6 岁。

适宜区域:益智区。

把 3 个一样的棋子(三个棋子都是牛,或者都是羊)连成一条线即为获胜。可以横线连、竖线连、对角连,还可以阻挡对方:如果对方有两粒连子,阻止对方构成 3 连。

二十三、十二生肖拉火车

游戏目标

1. 加深巩固对十二生肖。(属相)的认识。

2. 看到相同的属相,知道把两个相同属相中间的全部拿走。

3. 乐于与小朋友一起游戏。

游戏准备

十二生肖卡片。(卡片上有相应甲骨文字)

游戏玩法

游戏人数:多人。

适宜年龄:5 ~6 岁。

适宜区域:益智区。

两个或以上的小朋友手持均分的卡片,将手中的牌保持牌面向下。按照顺时针或逆时针的顺序轮流出牌,每个人只能出自己手中最上面的一张。按照出牌顺序将牌叠起,能看到牌面属相就行。发现自己出了和上面叠起的任意牌属相相同的玩家,将获得从与自己所出的牌相同属相的那张开始到自己的牌中间所有的牌,然后将赢得的牌放入自己手中牌堆最下面,该玩家再接着从牌堆上面拿牌,出牌。

游戏直到一个人将别人手中的牌全部赢去,游戏结束,拥有全部手牌的人赢。

二十四、看图猜成语

游戏目标

1. 提高幼儿观察力、语言表达力。

2. 培养幼儿的合作意识。

游戏准备

甲骨文成语、甲骨文成语对应图。

游戏玩法

游戏人数:双人。

适宜年龄:5 ~6 岁。

适宜区域:语言区。

两位幼儿面对面,一位幼儿看图,观察所看到的图画内容进行猜测成语。换另一名幼儿进行成语猜测。猜出成语最多的幼儿获胜。

二十五、拓印

游戏目标

1. 培养幼儿耐心、细心的良好品质。

2. 通过拓印了解安阳地域文化,培养热爱家乡的情感。

3. 提高幼儿动手操作能力。

游戏准备

墨水、宣纸、排刷、甲骨拓印版。

游戏玩法

游戏人数:3 人。

适宜年龄:5 ~6 岁。

适宜区域:美工区。

幼儿选择自己想要拓印的版块,准备好各项物品之后,进行拓印。用排刷蘸取墨汁,在拓印版上进行均匀涂抹。将宣纸平整放在拓版上,并用刮板在宣纸上从上到下轻轻抚平,使宣纸全部沾上墨汁。将宣纸轻轻由下往上揭起来,最后将作品挂起来晾干。

二十六、有趣的甲骨文沙画

游戏目标

有趣的甲骨文沙画

1. 了解甲骨文沙画的基本作画方法。
2. 制作甲骨文沙画并认识甲骨文。
3. 体验甲骨文沙画的美。

游戏准备

固体胶、色沙、纸杯、甲骨文字。

游戏玩法

游戏人数:2 人。

适宜年龄:5 ~6 岁。

适宜区域:美工区。

听到进区音乐,选择材料。幼儿开始进行区域游戏活动制作甲骨文沙画。

幼儿用胶棒将甲骨文字涂抹均匀。把色沙平铺在甲骨文字上,平铺完之后用手指轻轻地将甲骨文字上的色沙放均匀。幼儿把作品拿起来抖一抖没有粘上去的色沙,倒入纸杯中。完整的甲骨文沙画就完成了。听到收工作的音乐,整理材料。

二十七、大气循环

游戏目标

大气循环

1. 通过游戏了解大气循环的规律,对自然现象感兴趣。
2. 培养幼儿语言表达能力以及逻辑思维能力。
3. 体验与同伴共同游戏的乐趣。

游戏准备

大气循环图背景、甲骨文字云、雨、山、水、林、气(背面粘有子母粘扣)。

游戏玩法

游戏人数:双人。

适宜年龄:5 ~6 岁。

适宜区域:科学区。

两位幼儿交替粘贴甲骨文字,粘上之后要说出来自然现象以及原因,之后下一位幼儿再进行接龙粘贴,也要说出来与上一个自然现象的关系。全部粘贴完毕之后,幼儿要将整个大气循环图完整地讲述一遍。云朵里聚集了很多小水滴,当水滴越来越多的时候,云朵就会往下沉,就会掉落下来变成雨水;雨水落到大山上,又因为水往低处流,雨水就会流到小溪和小河里变成水;有些水会因为气温升高而蒸发变成气;另一部分植物的根会吸收水分,植物会制造氧气。游戏可反复进行。

二十八、十二生肖砂子板

游戏目标

1. 认识十二生肖砂子板甲骨文。
2. 能够在认识中动手描摹,并且物字对应。
3. 感受甲骨文砂子板在描摹中带来的乐趣。

游戏准备

十二生肖甲骨文动物纸杯图案;十二生肖甲骨文砂子板;播放音乐进行游戏。

游戏玩法

游戏人数:单人。

适宜年龄:4 ~6 岁。

适宜区域:语言区。

教师介绍工作用具:十二生肖砂字板,并示范描摹方法:教师伸出食指,沿着砂字板的线条进行描摹。教师将描摹过的砂字板放于桌面,依次摆开后,进行字物对应。

幼儿取出砂字板进行描摹,孩子进行十二生肖砂字板字物对应摆放。幼儿整理物品,将教具归位。

二十九、小鱼排排队

游戏目标

1. 认识不同的颜色，知道甲骨文鱼的外形特征。
2. 遵守游戏规则，能够根据颜色进行排序。

游戏准备

游戏底板、各种颜色的小鱼若干。

游戏玩法

游戏人数：单人、多人。

适宜年龄：3～6岁。

适宜区域：益智区。

说出底板上的颜色排序。根据颜色提示拼摆小鱼。再次验证排序顺序。

三十、娃娃吃糖豆

游戏目标

1. 锻炼幼儿手眼协调能力，提高幼儿思维能力。
2. 体验参与甲骨游戏的快乐。

游戏准备

操作盒一个、自制糖豆若干个。

游戏玩法

游戏人数：单人、多人。

适宜年龄：3～6岁。

适宜区域:益智区。

把糖豆放入盒子上方。小手晃动盒子,眼睛观察糖豆的位置变化。最后将糖豆全部晃动到嘴巴里。

三十一、文字大印章

游戏目标

文字大印章

1. 通过操作,了解印章画方法并锻炼幼儿的手眼协调能力。
2. 能保持地面和衣服的整洁,体验动手操作的快乐。
3. 在活动中,认识安,阳,林,木,云等甲骨文字。

游戏准备

甲骨文大印章、排笔、颜料、笔托、A4 纸。。

游戏玩法

游戏人数:单人、多人。

适宜年龄:4 ~6 岁。

适宜区域:美工区。

教师讲解活动方法,游戏开始前,幼儿需要先把大印章、A4 纸、排笔和颜料等材料放在走廊内,用排笔沾过颜料后朝同一方向刷的方法在甲骨文大印章上均匀涂色,然后印在 A4 纸上。

两个幼儿为一组开始操作,一位幼儿选择甲骨文印章,另一位幼儿选择相同的汉字,进行涂色和拓印。

分享环节时,向好朋友展示自己的作品并讲述操作过程。

两个小朋友一个人负责把大印章放在区域内,另外一个幼儿负责清洗排笔,把排笔和颜料等放到柜子里。

三十二、甲骨文配配乐

游戏目标

1. 锻炼幼儿手指肌肉。

2. 发展幼儿精细动作水平。

甲骨文配配乐

游戏准备

贴有甲骨文字的瓶盖、饮料瓶口粘在硬纸板上制成的“甲骨文配配乐”材料。

游戏玩法

游戏人数:单人、双人。

适宜年龄:3～4岁。

适宜区域:生活区。

一人进行操作,按照瓶盖上对应的甲骨文字将瓶盖拧在瓶口。两人进行比赛,看谁拧的瓶盖多,且正确率高。

三十三、甲骨魔术包

游戏目标

1. 通过游戏,培养孩子对文字的兴趣。

2. 与图片对应,了解文字演变。

游戏准备

图案、对应汉字、甲骨文字、不织布做成的《甲骨文魔术包》材料。

游戏玩法

游戏人数:单人。

适宜年龄:3 ~4 岁。

适宜区域:语言区。

选择感兴趣的魔术包,翻开指认,通过图片与文字的对应,了解文字的演变。

三十四、数点对应

游戏目标

1. 通过操作让幼儿学习 10 以内的数与量的对应。
2. 操作中感知数与量的对应关系。

数点对应

游戏准备

数字卡片、纸杯、操作板。

游戏玩法

游戏人数:单人、双人。

适宜年龄:3 ~6 岁。

适宜区域:益智区。

自己在底板上随意摆放数字贴,根据贴卡信息对纸杯上的圆点进行点数,并对应叠放。在根据阿拉伯数字摆出甲骨文数字。

三十五、数的分解

游戏目标

1. 学习 10 以内的分解、组成,初步探索组成的基本规律。
2. 掌握组成的递增、递减规律、互相交换的规律。

游戏准备

操作板、数字卡片、数字瓶盖。

游戏玩法

游戏人数:单人、双人。

适宜年龄:3~6岁。

适宜区域:益智区。

幼儿将数字瓶盖拧到对应的甲骨文瓶口上,然后对应数字卡片进行数的分解。

户外游戏

一、跳皮筋

游戏目标

1. 探索掌握跳皮筋的玩法。
2. 发展幼儿双脚协调地跳，培养幼儿相互合作游戏。
3. 感受甲骨文三字经跳皮筋的乐趣。

游戏准备

皮筋一条、音乐。

游戏玩法

游戏人数：6 人。

适宜年龄：5～6 岁。

三个幼儿呈三角形队形，将皮筋放膝盖弯站好，另外三名幼儿跳皮筋。先让幼儿尝试练习跳皮筋动作，再进入三角形皮筋外围开始做准备跳。音乐开始后，幼儿依次顺时针转到下个皮筋位置开始跳，一边跳一边说甲骨文儿歌。直到儿歌结束，教师可在一旁指导幼儿跳皮筋动作。

二、甲骨文翻翻乐

游戏目标

1. 锻炼幼儿的快速反应能力,促进幼儿手眼协调的发展。
2. 在游戏的过程中,感知色子上的甲骨文和汉字的不同,并试着认一认。
3. 培养合作意识,养成遵守规则的好习惯。

游戏准备

色子,甲骨文,汉字,音箱,背景音乐。

游戏过程

游戏人数:多人。

适宜年龄:5 ~6 岁。

幼儿分为 AB 两组,站在色子的两侧。A 组是甲骨文字,B 组是汉字。当音乐响起的时候,幼儿开始翻动色子,翻成自己需要的色子。音乐结束,幼儿回到自己的位置上站好。音乐停止,检验成果。老师搬起一个色子,问:“这是什么字”。幼儿:“甲骨文‘木’”。老师将甲骨文摆到 A 组面前。幼儿逐一读色子上的字,老师将色子对应地放到两组幼儿面前。最后看看哪组翻的色子数量多,哪组获胜。

三、小皮球拍一拍

游戏目标

1. 听老师的指令做动作。
2. 加深对甲骨文数字 1—5 的认识。
3. 乐于参与游戏。

游戏准备

甲骨文数字卡片(卡片上有相应甲骨数字)。

游戏过程

游戏人数:多人。

适宜年龄:4~6岁。

老师当拍皮球的人,手里拿甲骨文数字卡。小朋友蹲下当小皮球。边说儿歌边游戏,老师:“小皮球拍一拍”,小朋友:“拍几下”。老师出示卡片,并说出卡片上的数字。例如:“小皮球跳五下”(并出示数字5),小朋友跳五下,跳完后再次蹲好,准备下次游戏。游戏可以重复进行,也可以交换角色,让小朋友扮演拍皮球的人。

四、追逐赛

游戏目标

1. 练习快跑和躲闪跑,提高身体的灵敏度和协调性。
2. 认识甲骨文“日、云、风、木、墙、鼠”,熟悉游戏的玩法。
3. 体验游戏带来的乐趣。

游戏准备

甲骨文字两组。

游戏过程

游戏人数:多人。

适宜年龄:4~6岁。

幼儿自由选择甲骨文字并佩戴。幼儿手拉手围圆。选择到角色“猫”的幼儿站到圆中心,并闭着眼睛数1、2、3去抓角色“鼠”。被抓的孩子迅速逃跑并去找克猫的角色“日”。根据角色相克关系,游戏循环进行。被抓到幼儿则到圈内进行节目表演。并成为下次游戏的发起者,游戏循环进行。

五、哪个字不见了

游戏目标

1. 提高幼儿记忆力,注意力和快速反应能力。

2. 培养幼儿两两合作的良好品质。

3. 在游戏中体验甲骨文字所带来的乐趣。

游戏准备

甲骨文影子墙、音乐。

游戏过程

游戏人数:多人。

适宜年龄:5 ~6 岁。

幼儿自主分配和选择自己的角色。音乐响起时,A 组幼儿站在影子墙前进行单独或者合作拼摆,另外有 B 组幼儿进行影子墙字的观察和记忆。音乐停止以后,摆字的 A 组幼儿与猜字的 B 组幼儿统一到影子墙的后面进行猜字。音乐响起,游戏开始。摆字的 A 组幼儿随机摆字,B 组幼儿观察寻找现在哪个甲骨文字没有被摆出来,并进行抢答,答对的幼儿有粘贴奖励,最后比一比谁的粘贴最多就是猜字小能手。

六、版筑

游戏目标

1. 锻炼动手能力。

2. 培养团结合作能力。

3. 了解古代的筑墙方法,在玩中感受版筑。

游戏准备

铲子两把、小桶两个(一个装水一个装土)大桶两个(一个装可用的土一个装垃圾)、盆一个、筛子、模具一套、有水源的场地、墙上有版筑的图片和简介、对版筑有了一定了解。

游戏过程

游戏人数:多人。

适宜年龄:5 ~6 岁。

铲土、筛土、加水搅拌、装模具、夯实、脱模具、幼儿自主进行分工,选择工作,相互配合完成工作。

成果篇

一、宣传报道

1. 人民日报海外版宣传报道

2023年3月23日 星期四

人民日报 海外版

中国故事 05

“中国的汉文字非常了不起”

28日下午，习近平考察了位于安阳市西北郊洹河南北两岸的殷墟遗址。殷墟是我国历史上第一个文献可考、为考古发掘所证实的商代晚期都城遗址。习近平步入殷墟博物馆，仔细观摩青铜器、玉器、甲骨文等出土文物。随后，习近平来到车马坑展厅，察看商代畜力车实物标本和道路遗迹。他指出，殷墟出土的甲骨文为我们保存3000年前的文字，把中国信史向上推进了约1000年。殷墟我向往已久，这次来是想更深地学习理解中华文明，古为今用，为更好建设中华民族现代文明提供借鉴。中国的汉文字非常了不起，中华民族的形成和发展离不开汉文字的维系。在这方面，考古事业居功至伟。考古工作要继续重视和加强，继续深化中华文明探源工程。中华文明源远流长，从未中断，塑造了我们伟大的民族，这个民族还会伟大下去的。要通过文物发掘、研究保护工作，更好地传承优秀传统文化。习近平强调，中华优秀传统文化是我们党创新理论的“根”，我们推进马克思主义中国化时代化的根本途径是“两个结合”。我们要坚定文化自信、增强做中国人的自信心和自豪感。

——摘自《习近平在陕西延安和河南安阳考察时强调 全面推进乡村振兴 为实现农业农村现代化而不懈奋斗》（2022年10月29日《人民日报》刊发）

甲骨文“活起来”了！

陈振凯 侯婧怡 徐玉清

3月18日至19日，河南省安阳市。

“甲骨文识读大会”初赛，在殷墟宫殿宗庙遗址举行。600名入围者中，有80多岁退休职工，也有不满6岁的幼儿园孩童。自1月1日起，这一活动已吸引了河南、江苏、安徽、新疆、广西、天津等地11万余名选手参与海选。

一些网友感慨，“甲骨文又火了！甲骨文‘活起来’了！”

日前，笔者来到“甲骨文的故乡”河南省安阳市，寻访甲骨文的故事。

甲骨学人的步履

甲骨文的身影

殷墟考古的持续

图4-1-1 2023年3月23日人民日报海外版宣传图片

2. 中国之声《新闻进行时》栏目宣传报道

图 4-1-2　2023 年 6 月 2 日中国之声《新闻进行时》栏目宣传图片

3. 中国教育报宣传报道

中国教育报

ZHONGGUO JIAOYU BAO

2024年8月10日 星期六

在党纪学习教育中汲取奋进力量

——教育部直属高校推动党纪学习教育见行见效综述

甲骨呈奇 文明闪耀

——"跟着课本读中国"之河南篇

甲骨一片，字传千年

以"字"化人，以美育人

联通中外，焕活新生

聚焦求职需求 创新服务模式 整合多方资源

各地创新举措促进大学生就业

千方百计促进大学生就业

海南推进中小学教师职称评聘改革

人才称号不再作为限制性条件

云南加大义务教育教师交流轮岗力度

推动骨干教师和优秀校长到薄弱学校任职任教

图 4-1-3　2024 年 8 月 10 日中国教育报宣传报道

4. 甲骨文特色课程亮相中国教育电视台

幼儿园不不断创新传统文化,构建品牌特色,展现时代风采,开展了幼儿甲骨文的教育与研究,秉承一日生活即教育的理念,以游戏为载体,将生涩难懂的甲骨文演化成一幅幅活泼有趣的字和画,开发了文字之美、穿越甲骨、中华文明斗兽棋、探秘之旅等寓教于乐的游戏活动,通过游戏将优秀的传统文化全方位融入幼儿园一日生活、艺术体育教育、社会实践教育各环节,致力构建扎根中国地方文化土壤的园本课程,充分利用地域资源开展学前教育,创设浓厚的殷商文化主题环境,让孩子受到中华优秀文化的熏陶,才能让我们的下一代拥有深层而持久的真正文化自信。

2022 年 8 月 22 日,中国教育电视台发现中国栏目用时 5 分 40 秒对我园甲骨文特色课程进行报道,助力安阳幼教走向全国前列。

图 4-1-4　2022 年 8 月 22 日中国教育电视台宣传报道

5. 河南省首批甲骨文教育特色学校

根据河南省教育厅办公室《关于开展甲骨文教育特色学校评选工作的通知》(教办社语〔2020〕134 号)精神,经省教育厅委托专家评审,2020 年 11 月,安阳市北关区区直幼儿园荣获河南省首批甲骨文教育特色学校,也是唯一一所幼儿园入选单位。

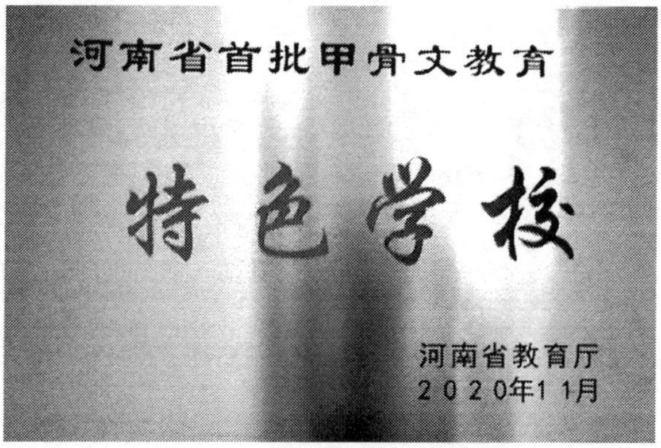

图 4-1-5　2020 年 11 月河南省首批甲骨文教育特色学校

6. 甲骨文明研学基地

2019 年 11 月 30 日，安阳市北关区区直幼儿园举行了幼儿甲骨文特色教学研讨活动，邀请到中国殷商协会名誉会长王宇信先生、安阳师范学院历史与文博学院院长郭旭东先生、安阳师范学院历史与文博学院教授，原中国国家博物馆研究院副院长于成龙先生、安阳师范学院历史与文博学院李孝善(韩国)讲师等著名甲骨学家亲临教研现场零距离指点，面对面交流，安阳市教育局局长黄艳、北关区教育局局长刘贵海等领导亲临指导。

中国殷商协会名誉会长王宇信先生向安阳市北关区区直幼儿园授牌，肯定了我们在甲骨文明传承与教学研究中的成绩，与会专家指出：在幼儿园进行深奥的甲骨文教学研究，以孩子喜爱的游戏活动为载体，贯穿于一日生活的各环节，把生冷的甲骨文做活了，北关区区直幼儿园进行了有益的尝试，取得了一定的成绩，很好地承担了弘扬优秀文化的使命，建议下一步对教师进行殷商文化专业培训，将幼儿甲骨文教学系统化，创建全国性的甲骨文教学研学基地。

图 4-1-6　2019 年 11 月 30 日甲骨文明研学基地奖牌

7. 安阳市 2018 年度教育工作亮点和亮点展示先进单位

根据《安阳市教育局关于印发安阳市教育系统年度教育工作亮点展示活动方案(试行)的通知》(安教督〔2012〕434 号)，市教育局组织人员对各单位上报的教育工作亮点进行认真评审，我园申报的《弘扬殷商文化 · 传承中华经典》荣获安阳市 2018 年度教育工作亮点和亮点展示先进单位。

附件

安阳市2018年度教育工作亮点和亮点展示先进单位

序号	单位	内容
1	安阳市实验幼儿园	探访安阳在地文化　搭建师幼成长平台
2	安阳市实验中学	极课大数据系统引导下的高中精准化教学
3	安阳市第十中学	剪纸艺术传承教育
4	安阳市第六十六中学	让每个生命都绽放精彩
5	安阳市东关小学	小报大世界　巧手绘春秋
6	安阳市中等职业技术学校	创新管理模式　打造中职品牌
7	林州市振林学校	体艺课程增辉振林　特色教育筑梦童心
8	安阳市文峰区第二实验小学	翰墨飘香　致美校园
9	安阳市北关区区直幼儿园	弘扬殷商文化　传承中华经典
10	安阳市第二十中学	行礼仪规范　做少年君子
11	安阳市钢三路小学	依托社区资源　开发校本课程
12	安阳市南厂街小学	让创客教育助力学校创新发展
13	安阳市深蓝高级中学	深入开展爱国主义教育

图 4-1-7　安阳市 2018 年教育工作亮点和亮点展示先进单位名单

8. 华东师范大学周念丽教授莅临北关区区直幼儿园讲学并指导教科研工作

2017 年 10 月 26 日，国培计划（2017）安阳幼专乡村幼儿园教师培训项目国培班的讲座活动在安阳市北关区区直幼儿园举行，特邀国培讲师——华东师范大学学前教育系周念丽教授为国培班学院及区直幼儿园的老师讲学。周教授举行了《基于跨文化视野透视学前教育的理念的四国幼教比较》和《基于传统文化的树立幼儿民族文化自尊的思考》两场讲座，分别从不同角度阐释了最前沿的幼教理念，大量翔实的案例给予学员帮助和指导。

讲学结束后，周教授对区直幼儿园承担的国家级课题《“中国文字文化”幼儿课程》实验工作给予的具体指导，更好的传承地域文化，拓展素质教育。通过周教授亲临指导更进一步提升了幼儿园教师的教科研水平，促进整体工作不断提高。

图 4-1-8　华东师范大学周念丽教师临我园进行学术讲座

9. 著名教育家朱家雄教授莅临北关区区直幼儿园举行学术讲座

为提升幼儿园教科研水平，树立和强化课题研究意识，增强课题研究能力，提升园本课程建设水平。2023 年 4 月 20 日—21 日，安阳市北关区区直幼儿园特邀华东师范大学学前教育系终身教授、博士生导师，中国教育学会学术委员会顾问，朱家雄先生和河南省学前教育微主编孙敏女士来园进行课程指导和学术讲座活动。朱家雄教授以《幼儿园课程与教育活动》为题向我们呈现了一场精彩的学术讲座，安阳市幼儿教育高等专科学校、北关区教育局、河南省教育厅机关服务中心管城青山路幼儿园、周口市市直幼儿园、安阳市实验幼儿园、林州市教育局学前教育指导服务中心及北关区教育局所有公民办幼儿园等十余家幼儿园园长和教师共 300 余人一起聆听了朱教授的讲座。

图 4-1-9　著名教育家朱家雄教授莅临我园进行学术讲座

10. 中国殷商协会名誉会长王宇信先生莅临北关区区直幼儿园指导

为展示幼儿园幼儿甲骨文特色教学成果，总结成熟经验与不足，更好地进行甲骨文特色教学与研究，2019 年 11 月 30 日，安阳市北关区区直幼儿园举行了幼儿甲骨文特色教学研讨活动，有幸邀请到中国殷商协会名誉会长王宇信先生、安阳师范学院历史与文博学院院长郭旭东先生、安阳师范学院历史与文博学院教授，原中国国家博物馆研究院副院长于成龙先生、安阳师范学院历史与文博学院李孝善（韩国）讲师等著名甲骨学家亲临教研现场零距离指点，面对面交流，安阳市教育局局长黄艳、北关区教育局局长刘贵海等市区教育局领导亲临指导。

图 4-1-10　中国殷商协会名誉会长王宇信先生莅临我园指导

11. 安阳电视台《直播安阳》栏目宣传报道

图 4-1-11　2023 年 2 月 22 日安阳电视台《直播安阳》栏目宣传报道

12. 安阳日报宣传报道

教育 3
学生篇
关闭“假期模式” 收心迎开学
教师篇
努力向上 未来可期
专家建议
调整心态 适应新环境
安阳师范学院数学与统计学院宣讲团
用数字讲述红旗渠故事
以青春弘扬红旗渠精神
高新区银杏小学
学习防震减灾知识
提升自救互救能力
北关区区直幼儿园
展示甲骨文教学成果
推动园本课程质量提升
“课本游”走红 配套举措须跟上
杏坛随笔

图 4-1-12　2023 年 8 月 11 日安阳日报宣传报道

13. 安阳市教育局微信公众号宣传报道

安阳市教育局 >

炫甲骨之风 助幼小衔接

幼小衔接优秀视频案例

安阳市教育局

北关区

区直幼儿园

甲骨文是中华优秀传统文化的根脉。北关区区直幼儿园充分利用甲骨文的独特教育价值，有目的、有计划地将甲骨文游戏融入区域活动。在

图 4-1-13　2022 年 5 月 25 日安阳市教育局微信公众号宣传报道

14. 安阳党建微信公众号宣传报道

【专家人才】高静：实干笃行谋发展 倾情教育铸辉煌

人才工作科 安阳党建

2022-07-21 18:07

发表于河南

收录于合集 #专家人才 12个>

不忘初心 牢记使命

安阳党建 >

实干笃行谋发展 倾情教育铸辉煌

——记安阳市市管专家、北关区区直幼儿园园长 高静

高静，民进成员，中学高级教师，现任北关区区直幼儿园园长。先后荣获河

图 4-1-14　2022 年 7 月 21 日安阳党建微信公众号

15. 河南郑大人才微信公众号宣传报道

图 4-1-15　2024 年 4 月 11 日河南郑大人才微信公众号宣传报道

16. 口袋幼师学院微信公众号宣传报道

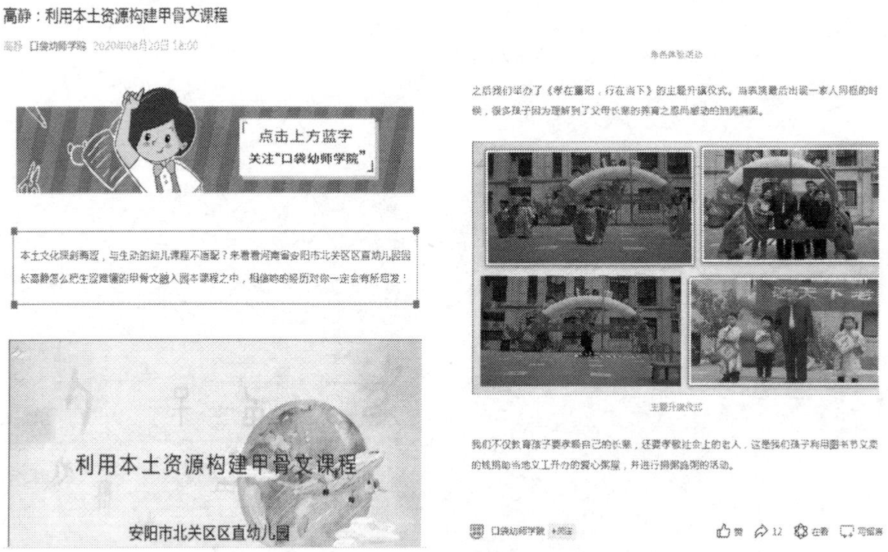

图 4-1-16　2020 年 8 月 20 日口袋幼师学院微信公众号宣传报道

17. 哈灵教育微信公众号宣传

图 4-1-17　2020 年 9 月 18 日哈灵教育微信公众号宣传报道

18. 学前微主编微信公众号宣传报道一

图 4-1-18　2024 年 2 月 24 日学前微主编微信公众号宣传报道一

19. 学前微主编微信公众号宣传报道二

图 4-1-19　2023 年 8 月 10 日学前微主编微信公众号宣传报道

20.《动漫界·幼教365》专题采访报道(组图)

图4-1-20 《动漫界·幼教365》专题采访报道一

Featured kindergarten
一园一品
幼教365·管理|2024年5月
E-mail:youjiao365qq@163.com

童真触碰千年古韵

——访河南省安阳市北关区区直幼儿园

文|本刊记者　姜　猛　马　亮

自2017年起，高静园长带领教师开始探索幼儿园甲骨文文化的课程研究，构建以传统文化与学前教育相融合的、独具“文字之都——安阳”地域特色的甲骨文园本课程。他们紧密依托《纲要》《指南》，通过多途径融合和多路径探索，深刻剖析幼儿的年龄、心理、生理特点和兴趣点，以游戏化教学活动为载体，先后开发了一系列寓教于乐、寓乐于教的甲骨文游戏活动课程，真正做到了让幼儿在“玩中学，学中玩”。

深秋，阳光透过枝杈间的缝隙投下了斑驳的光影，片片桐叶晃晃悠悠地飘落下来，犹如金子铺满地面。

上午8时30分许，我们匆匆赶到了河南省安阳市北关区区直幼儿园（以下

只见一位佩戴着耳麦的小男孩，一手指向十二生肖墙上的“ ”字标牌，一手招引参观人员，朗声说着：“大家猜猜看，这个字是十二生肖中的哪一个？”

一众成人仔细看了看，很快就给出

喽！”小男孩面露喜色，说道：“对！这是甲骨文中的‘牛’字。给你们送上‘大拇指’，祝你们牛气冲天！”说着，他引领众人移步，伸手指向十二生肖墙上的“ ”字标牌，并再次提问。

图4-1-21　《动漫界·幼教365》专题采访报道二(1)

Featured
kindergarten
一园一品

猜是“马”，有人猜是“狗”，还有人猜是“猴”……小男孩听着听着，不由得跺起了脚，说道：“哎呀！怎么没人猜这个字是‘虎’呀？这是‘虎’，虎虎生威的‘虎’！”小男孩又解释道：“古人在造字时，大都抓住动物的主要特征来设计。大家看，这个字的最上面像不像血盆大口？中间的纹路像不像斑纹？拥有血盆大口和满身斑纹的就是被称为百兽之王的老虎。”

“这是我园的‘甲骨文十二生肖互动墙’。今天，安阳师范学院国培班的学员来我园观摩，大(3)班的俊泽小朋友是讲解员。”北关区区直幼儿园园长高静笑着解释道，“当市培、省培和国培的学员来园观摩、交流和研讨时，我们都会安排孩子们当讲解员，带领大家畅游园所环境，一起走进甲骨文的世界。”

于是，我们赶紧融入安阳师范学院国培班学员的人流，开始了对园所甲骨文世界的探寻。

一所甲骨文特色幼儿园

提起甲骨文，很多人会自然而然地将其与古老、悠久等词语联系在一起。但在这座高楼围裹的幼儿园里，甲骨文元素随处可见。

院墙上，有古色古香的十二生肖甲骨文木刻；树荫下，有惟妙惟肖的钢制甲骨文穿越墙；大厅里，有河南省安阳市殷墟出土的国宝虎纹石磬和妇好墓出土的五柄组合铜铙的仿制品；楼梯间，展示有“车马坑”“妇好”“晴雨碑”“大王翻车”等讲述甲骨文时代的探秘故事；走廊中，有依托甲骨文制作出的儿歌、绘画、拓印、扎染、剪纸等创意作品……大家边走边看，不时溢出赞叹之词。

运动场上，孩子们自由建构。有的选择独立行动，有的选择团队作战。孩子们除了搭建城堡、摩天轮、秋千和滑梯外，还搭建了殷墟、文峰塔、红旗渠、中国文字博物馆等安阳市标志性场所。

射箭场上，孩子们大展身手。抽箭、搭弓、瞄准、射发，一支支箭奔向靶子，有的射中靶心“[illegible]”字，有的射中“[illegible]”字，有的射中“[illegible]”字，有的射中靶心最外环“[illegible]”字。孩子们不时爆发出一阵欢呼声：“我射中了！我射中了！”

版筑工地里，孩子们分工协作，铲土、筛土、加水搅拌、装填模具、手执木杵夯实、拆卸模具……原来，这是户外游戏“版筑玩玩乐”。孩子们可以在动手实践中感受版筑技术，了解殷商时期制砖和筑墙的方法。

教室里，孩子们畅谈“好吃的甲骨文”。瞧！加餐时间到了，生活老师给每个小组分发了一份甲骨文创意图案饼干，立刻吸引了孩子们的目光。这个孩子说：“我选‘[illegible]’，圆圆的像太阳。”那个孩子说：“我选‘[illegible]’，弯弯的像小船。”孩子们将饼干拿在手里，一边欣赏一边交谈，小心翼翼地将其放进嘴巴里细细品尝。有的孩子说：“哎呀，我真不舍得吃掉这个‘甲骨文字宝宝’。”同伴说：“那你别吃了，好好收藏吧！”原来，孩子舍不得吃的“甲骨文字宝宝”，上面有惟妙惟肖的牛、羊、马、虎呀！

一片甲骨惊天下，一园元素皆甲骨。甲骨文文化已深深地渗透进了幼儿园的每个角落，孩子们可以通过看、玩、吃、画等不同形式感知甲骨文蕴藏的独特含义，抚触甲骨文印刻的厚重文化。在这所幼儿园，甲骨文不再是晦涩难懂的文字，而是生动有趣的玩伴，甲骨文已走进了孩子们的视野和内心。

苏联教育家凯洛夫说：“在儿童美育中起着重大作用的是他们对周围环境的无知无觉。”创设一个优美的育人环境，使幼儿浸润其中，潜移默化地受到文化熏陶，这是实施美育的重要途径。在北关区区直幼儿园，从户外到室内，从墙壁到地板，全部围绕“甲骨文的美”进行环境创设，既相互辉映又独成华章。孩子们用眼睛观察，用耳朵聆听，用大脑构思，用言语表达，用双手创造，既开阔了眼界，又开启了认识中华汉字文明的一扇窗户。孩子们在认识甲骨文的过程中，感受汉字之美及其背后博大精深的中华传统文化，大大提升了人文与审美素养。

图 4-1-22 《动漫界·幼教365》专题采访报道二(2)

E-mail:youjiao365qq@163.com

一位甲骨文幼教践行者

这满园甲骨文的"美",得益于园长高静的倾情打造。

高静与甲骨文的结缘有一段长长的故事。2001 年,高静通过公选从河南省安阳市人民大道小学竞聘到北关区区直幼儿园任副园长,三年后出任园长。一次,高静接待一位从外地到安阳游玩的朋友。途中,朋友指着路边标牌上的一个甲骨文询问这是什么字,高静被难住了。朋友打趣道:"作为安阳人竟然不认识几个甲骨文。"这次"难堪的经历"深深地触动了高静的心,随后她开始认真学习甲骨文。随着学习的深入,高静发现:甲骨文孕育着独特的艺术美,其兼备的象形、指事、会意、形声尤其值得欣赏和品味。更让高静欣喜的是,北关区区直幼儿园位于中国文字博物馆和殷墟博物院之间,相当一部分孩子的家长正是中国文字博物馆和殷墟博物院的工作人员,对甲骨文非常熟稔,其中不乏优秀的甲骨文研究人员和金牌解说员。就这样,高静有了一个大胆的想法:安阳被誉为"文字之都",我们的孩子生于斯长于斯,了解甲骨文可谓"近水楼台",何不将甲骨文引进校园,让孩子们在学前教育阶段就接触和亲近甲骨文,感受甲骨文蕴含的博大精深的中华传统文化。

可甲骨文毕竟是古老文字,很多成来,通过调查走访、进修学习和专家研讨,一点点梳理出了具体的思路。在幼儿园开展甲骨文活动,并非传统意义上的让孩子们认识甲骨文,而是将甲骨文文化融入他们的一日生活,引领他们在沉浸式环境里感受、感知和感触甲骨文。于是,在高静的带领下,园所开始全方位、立体化地创设"以儿童为本"的具有浓郁甲骨文文化元素的环境,使甲骨文成为抬眼可见、触手可及的别致风景。

新的问题接踵而至。在《3~6 岁儿童学习与发展指南》(以下简称《指南》)的要求下,如何在传承优秀传统文化的基因中把握一个合适的尺度,既符合幼儿的身心健康发展需要,又能有效避免"小学化"倾向?高静又陷入了思考中……

很幸运的是,高静遇到了华东师范大学的周念丽教授。一次,高静外出参加一场学术研讨会,其间周念丽教授谈及"活教育理论下的古文字的开发与利用"时说到:"老祖先留下的珍宝,我们有责任把它发扬光大。"高静听后豁然开朗,并在会议结束后找到周念丽教授,两人相谈甚欢。2017 年,北关区区直幼儿园牵手华东师范大学,共同成立了以周念丽教授和高静园长为主导的甲骨文课题组。课题组秉承陈鹤琴先生的"活相融合的具有地域特色的甲骨文园本课程,还对如何开发以中华优秀传统文化为抓手的园本课程资源展开了探索。

在周念丽教授的指导下,高静以《幼儿园工作规程》《幼儿园教育指导纲要(试行)》(以下简称《纲要》)、《指南》等为依据,在已构建的甲骨文环境基础上,一步一个脚印地践行着传承中华优秀传统文化的初心。高静优选人员,成立了专门的甲骨文研讨工作小组;她组织研讨,制订出了一套较完整的甲骨文特色幼儿园创建发展规划;她强化培训,引领全体教师从悠久、厚重的甲骨文文化中汲取营养,使教师在甲骨文教育教学中迅速成长;她大胆探索,尝试将甲骨文和五大领域相结合,打造了以语言活动为主渠道,以甲骨文文字长廊、穿越甲骨文、甲骨文艺术空间、甲骨文特色游戏、甲骨文建构、甲骨文食育坊、甲骨文非遗工坊等为辅助的"一体多翼"甲骨文特色园本课程;她别出心裁,创建了甲骨文创意作品陈列室,展示教师和幼儿的绘画、手工、泥塑和书法等甲骨文作品;她统筹协调,整合园所、家庭和社会等多方资源,推动甲骨文学习"走出去、引进来、向四方"

一年又一年,高静对甲骨文的钻研越来越深,并常常有令人眼前一亮的独到见解,她也成为声名远扬的"甲骨文园

图 4-1-23　《动漫界·幼教 365》专题采访报道二(3)

Featured
kindergarten
一园一品

成效等都发生了翻天覆地的变化，真正成为一所极具浓郁地域文化特色的“甲骨文幼儿园”。从园所走出的孩子们在其后续的发展和成长过程中也纷纷表现出了专注有序、自主独立、喜爱探究、主动学习等优秀品质。

周念丽教授说过：“要做‘有根’‘有魂’的中国学前教育。”但根在哪里？魂在何处？经过多年摸索，高静带领的北关区区直幼儿园给出了答案：在今天这个时代，我们要确立中国学前教育自信，就要基于本土文化的实践探索！正如高静园长所说，“北幼的孩子通过耳濡目染，从小接触和了解甲骨文，懂得文字背后的文化内涵。未来，无论他们走多远，中华文化将是他们永不消退的文化底色，中华美德也将会内化于心、外化于行”。

一门甲骨文教育美课程

朱永新教授说：“如果没有卓越的课程，教室里的生命之花就不可能绽放。”因此，创设美的教室和演绎美妙的课堂就意味着教师和幼儿共同建构一门课程，努力向完美靠近。

在多功能厅，我们有幸观摩了韩方会老师执教的大班语言活动“甲骨文之‘美’”趣味教学。韩老师按动遥控器，大屏幕上蹦蹦跳跳地出现了“ ”字。

教师：孩子们，这是什么字？

幼 1：子。

幼 2：对，是孩子的“子”。

教师：有哪位小朋友可以来表演一下“子”的形态？

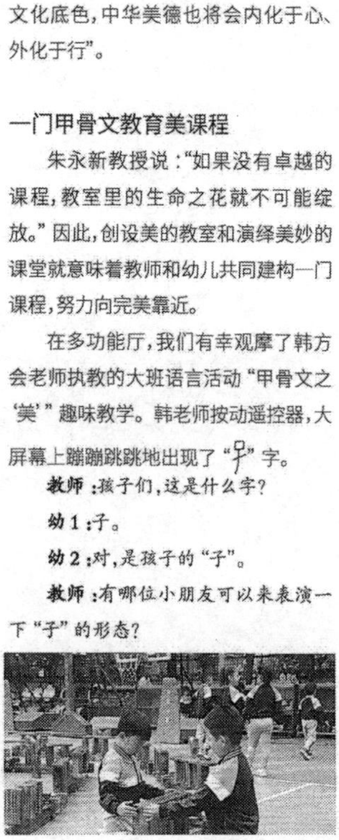

这时，一个小男孩腾地站起来，跑至台中央，歪头、伸腿、展臂，摆出“子”的形态。韩老师摸了摸小男孩的头，伸出了大拇指。随即，韩老师按动遥控器，大屏幕上蹦蹦跳跳地出现了“ ”字，她问：“这是什么字？”孩子们纷纷抢答：“人！”几个孩子蜂拥上台，躬身、垂臂，摆出“人”的形态，惟妙惟肖，甚是有趣。

接着，大屏幕上出现了“ ”字。

教师：刚才两个字比较简单，现在来看一个复杂些的，大家猜猜这是什么字？

孩子们迟迟没有回答。

教师：大家想一想，一个“子”进入了一个“人”的肚子里，这会是什么字呢？

幼 1：宝宝在肚子里，是妈妈在……

幼 2：怀孕！

教师：一个字，会是什么字呢？

幼 3：孕！

韩老师绘声绘色地讲起了关于“孕”字的故事，并问道：“大家想一想，妈妈怀孕时会经历什么呢？谁想好了，可以来表演一下。”孩子们你看看我、我看看你，陷入思考中。很快，孩子们走到台中央，有的表演“挺着大肚子”，有的表演“慢慢挪着步子”，有的表演“扶并循循善诱道：“我们每个人都是在妈妈的肚子里孕育了 10 个月出生的。妈妈在这 10 个月里经历了很多难以想象的难处。大家说，我们要怎么对待妈妈呢？”孩子们异口同声说：“要关心和呵护妈妈！”

教师：一个人出生后，会经历一天、一月、一年，慢慢长大，最终变老……

说着，屏幕上出现了“ ”（老）字。

教师：大家看，这像不像一位头戴冠冕、手拄棍杖的老人？

孩子们纷纷点头。

幼 1：老师，“老”字两边长长的是什么？

教师：这是须发。我们的祖先普遍认为，须发是父母所赐，不能随意剃剪。因此，须发会随着年龄的增长变得越来越长。

孩子们若有所思，有的做起了手捋须发的动作。

教师：我们应该如何对待老人呢？

一片“尊敬”“孝敬”的喊声在偌大的多功能厅响起。韩老师竖起大拇指给孩子们点赞，随后按动遥控器，屏幕上出现了“ ”字。韩老师说：“看，这是‘孝’

图 4-1-24 《动漫界 · 幼教 365》专题采访报道二（4）

韩老师接着引导道，“大家想一想，在生活中，我们要尊重和孝敬谁呢？”孩子们争先恐后地回答：“爷爷！”“奶奶！”“姥爷！”“姥姥！”“年纪大的老人！”……韩老师会心地笑了，然后讲述“如何做一个‘知感恩，有孝心’的人”。

就这样，在轻松愉悦的氛围中，教师和孩子们一起开展了一节有学习、有挑战、有延伸的“甲骨文之‘美’”游戏教学。课程通过一条线链接起了一组有代表性的甲骨文字，为孩子们初步了解甲骨文及古人造字规律打下了基础，将中华民族传统美德潜移默化地播种在了孩子们的心田。

“甲骨文之‘美’”游戏教学只是北关区区直幼儿园甲骨文园本课程的一个小小缩影。

自 2017 年起，高静园长带领教师开始探索幼儿园甲骨文文化的课程研究，构建以传统文化与学前教育相融合的、独具“文字之都——安阳”地域特色的甲骨文园本课程。他们紧密依托《纲要》《指南》，通过多途径融合和多路径探索，深刻剖析幼儿的年龄、心理、生理特点和兴趣点，以游戏化教学活动为载体，先后开发了一系列寓教于乐、寓乐于教的甲骨文游戏活动课程，真正做到了让幼儿在“玩中学，学中玩”。

例如，“甲骨文趣味游戏”分为“室内游戏篇”（“妇好工作坊”“十二生肖小作坊”“甲骨小鱼钓书乐”“好吃的甲骨文”“甲骨文贴五官”等二十多个游戏）和“户外游戏篇”（“版筑”“哪个字不见了”“甲骨撕名牌”“甲骨文翻翻乐”“十二生肖找房子”等近二十个游戏）。“甲骨文创意区域游戏”分为“小班篇”（“甲骨点点画”“甲骨文对对碰”“甲骨魔术包”“甲骨文拼图”等二十多个游戏）、“中班篇”（“甲骨文华容道”“甲骨文动物排排队”“甲骨文侦探”“甲骨文数数乐”等近二十个游戏）和“大班篇”（“十二生肖消消乐”“看图猜成语”“数点对应”“数的分解”“打卡安阳网红景点”等十多个游戏）。每个系列的游戏课程饱含地域特色、生活色彩、运动规律和学习趣味，充分体现了“游戏浸润甲骨课程、文化孕育完整儿童的课程”理念，真可谓妙、趣、绝。

在轻松愉悦的氛围中，教师和孩子们一起开展了一节有学习、有挑战、有延伸的“甲骨文之‘美’”游戏教学。课程通过一条线链接起了一组有代表性的甲骨文字，为孩子们初步了解甲骨文及古人造字规律打下了基础，将中华民族传统美德潜移默化地播种在了孩子们的心田。

陈鹤琴认为，对传统文化遗产应进行合理的继承、改造和创新。高静园长将课程定位于甲骨文文化，但绝不局限于甲骨文。她说：“甲骨文看似晦涩难懂，但甲骨文属于象形文字，具有直观、生动、有趣的特点，素有‘一个字一幅画’的美称。甲骨文文化的内涵则更为丰富，包含了当时的青铜器、兵器、乐器、交通工具和建筑等。我们对甲骨文进行改编和创新，将具有地域特色的甲骨文文化有机填充至幼儿园课程中，更容易激发孩子们对汉字甚至古文字的兴趣！”

高静不曾想到，她对甲骨文的改编和创新竟打出了自己的名号，创出了幼儿园的课程特色，进而提升了北关区区直幼儿园的教育教学质量。高静外出参加研讨或会议时总会被人认出，“您不就是那位甲骨文园长吗？”自 2019 年起，北关区区直幼儿园先后获得了“甲骨文明研学基地”“中国文字博物馆汉字化教育基地”“河南省甲骨文特色教育学校”等荣誉称号。

太阳渐渐西沉，北关区区直幼儿园沐浴在一片金色的柔光中。

“甲骨文，真好玩，生活中，样样全。日月山，人大天；木林森，沙河川；种庄稼，苗禾田；养家畜，猪牛羊；论兵器，刀弓箭；青铜器，鼎觚盘；要出门，马车船；看天气，雷雨电。一个字，一幅画，甲骨文，美名传……”我们出园时，正赶上园所放学时间，孩子们边走边唱，队列整齐，声音洪亮。我们从高静园长那里得知，这是北关区区直幼儿园的自编儿歌《甲骨文三字经》，孩子们会在入园和离园时唱诵。这一场景在夕阳的霞光普照下，融入了蓝天、白云和清风，幻化成一道亮丽的风景线！

望着渐渐远去的孩子们，高静园长坚定地说：“甲骨文是生生不息汉字和汉语的鼻祖，传承着真正的中国基因。在甲骨文的故乡，教育者想方设法地让甲骨文活起来，更好地帮助孩子们理解和掌握汉字的特征，领略汉字和中华文化的无穷魅力，特别是培养孩子们对甲骨文的兴趣，激发其学习热情，为更好地推动优秀传统文化创新性发展夯实根基！”

甲骨文是古老的文字，幼儿是充满朝气的未来。我们有理由相信，在接下来的日子里，当像北关区区直幼儿园这样的园所越来越多时，幼儿“牵手”古文字就能演绎出更多教与学的故事，甲骨文也能焕发出更多亮丽的光彩。

图 4–1–25　《动漫界 · 幼教 365》专题采访报道二（5）

21.《教育家》宣传报道（组图）

20 | 思享

让“活教育”焕发时代之光

文 | 王妍妍

随着“幼有所育”“幼有优育”的政策利好让越来越多孩子受益，“学习陈鹤琴、回归活教育”的呼声越来越强烈。新时代，陈鹤琴教育思想被赋予了怎样的意义？当陈鹤琴的教育思想转化为现实的幼教实践，必然带来挑战和考验。同时值得我们警醒，在科学技术发展迅猛的时代，孩子需要的是创造的活力；在沟通协调大于竞争的时代，孩子需要的是对他人的善意和理解；在难以预料未来的时代，孩子需要的是充满人文气息的想象。这也是当今学习陈鹤琴教育思想的意义——在学习的基础上着力构建中国特色的理论体系和话语体系，真正做有根、有魂的学前教育。

还原天真烂漫的中国儿童

任何思想家提出的理论，都是他所处于的时代社会独特情境的产物，是为了应对当时的困境和问题。“活教育”理论是著名教育家陈鹤琴在鼓楼幼稚园课程实验的基础上，逐渐形成的一套适合时代需要、符合民族精神的理论体系。谈起陈鹤琴创办“活教育”理论的初衷，南京师范大学教育科学学院教授黄进兴致勃勃：“陈鹤琴提出‘活教育’思想的年代，中国内忧外患，传统的旧式教育大行其道，引进的西方理论缺乏本土适宜性。经历过传统学塾，陈鹤琴对‘天地玄黄喊一年’、沉闷而无意义的教育有着沉痛的体悟。当他走上教育研究和教育实践的征途，就提出了要用‘活教育’来取代那种腐化的教育，将呆呆板板、暮气沉沉的儿童还原为天真烂漫、活泼可爱的儿童。”

作为中国近代新旧教育变革的产物，“活教育”理论不仅影响了当年幼儿教育的发展，引导着近百年中国学前教育的发展，还是许多幼儿园办学的重要支撑理论。南京市鼓楼幼儿园便是其中颇具影响力的一所。“我们对陈鹤琴教育思想的学习，对‘活教育’的再认识，是在教育改革的实践中不断理解与提高的。”南京市鼓楼幼儿园园长崔利玲笑着说道。

基础上去其糟粕、取其精华的改良，这是历史传承的需要，更是鼓幼的社会责任。”在崔利玲眼中，“活教育”的研究与传承不仅能挖掘教育家的宝贵遗产，还能在文化自信中继往开来、不断创新，让中国幼教更具中国特色。

在“活教育”的理论体系中，陈鹤琴非常强调环境对孩子发展的重要性，让孩子在充满美的环境中，培养情感、陶冶性情。孩子需要的环境包括“游戏的环境”“劳动的环境”“科学的环境”“艺术的环境”“阅读的环境”。黄进认为，这些环境并非一些不同地方的组合，而是融合在一起的，既要有资源，又要有氛围。借助陈鹤琴的教育思想来阐述幼儿

图 4-1-26 《教育家》宣传报道一（1）

园环境创设的要点，黄进总结了三点：首先，孩子要有自由、自主的时间和空间，否则再精美昂贵的物质环境，也是没有发展价值的；其次，要有适宜的、高质量的资源，适合孩子的年龄特征和个别差异，能唤起他们的探索欲，激发他们的兴趣；最后，教师能认真观察，发现孩子的兴趣中潜藏着的发展可能性，理解他们的需要，及时给予引导。

“环境要传递与表现孩子在游戏中学习与活动的过程，注重学习情境对‘做’和‘玩’的支持，让每面墙都会说话，让每个空间都成为游戏的场所。”在崔利玲的带领下，鼓幼人从各个方面为孩子提供舒展天性的“活”的环境。他们将环境布置的过程变成审美情趣提升的过程，根据孩子的需要，规划幼儿园环境，布置“活教育”的游戏场所。通过打造“活泼泼的幼儿园”，培育“活泼泼的儿童”。

以建造聚福园分园为例，鼓幼人利用小区配建园的自然环境，借助树木外形、草地坡度、围墙曲线，在室外开辟了情景交融的运动区、游戏区、种植区、饲养区。为营造恬静、雅致的氛围，需要木材就以原木为主，如果是墙面就以白色为主……他们根据室内立柱宽度、平台位置、吊顶投影空间，自己设计与活动室各处尺寸相匹配的、造型各异的玩具柜，既体现与环境交融的审美理念，又体现开放、可变的特点。在鼓幼，孩子们除了吃饭睡觉和集体活动外，可以寻找任意的地点作为游戏的场所。天气晴朗的时候，满园子都是嬉戏玩耍的孩子，到处都飘荡着孩子们的欢声笑语。

与鼓幼“一切为儿童”的教育信念相似，在环境创设中，河南省安阳市北关区区直幼儿园努力构建“以孩子为本”的环境，注重孩子的参与和体验。园长高静致力于为孩子创设“自主、多元、融合”的具有甲骨文文化元素的园所，通过大环境（幼儿园整体）、中环境（教室内部）、小环境（区角创设）全方位且立体的环境创设，对孩子进行熏陶和感染。在幼儿园整体大环境的创设中，大厅、墙壁、走廊、楼梯、天花板……处处营造了充满传统风格的甲骨文氛围。随处可见的甲骨文作品成为幼儿园一道美丽的风景线。重视物质环境建设的同时，幼儿园还特别注重人文环境的创建，积极营造了一个宽松、愉快的精神环境。

“中国传统文化中有着热爱自然、耕读并重的价值取向，学和文化思想的表达，形成了一种具有现代气质且有鲜明中国本土特征的教育体系。他提出的理论具有前瞻性，不仅是那个时代的回声，还能穿越岁月，成为后人解决问题和困境的有效资源。

“活”的课程要基于儿童情感和需要

“活教育”强调教育要回归生活、回到儿童，那么，幼儿园课程也应强调“活”的意义。幼儿园课程如何与陈鹤琴教育思想结合，黄进表示，“活”意味着活动。幼儿园的课程不是以知识为中心，而是以多种多样的活动为中心的。游戏是儿童最重要的活动，要重视游戏活动在幼儿园教育中的地位，构建适合儿童开展游戏活动的环境；在游戏和各种自主自发的活动中观察和发现儿童的兴趣需要，回应儿童发起的交流，进行多样的教育支持，并提供适宜的资源。

此外，“活”意味着活力。课程的活力，来自儿童如泉涌般的生命力。生命之特征，在于它灵活地回应环境，持续不断地更新自己。因此，课程应该基于儿童的情感和需要，这样才能具有随时间推进的动力；课程应该是开放的、教育者确定的是价值方向而不是知识点；同时课程应该具有好的关系特质，师幼之间、伙伴之间的相互激发及分享，往往形成一种共同体的智慧，将涓涓细流汇成江河。

“从陈鹤琴的教育思想中，鼓幼教师汲取着教育智慧，不断探索求新，并将其转变为行动运用于课程实践中。”崔利玲告诉记者，在鼓幼30多年的单元课程实验中，鼓幼教师学习陈鹤琴先生文集，整理园史资料，梳理鼓幼办学历史与实践脉络。同时，传承老一辈鼓幼人科学实验的研究精神，以

图 4-1-27　《教育家》宣传报道一(2)

的关系。如新一轮的单元课程研究，幼儿园保持了单元教学当年的雏形，强调教师对儿童的观察、分析与指导，通过创设丰富的教育环境，让儿童在游戏与社会生活中亲身感受、主动学习，获得适宜的发展。

鼓幼对儿童的关注与重视，随着教育理念的转变不断调整。崔利玲清楚地记得，1988年，幼儿园刚开始第四轮单元课程研究时，所有人的注意力都放在“有哪些传统的单元”“有哪些民俗的素材”，他们考虑的不是儿童，是教材。之后，他们的重点又发生了变化：哪些活动有趣？哪些材料好玩？他们考虑的依然不是儿童，是自己的兴趣。再之后，课程在教学方法的讨论中变革，“是什么、为什么、怎么做”开始在他们的心里滋生。崔利玲始终要求教师根据儿童的变化做出调整，敏锐地捕捉儿童在游戏中、一日活动中的同伴交往、师生互动的资讯，发现有价值的信息，形成适宜班级儿童的新的单元。

陈鹤琴说：“大自然、大社会都是活教材。”他特别重视在自然中开展教育活动，并认为自然万物是教育的最好课堂，豆子、黄瓜、节气都可以看作课程内容。也就是说，儿童的教育内容应贴近其现实生活，是灵活、丰富多彩的。通过一系列的调查走访和专家研讨，安阳北幼在课程方面确定了自己的思路：结合孩子一日生活的各方面，以孩子的兴趣爱好与殷商文化作为课程开发的契机与抓手，开展教学活动。

“儿童是学习的主体，应该创设符合儿童身心发展特点的课程模式。”高静将课程定位于甲骨文文化，而非仅仅是甲骨文。“甲骨文看似生涩难懂，但甲骨文又属于象形文字，直观、生动、有趣，素有‘一个字一幅画’的美称。甲骨文文化的内涵则更为丰富，包含当时的青铜器、兵器、建筑、乐器、交通工具等。我们通过对甲骨文进行改编与创新，并将具有地域特色的甲骨文文化有机地填充到幼儿园的课程中。”

安阳北幼的教师们选取的大多是象形的甲骨文，它亦诗亦画的特点与孩子的具体形象思维的特点相吻合，更容易激发孩子对“汉字”的兴趣。例如小班的孩子制作石头画：通过清洗石头，然后刷上底色，再利用镂空的甲骨文塑料板，喷上五颜六色的颜料，漂亮的石头画就做成了。孩子们通过刷一刷、喷一喷以及做游戏的形式，感受甲骨文字的结构和内在含义。

陈鹤琴认为，对传统文化遗产应进行合理的继承、改造和创新。无论是鼓幼，抑或安阳北幼，都借助“活教育”的思想，领会其精髓，创出自己的课程特色，进而促进幼儿教育教学质量的整体提高。

播撒“活教育”的麦种

“活教育”思想，是陈鹤琴长期教育实践的概括和总结，它引领着一代代幼教者沿着“活教育”的轨迹砥砺前行。在传承和创新陈鹤琴教育思想上，鼓幼和安阳北幼都有着自己的规划。

鼓楼幼儿园是中国第一所开展教育科学研究的幼儿园，也是第一个幼儿教育实验研究中心。这里是陈鹤琴教育实践的起点，也是“活教育”思想重要的孕育之地。接下来，崔利玲将充分利用私立鼓楼幼稚园旧址、陈鹤琴故居、文物保护单位等文化符号，健全研究场域，让走进鼓幼的同行在研中学、议中思，真正领悟“活教育”的博大精深，获得原汁原味的“活教育”麦种。为了传承陈鹤琴教育思想，挖掘“活教育”丰富的文化宝库，幼儿园通过组建团队、课题研究、成立共同体等方式，开启了新时期“大麦田”的行动。他们希望用“大麦田行动计划”，在全国范围扩大成果影响，让中国的幼儿教育真正回归“活教育”。

“‘活教育’是鼓幼繁衍、发展的精神养料，我们对‘活教育’的研究不仅仅在于幼儿园与课程的名称，更在于让陈鹤琴先生的思想精华在当代继续‘活’起来。”作为“活教育”的受益者、传承者，崔利玲带领鼓幼坚守文化之根，并将其镌刻在灵魂深处，种植在血液之中。从陈鹤琴的教育思想中汲取办园智慧，不被错误的观点和思潮左右，也是他们试图通过践行“活教育”思想要表达的一种态度。

在高静看来，因甲骨文名扬天下的安阳殷墟属于全世界，更属于每一位华夏子孙，安阳北幼的实践不仅仅限于本地区，也希望全国每个园所都能植根于自己的土地，植根于自己的文化，进行文化弘扬。她将继续带领安阳其他园所一起进行传统文化的探索和实践，为推动幼儿园园本课程研发而努力，为实现真正的生活化、游戏化的课程做出自己的贡献。

2020年，安阳北幼增加了一张新名片——“河南省首批特色教育学校”，为更好地开展甲骨文教育活动开创了更广阔的平台。高静期望，每个孩子都能通过文化寻根之旅来确立自己的文化自信，做个大写的中国人。

图 4-1-28 《教育家》宣传报道一(3)

21.《名园长的诗与远方》宣传报道

第三部分　课程·关键

乐游戏中，折射出绚烂的教育光芒。

在凯里四幼，苗侗的刺绣、蜡染、剪纸、编织等都成为孩子们的课程。欧江南满脸兴奋地展示着孩子们专注刺绣的神态，孩子们小大人似的蜡染操作，以及创意惊人的剪纸作品。我十分感慨，这是一种独特的民族课程，这是一种让孩子快乐成长的游戏，这更是一种传承文化的高雅行动。

在凯里四幼，"民族一条街"的课程活动透着不同民族的风情，闪烁着中国多民族文化融合的色彩。身着不同民族服饰的孩子们，或刺绣蜡染，或剪纸编织，或巧建吊脚楼，或叫卖吆喝，或欣赏评鉴，热闹非凡、童趣无限。

欧江南，心里的江河一直在澎湃，她即兴唱起了她创作的园歌，她继续神采飞扬地讲述着她的民族课程：苗侗建筑、服饰、习俗、歌舞、乐器、工艺等，一切都成了凯里四幼的课程；苗侗文化的节日、文学、音乐、饮食文化、体育运动等都渗透到幼儿园的一日生活和活动之中。"银饰"也成了凯里四幼匠心独具的园本课程，"唱民族歌，跳民族舞"也是凯里四幼鲜活靓美的特色课程。

欧江南深情地说，开发和实施民族课程，旨在培养幼儿的民族自信和文化自信，旨在增强幼儿的文化认同感以及文化传承的责任感，也是在孩子们心中播下喜爱、快乐、自豪的种子。

甲骨文竟是如此好玩

甲骨文居然能够进入幼儿园，太不可思议啦！孩子们如此喜欢甲骨文，着实让我大开眼界！我的大脑又有了一次革命性的洗礼：对于孩子们而言，什么是可能，什么是不可能，这不是成人们可

/ 151

名园长的诗与远方

以简单下结论的事情。面对孩子们的表现，我们总会惊叹：他们真是太了不起了。

甲骨文走进幼儿园，这个美妙的故事发生在河南省安阳市北关区区直幼儿园，这个幼儿园的园长叫高静。高静在第六届东湖微论坛上讲述这个故事的时候，感动了所有的与会者，一次次掌声是对这个故事的真情赞美。

高静是一个对甲骨文充满感情的人。在专家的指点下，她敏锐地将"一片甲骨惊天下"的震撼植入到她们幼儿园的文化之中；她聪慧地将"一个字一幅画"的甲骨文开发成了好玩的甲骨文的园本课程。一种古老的文字，一下成了孩子们兴趣盎然的游戏。太神奇了！看似艰深的甲骨文居然可以成为幼儿园孩子们的游戏课程，而且孩子们真的深深地喜欢上了这门崭新、独特的游戏课程。高静与她幼儿园的全新实践给全国的幼儿园园长都带来了一种创新的、重要的启迪。

高静和她的教师们是格外聪明的，她们的"好玩的甲骨文课程"，充分考虑到了幼儿身心发展的基本特点，考虑到了孩子们的兴趣爱好。她们选取了50个常用的甲骨文作为游戏课程的开发素材，将课程的价值取向放到了"中国传统文化走进幼儿园"的高度上，把青铜器、兵器、交通工具等一些与甲骨文同时代的文物或文化载体纳入到了她们"好玩的甲骨文课程"体系，还创编了《甲骨文三字经》，让孩子们觉得好听又好玩。高静和她的教师们真的太有智慧了！

高静和她的教师们还有更大的智慧哩，在高静的安阳北幼，甲骨文成了幼儿园文化的一道最亮丽的风景，处处都彰显着甲骨文带来的伟大灵感。孩子们兴奋地穿越甲骨文墙，做着带有甲骨文的版筑玩玩乐和角色体验游戏，下着嵌有甲骨文的中华美德棋，在

/ 152 /

第三部分　课程·关键

石头上喷绘甲骨文画，玩掷甲骨文骰子，做带有甲骨文的将军服、青铜大侠雕塑，还走T台表演自己做的嵌有甲骨文的服装。至于那舌尖上的甲骨文就更加创意十足了，安阳北幼的厨师们大展厨艺，做出了创意无限的甲骨文饼干，孩子们居然也能津津有味地品尝"甲骨文"了！

在安阳北幼，世界文化遗产、甲骨文遗址——安阳的殷墟，成了孩子们经常参观的地点，因为那也是孩子们"玩甲骨文"的乐园。坐落在安阳的中国文字博物馆是全世界唯一的以文字为专项内容的博物馆，这里也成了安阳北幼孩子们的美好乐园。在安阳北幼，"我是安阳人，学点甲骨文"成了孩子们生命中的赞歌。

课程资源整合的独特视角

那天，我来到了位于西安市的空军军医大学西京医院幼儿园，园长李娟一边带我参观，一边跟我详细地介绍着她们幼儿园的理念与做法。

西京医院幼儿园在课程资源的开发与整合上有着十分独特的视角，彰显着她们灿烂的智慧。李娟告诉我，空军军医大学西京医院是全国最高端、最著名的医院之一。这里有许多驰名全国的医生，这里拥有大量先进的高端设备。李娟与她的教师们敏锐地感觉到西京医院饱含了极其丰富、极为宝贵的课程资源。她们以自己深刻的专业视野，把对儿童的挚爱转化成课程资源开发与整合的灵感，她们及时推出了"医教结合"的园本课程体系建设工程。我极其赞赏这种不拘一格研究开发课程的理念与行为。

李娟与她的教师们对如何开发和整合园本课程资源，有许多

/ 153 /

图4-1-29　《名园长的诗与远方》宣传报道

二、出版发表

1. 第一本书——《好玩的甲骨文》复旦大学出版社出版

目录

第一编　理论篇

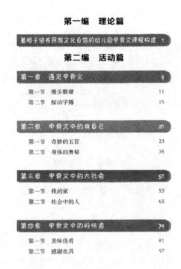

着眼于培养民族文化自信的幼儿园甲骨文课程构建　1

第二编　活动篇

第一章　遇见甲骨文　9
第一节　漫步殷墟　11
第二节　探访字博　15

第二章　甲骨文中的我自己　21
第一节　奇妙的五官　23
第二节　身体的奥秘　35

第三章　甲骨文中的大社会　51
第一节　我的家　53
第二节　社会中的人　65

第四章　甲骨文中的好味道　79
第一节　美味佳肴　81
第二节　感谢炊具　97

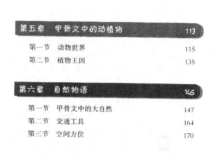

第五章　甲骨文中的动植物　113
第一节　动物世界　115
第二节　植物王国　135

第六章　自然物语　145
第一节　甲骨文中的大自然　147
第二节　交通工具　164
第三节　空间方位　170

图 4-2-1　《好玩的甲骨文》一书目录

2.《以甲骨文为载体培养幼儿文化自信的实践思考》，在《教育理论与实践》发表

第41卷　（2021年）
第14期　第34-36页

教 育 理 论 与 实 践
Theory and Practice of Education

Vol. 41 (2021)
No. 14 P34-P36

以甲骨文为载体培养幼儿文化自信的实践思考 *

■岳素萍

摘　要：幼儿处于吸收性心智阶段，在文化启蒙的伊始，文化自信的培养尤为重要。甲骨文是汉字的源头和中华优秀传统文化的根脉，蕴含着丰富的文化自信的教育价值，其生动形象的特点可以培养幼儿对文字符号的兴趣，滋养幼儿形成中华文化特色的人格特质，为此将甲骨文融入幼儿教育有助于中华优秀传统文化的传承和发展。根据幼儿的身心发展特点和幼儿教育规律，在选取甲骨文内容时，要与幼儿生活紧密联系且简单易懂，要直观形象富有童趣，要能够体现中华传统文化内涵的积极意义，含义解释要确切，无疑义、无争议。幼儿园可通过游戏玩转甲骨文、多样操作感知甲骨文、环境渗透甲骨文、立体活动全面落实甲骨文化等教学策略，为幼儿的文化自信培养奠定基础。

关键词：甲骨文；幼儿文化自信；幼儿教育；游戏；操作；环境；活动

中图分类号：G40-055　　**文献标识码**：A　　**文章编号**：1004-633X(2021)14-0034-03

文化自信是对自己民族文化的充分自信和尊重。习近平总书记指出："文明特别是思想文化，是一个国家、一个民族的灵魂。"[1]用中华优秀的传统文化滋养成长中的幼儿，为其输入主流母文化、热爱母文化，是培养公民文化自信的根源，从而增强未成年人的文化自觉和文化自信。甲骨文作为文明的重要载体之一，极大地提升了中华文明在世界文明史上的地位，增强了我国的民族文化自豪感，提升了文化自信。将甲骨文纳入幼儿教育中，可以培养幼儿对文字符号的兴趣，让幼儿在玩耍中了解汉字的起源，从而对中华汉字产生极大的兴趣，滋养幼儿形成中华文化特色的人格特质，促进幼儿对传统文化的理解、热爱，对优秀传统美德的尊重，在幼儿心灵种下文化自信的种子，激发幼儿对中华民族文化的自信。一方面，将甲骨文融入幼儿教育，有利于甲骨文的普及和宣传、继承和发展，让甲骨文从学术殿堂走进幼儿生活，融入热爱汉字、热爱中华文化的文化自信基因；另一方面，可以使幼儿感受中华文化的源远流长以及对世界文明的贡献，也有助于幼儿树立中华民族的文化自信心，有助于对我国优秀传统文化的传承和发展。

一、科学选取适合幼儿的甲骨文内容

幼儿阶段的甲骨文融入目标并不在于引导幼儿认识多少字，更不在于研究多少深奥艰深的甲骨文字，而是应定位为对甲骨文字感兴趣，感觉有意思、有趣，通过玩知道甲骨文是有丰富的含义的，激发其对甲骨文的兴趣，进而拓展到对汉字的兴趣、对传统文化的兴趣。甲骨文内容相当丰富，涉及社会生产、科学文化，包括王事、田猎、商业、交通、医学、天文、农业以及饲养业等，单字量约4400个[2]。在幼儿甲骨文内容的选择上，要充分考虑幼儿的年龄特点和幼儿教育专业特色，做到科学合理。

（一）与幼儿生活紧密联系且简单易懂

幼儿理解能力弱，处于具体形象思维阶段，以感知觉、游戏和活动为主要的学习方式，所有的学习内容均应来自其直接经验，这是与中小学以间接经验为主要的学习内容的一大不同点。所以在选取文字内容时，应与幼儿的生活紧密联系，选取简单易懂的甲骨文字。这样幼儿才会有直观的体验，才会认为甲骨文是有活力、有意义的，才会理解其意义。如自己的身体"口""目""耳""手"、自然生活环境"日""月""山""水"等。而

* 本文系教育部学校规划建设发展中心"关于未来学校创新发展课题学前教育智能课程建设专题研究"课题"家园共育理论与实践智能课程资源建设"（课题批准号：CSDP19FS13210）的研究成果。

作者简介：岳素萍（1973-），女，河南安阳人，安阳幼儿师范高等专科学校早期教育教研室主任、副教授，主要从事学前教育研究。

图4-2-2　《以甲骨文为载体培养幼儿文化自信的实践思考》首页

3.《构建趣味甲骨文课程，培养幼儿文化自信》，在《河南教育》发表

构建趣味甲骨文课程，培养幼儿文化自信

□安阳幼儿师范高等专科学校　岳素萍

以中华文字之源甲骨文为载体，挖掘中华优秀传统文化蕴含的人文精神与文化内涵；以陈鹤琴的“活教育”思想作为课程的理论指导，基于幼儿的身心发展特点和生活实践，我们构建了幼儿趣味甲骨文课程。我们围绕培养幼儿文化自信的根本目标，从课程目标、课程内容、课程实施、课程评价几个方面进行了探索，意在激发幼儿民族文化自豪感，培养幼儿的文化自信，探索传统文化与幼儿教育相融合的范例。

一、幼儿趣味甲骨文课程构建的源起

（一）文化自信的培养应从幼儿做起

文化是民族的血脉。习近平总书记指出：“文明特别是思想文化是一个国家、一个民族的灵魂。”坚定文化自信事关国运兴衰，事关文化安全，事关民族精神独立性。

培养文化自信应从幼儿抓起。人生的启蒙教育就如同照进心灵的第一束阳光。在现今全球多元文化碰撞的背景下，用中华优秀传统文化滋养成长中的儿童，输入主流母语文化，培养幼儿对本民族文化的认同感，并在此基础上以包容、开放的心态接纳其他民族的文化，从而形成幼儿的文化自信和文化自尊。

（二）甲骨文课程可作为幼儿文化自信教育的载体

甲骨文是中国现存的最古老的成熟文字，成功入选《世界记忆名录》。了解甲骨文，走近中国传统文化，可以感受中华文明的源远流长。

甲骨文承载着中华文化内涵。每一个甲骨文字背后都蕴含着中华民族的文化内涵，渗透着我国古代劳动人民朴素的文化思想和传统美德。从甲骨文入手，可以培养幼儿对中华传统文化的热爱、对优秀传统美德的尊重。

甲骨文可以培养幼儿对汉字的学习兴趣。甲骨文属于象形文字，素有“一个字一幅画”的美称，如“日”就是一个圆圆的太阳“⊖”，“月”就是天生半轮“D”，形象直观，生动有趣，可以让幼儿在拼拼摆摆、写写画画、捏捏玩玩中了解汉字的起源，对中华汉字产生很大的兴趣。

二、趣味甲骨文课程的目标定位

通过该课程的实施，培养幼儿的文化自信，建立文化自豪感，是课程构建的初心和最主要的目标。

幼儿理解能力较弱，处于具体形象思维阶段，以感知觉、游戏、活动为主要学习方式，所以幼儿阶段的甲骨文课程目标不在于引导幼儿认多少字，而是定位为对甲骨文字感兴趣，感觉有意思，好玩，知道甲骨文是有丰富的含义的，愿意学习甲骨文。所以，好玩、有趣是本课程的过程性目标。

甲骨文从形式到内涵都有其特殊性，所以课程目标是紧密结合教育内容本身，挖掘甲骨文所蕴含的覆盖五大领域的教育目标。

三、精心构建课程体系

通过幼教专家与甲骨文研究专家合作研

图 4-2-3　《构建趣味甲骨文课程，培养幼儿文化自信》首页

4.《幼儿趣味甲骨文课程的建构与实施——基于幼儿文化自信培养的视角》在《陕西学前师范学院学报》2022 年第 2 期发表

2022年2月　　陕西学前师范学院学报　　February 2022
第38卷　第2期　　Journal of Shaanxi Xueqian Normal University　　Vol.38　No.2

■学前教学前沿

幼儿趣味甲骨文课程的建构与实施
——基于幼儿文化自信培养的视角

岳素萍

（安阳幼儿师范高等专科学校早期教育教研室，河南安阳　455000）

摘要：当今世界各种思想文化交流更加频繁，进一步凸显了文化自信在国民精神中的重要性。文化自信的培养，应从幼儿文化启蒙阶段做起。以中华文字之源甲骨文为载体，充分挖掘中华优秀传统文化蕴含的人文精神与文化内涵，作为培养幼儿文化自信的载体，基于幼儿的身心发展特点和生活实践，构建幼儿趣味甲骨文课程。甲骨文课程在学前教育中的构建和实施从课程目标、课程内容、课程实施、课程评价四个方面递进开展，结合学前教育阶段的特殊性，应该体现出活动、直观、趣味、渗透、全面、系统等特点，突出“好玩”之趣味性，在玩中激发幼儿的民族文化自豪感，培养幼儿的文化自信，进而探索传统文化与学前教育的融合之道。

关键词：文化自信；学前教育；趣味甲骨文；课程

中图分类号：G613　　**文献标识码**：A　　**文章编号**：2095-770X(2022)02-0081-10

PDF获取：http://sxxqsfxy. ijournal. cn/ch/index. aspx　　**doi**：10. 11995/j. issn. 2095-770X. 2022. 02. 011

The Construction and Implementation of Children's Fun Oracle Inscriptions Course
—Based on the Perspective of Cultivation of Children's Cultural Confidence

YUE Su-ping

(*Department of Early Education*, *Anyang Preschool Education College*, *Anyang* 455000, *China*)

Abstract: As various ideological and cultural exchanges have become more frequent in today's world, it is important to highlight cultural confidence in the national spirit. The cultivation of cultural self-confidence should start from the stage of children's cultural enlightenment, for example, taking the origin of Chinese characters oracle bone inscriptions as the carrier to fully excavate the humanistic spirit and cultural connotation contained in the excellent traditional Chinese cultures. Based on the characteristics of children's physical and mental development and life practice, it is possible to construct interesting oracle bone inscriptions courses for children. The construction and implementation of oracle curriculum in preschool education can be carried out progressively from the four aspects — curriculum objectives, curriculum content, curriculum implementation, and curriculum evaluation, highlighting the particularity of the preschool education, that is, the characteristics of activity, intuition, interest, penetration, comprehensiveness, and system. The course should emphasize the "fun parts" in all the activities, so as to stimulate children's national cultural pride as well as cultivate their cultural self-confidence during the process, and then the integration of traditional culture and preschool education can also be explored during the practice.

Key words: cultural confidence; early childhood education; fun oracle; course

收稿日期：2021-11-15；**修回日期**：2021-12-01

基金项目：河南省教育厅人文社会科学研究项目(2020-ZZJH-021)

作者简介：岳素萍，女，河南安阳人，安阳幼儿师范高等专科学校早期教育教研室主任，副教授，主要研究方向：学前教育。

图 4-2-4　《幼儿趣味甲骨文课程的建构与实施——基于幼儿文化自信培养的视角》首页

5.《我是安阳人,学点甲骨文》在《幼儿教育》发表(组图)

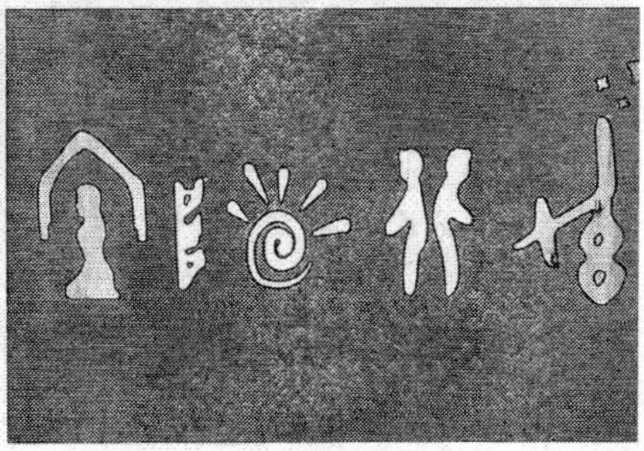

我是安阳人,学点甲骨文

文/河南省安阳市北关区区直幼儿园　殷志竞

非遗小名片

"一片甲骨惊天下。"甲骨文是汉字的早期形式,是现存最古老的一种成熟文字。最早出土于河南省安阳市殷墟,距今3600多年的历史,以造字方法成熟、表现内容丰富、传承有序的特点在世界文明史上独领风骚。

非遗小贴士

2017年,甲骨文成功入选《世界记忆名录》。2018年,我园开始了甲骨文课程的研究,并于2019年6月通过河南省基础教育教学研究顺利结项,还出版了幼儿园"活教育"课程丛书《好玩的甲骨文》。

走进非遗——好玩的甲骨文

甲骨文成语故事

两名幼儿手拿自制嵌板,专注地拼摆着甲骨文的成语故事。一人拿起"日"字嵌入上方,另一人拿着"田"字嵌入下方;一人拿起"木"字嵌入右方,还有个"人"字躲在木字后面;再看过去,一个"兔"字朝着木字方向跑去……原来孩子们在用甲骨文字讲述《守株待兔》的故事。

对爸爸妈妈说

甲骨文是表意文字,画中有字,字中有画,符合孩子形象思维的特点。孩子天生喜欢故事,通过故事的形式讲述甲骨文,会让孩子在情境中理解文字,从而产生更浓厚的兴趣。建议家长讲故事时,和孩子一起寻找可以替换的甲骨文字,或与孩子玩甲骨文猜字游戏。孩子可以和爸爸妈妈一起翻阅书籍,查找资料,看看汉字的变化,了解文字背后的意义。

2020.1、2 父母孩子 11

图4-2-5　《我是安阳人,学点甲骨文》一

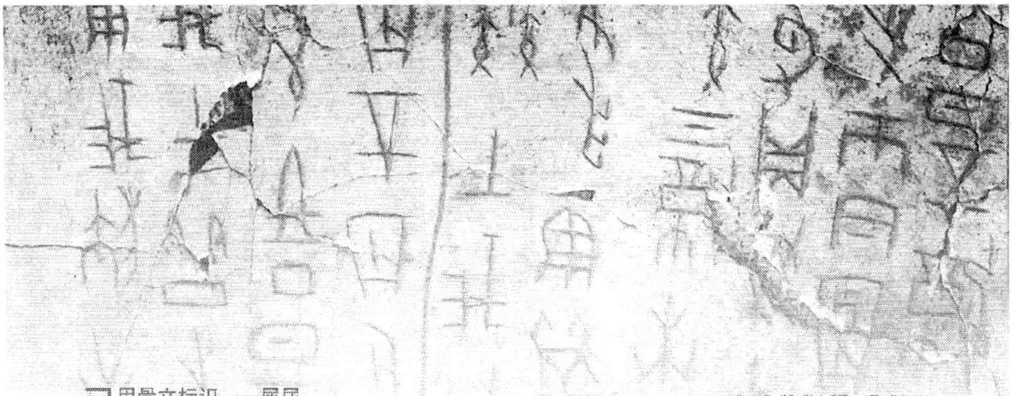

2 甲骨文标识——屎尿

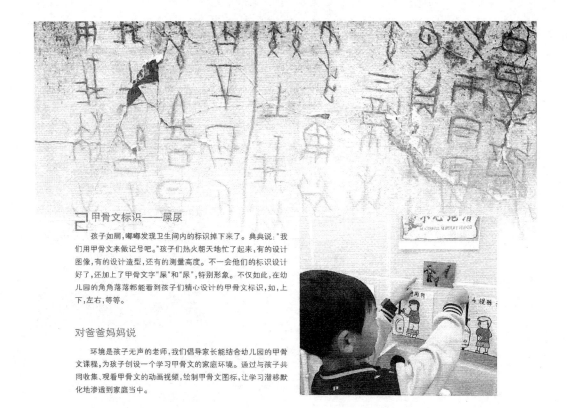

孩子如厕，嘟嘟发现卫生间内的标识掉下来了。典典说："我们用甲骨文来做记号吧。"孩子们热火朝天地忙了起来，有的设计图像，有的设计造型，还有的测量高度。不一会他们的标识设计好了，还加上了甲骨文字"屎"和"尿"，特别形象。不仅如此，在幼儿园的角角落落都能看到孩子们精心设计的甲骨文标识，如，上下，左右，等等。

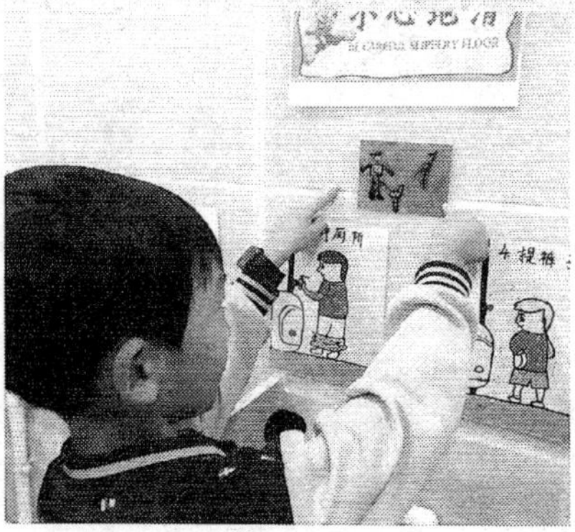

对爸爸妈妈说

环境是孩子无声的老师，我们倡导家长能结合幼儿园的甲骨文课程，为孩子创设一个学习甲骨文的家庭环境。通过与孩子共同收集、观看甲骨文的动画视频，绘制甲骨文图标，让学习潜移默化地渗透到家庭当中。

3 甲骨文翻翻乐——十二生肖

操场上，孩子们不停地把软垫做成的骰子翻来翻去。他们分成了十二生肖的图片组和甲骨文组，骰子在孩子们的手中不断被翻动，一会儿图片朝上，一会儿甲骨文朝上。骰子上出现的甲骨文字，可以随时增减、替换。十二生肖的甲骨文仿佛也变成了图画，印刻在孩子们的心中。

对爸爸妈妈说

游戏是儿童最好的学习方式，家长可以利用一些传统游戏和孩子在玩中学习，认识更多的甲骨文字，如，翻纸牌、拉火车、投骰子，等等。在玩中学，学中玩，不仅潜移默化地认识了甲骨文字，还能增进亲子关系，让家庭氛围更加融洽、和谐。

"我是安阳人，学点甲骨文。"我们从甲骨文入手，让幼儿看一看，说一说，画一画，玩一玩，在好玩的甲骨文字中培养他们对中华传统文化的热爱，对优秀传统美德的尊重，拥有独具中国文字符号的文化自信。

图 4-2-6 《我是安阳人，学点甲骨文》二

6.《构建甲骨文园本课程树立师生文化自信》在《新教育时代》发表

2019年04月　　幼儿教育

构建甲骨文园本课程树立师生文化自信*
——北幼殷商文化进校园活动

高　静　殷志竞

（安阳市北关区区直幼儿园　河南安阳　455000）

摘　要：甲骨文，是我国最早成体系的文字，它记载了殷商时期社会的历史和文化，以实物形态保存和呈现了我国悠久的历史文明。身为生长在甲骨文发源地的安阳人，我们有其独特的优势、特点和价值，有着广泛的地域资源、人才资源支持我们弘扬以甲骨文为代表的汉字文化传统研究。本文通过挖掘本土的自然环境、社会资源、人文资源来开发、丰富幼儿园特色课程内容，创设充满中国传统风格的甲骨文大环境，激发幼儿对家乡的热爱之情。让每个幼儿都能在亲近、感受甲骨文的过程中激发了解、认识和探究甲骨文的兴趣。

关键词：本土资源　环境创设　实践与探索

习近平同志在党的十九大报告中指出，深入挖掘中华优秀传统文化蕴含的思想观念、人文精神、道德规范，结合时代要求继承创新，让中华文化展现出永久魅力和时代风采。

我园以十九大精神为指导，为继承和发扬安阳地域文化，弘扬殷商文明，将中华优秀传统文化植根于幼儿园园本教学之中，开展了形式多样的殷商文化进校园活动，取得了良好的教育效果，开创性地在幼儿教育领域推动传统文化的渗透，培养了幼儿的文化自信。

一、了解和认识甲骨文，激发对汉字的兴趣

文化是民族的血脉，是人民的精神家园。在幼儿期进行母文化——中华文化的自信培养，有助于形成未来更开阔有容的有文化气度。从甲骨文入手，可以培养幼儿对中华传统文化的热爱和尊重。同时，甲骨文象形直观，生动有趣，几个字有机地组合到一起，就是一幅栩栩如生的画卷，非常容易引起孩子们的兴趣。幼儿园从“我是安阳人，学点甲骨文”入手，让幼儿在拼拼摆摆、写写画画、捏捏玩玩的互动游戏中轻松了解了汉字的起源，培养孩子了们对甲骨文的兴趣，主动探究古人造字的智慧，感受汉字亦诗亦画的独特魅力，从而对汉字产生极大的兴趣。

二、创设特色园所环境，感受殷商文化魅力

安阳作为全国八大古都之一，有广泛的地域资源、人才资源支持我们弘扬以甲骨文为代表的汉字文化传统教育。本着“教育来自生活，回归于生活”的原则，该园认真地选取了与殷商文化和甲骨文相关的材料和资源，并艺术地运用到幼儿园的环境中。设计了独具特色的“安阳北幼”甲骨文标志，创设了具有安阳地域文化特色的殷商文化大环境，分为生肖长廊、穿越甲骨、影子墙、古乐器、文字之美、博物馆探秘等部分，让孩子们通过摆摆、猜猜、钻钻、动动、敲敲、打打等互动活动，感受殷商文化的厚重与优美。

三、挖掘地域文化资源，体味家乡文化底蕴

安阳是华夏文明的发源地，积淀了丰厚的历史文化资源，这也是我们开展幼儿教育不可取代的无价之宝。在华东师范大学学前教育家周念丽教授的感召下，幼儿园成立了以学前儿童为对象的幼儿甲骨文课程研发小组，《好玩的甲骨文》系列课程旨在构建传统文化与学前教育相融合的科学幼儿课程体系，以“弘扬中华文化，使甲骨文走向幼儿”为出发点，巧妙渗透优秀传统，培养民族文化内涵，激发幼儿对中国文字的喜爱，为走向正式的文字学习奠定基础。目前我们已经完成了100多个教学活动，50多个游戏，并从各个主题中精选了50个教学活动，编辑成册，每个版块中有涵盖五大领域的的课程设计和课程资源库，形成四位一体的课程体系，得到了广大幼教人士的好评。幼儿在参与活动的过程中，对安阳的古代文化有了直观的感性认识，对我们的汉字——这一传承中华文明的载体有了初步的了解，增强了他们的文化认同意识和文化归属感，也进一步地感受到我们安阳浓厚的文化底蕴。

四、开展游戏活动课程，师生树立文化自信

幼儿园通过丰富多样的活动，弘扬“活教育思想”，构建中国化的幼儿教育课程体系。在做一做、画一画、拼一拼、摆一摆、动一动、玩一玩中，把甲骨文课程自然浸透于幼儿的一日生活中。教师设计制作了多变脸谱、中华美德棋、斗兽棋、穿穿乐等游戏材料，创设了妇好工作坊、生肖拓印、甲骨皮影戏、甲骨学堂等班级区域活动；户外组织开展了妇好征战、妇好射箭场、版筑、翻翻乐、打地鼠、喂小动物等和甲骨文相关的体育游戏；同时在上下楼梯、卫生间、衣帽架等地方由孩子自己设计绘画了相关甲骨文的标志。让孩子在玩中学、做中学，听故事、观形象，以甲骨文为载体，促进其全面成长。坚持科学性、活动性、直观性、趣味性、渗透性、全面性等原则，从甲骨文本身和幼儿教育特点两个方面保证课程的科学性。是富有活力的“活教育”，而不是灌输式的“死教育”，因为“好玩”是我们确定的一大特色。活动课程通过实地参观、专题教育、区域、户外体育、家庭亲子、社会参与、节日庆典等多元化途径，开展了丰富多彩的游戏活动。从说说甲骨文、画画甲骨文、拼拼摆摆甲骨文以及“我和甲骨文做游戏”等活动，在“活教育”的理念下组织实施，认识习得优秀的祖国文化，培养了幼儿热爱家乡、热爱祖国的美好情感。教师在开展系列活动的研讨中也深刻感受到家乡文化的厚重，树立了自己的文化自信心。

幼儿园通过挖掘本土的自然环境、社会资源、人文资源来开发、丰富幼儿园特色课程内容，开展生趣盎然的游戏活动，提高幼儿园教育教学质量，弘扬汉字文化魅力，在亲近、感受甲骨文的过程中激发幼儿对家乡的热爱之情，让孩子从小就能受到中华优秀文化的熏陶。经过天长日久的耳濡目染、接触感悟、慢慢体验，中国符号成为幼儿永不退色的记忆，将中华美德内化于心，外化于行，真正拥有了深层而持久的文化自信。

作者简介

高静（1970—），女，汉族，安阳市北关区区直幼儿园园长，中小学高级教师。

殷志竞（1970—），女，汉族，安阳市北关区区直幼儿园副园长，中小学一级教师。

*基金项目：河南省教育厅2018年度基础教育教学研究项目《幼儿园甲骨文课程园本课程的开发与实践》（课题编号JCJYC18160550）。

图4-2-7　《构建甲骨文园本课程树立师生文化自信》在《新教育时代》发表

7.《甲骨赋能绽放 幼小科学衔接》在《时代教育》发表

◇教育研究◇ 时代教育 TIMES EDUCATION 2022年第13期

甲骨赋能绽放 幼小科学衔接
——安阳市北关区区直幼儿园幼小衔接经验做法

王 英
河南省安阳市北关区区直幼儿园 河南安阳 455000

幼小衔接教育旨在帮助学前儿童实现从幼儿园到小学两个不同教育阶段的平稳过渡，让儿童自信、快乐地适应小学阶段的学习生活。北关区区直幼儿园认真学习领会《幼儿园入学准备教育指导要点》精神，落实幼小衔接教育贯穿整个幼儿教育阶段的理念，融合园本特色活动——好玩的甲骨文，有目的、有计划地开展符合幼儿身心发展规律的多样化活动，帮助幼儿顺利完成人生转折的第一步，为他们的终身学习发展奠定良好基础。

一、让甲骨文化成为幼儿身心准备的沃土

北幼立足地域文化，挖掘建构的园本特色活动——好玩的甲骨文，帮助幼儿在常态化的活动中，建立健康、快乐、稳定的情绪和积极的入学期待，为幼儿顺利入学做好身心准备。

为了给孩子们积蓄入小学的充足能量，老师带领孩子们走进小学，观摩小学的环境，与小学生们面对面交流，全面了解小学生活，营造了入学前的良好情绪和心理准备。利用班级创设的甲骨小课堂，体验做老师、小学生，在甲骨文三字经的诵读中，感受课堂学习的乐趣；创设"入学倒计时""课间十分钟我安排"等游戏情境，激发幼儿对小学生活的憧憬与向往。

强健的身体素质是幼儿适应小学新生活的前提和保障。我园充分利用每天的户外活动，开展多种形式的户外游戏，培养他们乐于挑战、勇于坚持的品质。甲骨文游戏《骰子翻翻乐》、《撕甲骨名牌》，孩子们在竞赛中和甲骨文、汉字展开了亲密接触，让自己的体能得到锻炼，同时培养了竞争意识和集体荣誉感。户外音乐游戏《我和影子做游戏》，在欢快的音乐声中，用肢体动作摆出甲骨文字造型。形式丰富的甲骨文游戏，让每个幼儿都在积极快乐的情绪体验中提高了动作的协调性、灵活性，培养了幼儿不怕困难、勇于坚持的个性品质，以及对文字符号的兴趣。

精美厚重的青铜器、保存完整的车马坑和珍贵的甲骨片都是极富艺术价值的宝贝。我们在区域环境创设中融入了这些优秀的甲骨文化元素，让环境成为隐形的教育资源。美术区的《黏土青铜器》《盔甲制作》《甲骨纸盘》等艺术创作活动，让幼儿的精细动作得到提高，小肌肉获得了发展，也为今后的文字书写奠定了良好的基础。

二、让甲骨文化成为幼儿生活准备的乐园

良好的生活习惯是幼儿生活学习的基础，是帮助幼儿较快地适应小学生活的必备品质。我们从小班开始，帮助幼儿建立良好的卫生习惯、自理能力、安全防护和热爱劳动的品质。

主题活动《可爱的五官》根据小班幼儿的发展水平、认知特点量身定制。小班孩子对自身具有较强的好奇心，我们通过和五官做游戏的形式，在潜移默化中让幼儿了解五官的作用，萌发保护五官的意识，掌握保护五官的方法。

教育家苏霍姆林斯基曾说："离开劳动，不可能有真正的教育。"幼儿园充分利用一日生活的每个环节和甲骨特色活动，让孩子们学习掌握了各项生活技能。

《勤劳有礼中国人》的主题中，孩子们看到甲骨文字"人"，知道了这是一个躬身行礼的人，或正在弯腰劳作的人，体会到古代劳动人民的生活智慧和传统美德都蕴含在甲骨文字里。我们将培养劳动意识和能力落实在一日生活的各个环节。如"我会自己做"让小班幼儿学会照顾自己，"小小值日生"锻炼的是中班幼儿服务集体、他人的能力，而大班幼儿就要学会自主管理，自己整理书包、衣物，自己洗袜子，还要会完成一些力所能及的劳动。为了让幼儿有更多生活锻炼的机会，我们在家事区投放了制作《好吃的甲骨文》的材料，幼儿使用电饼铛、面粉、鸡蛋制作出一张张香喷喷的鸡蛋饼，加上色泽亮丽的果酱甲骨文字；《创意面条》活动中孩子用面条拼摆成自己喜欢的甲骨文字，分享给老师同伴，自豪之情溢于言表。

课程和游戏相结合的组织形式，使孩子们在轻松愉快的氛围里学习感受有趣的甲骨文化。通过不同的情境游戏，让孩子们习得劳动的技能，体验劳动的辛苦，体会劳动的快乐，养成了爱劳动的品质。

三、让甲骨文化成为幼儿社会准备的家园

幼儿从入园起就承担起了社会责任，具有遵规守纪、懂得感恩、热爱集体和对家乡和祖国的归属感和认同感等良好的品德不仅有助于儿童积极适应新学校，更会促进一生的发展。而甲骨文化，正是孕育幼儿优秀社会品质的家园。

在户外游戏《妇好征战》的活动中，孩子们分配角色、商讨游戏规则、制定作战方案……分工、合作、商讨、执行，保证了游戏的顺利开展。看到同伴让沙包击中受伤会立刻被自己人抬下战场，军医马上对其进行包扎；看到同伴快要被击中时，会赶快将其拉到旁边躲避；获得胜利时大家集体欢呼雀跃。孩子们在游戏中相互配合、关注同伴，主动、自觉地遵守自己制定的规则，具有了集体荣誉感。

学会感恩、懂得感恩，是每一位幼儿必备的优秀品质之一。我们设计的主题活动"爱在重阳 孝在当下"，让每一位幼儿都能真切地体会到父母的辛苦和付出。集体活动"百善孝为先"中"子—孕—老—孝"四个甲骨文字，体现一个人的不同成长阶段。为了充分理解字背后的含义，我们设计了角色体验活动，让孩子周末承担一天看似轻松平常的家务劳动，体验爸爸妈妈养育我们辛苦。还让孩子们负重背一天的书包，让孩子体验妈妈怀孕时的辛劳。在《孝在重阳、行在当下》的主题升旗仪式中，当表演最后出现一家人同框的时候，很多孩子流下了感恩的热泪。我们还设计了多种甲骨文中华美德棋，把传统美德潜移默化地渗透到游戏当中。

四、让甲骨文化成为幼儿学习准备的推手

学习是幼儿成长的必备能力和品质。只有爱学习、会学习，有良好的学习习惯和学习能力，才能保证幼儿顺利适应小学的生活和学习节奏。因此，我们让甲骨文化成为发展幼儿各种学习能力的推手。

依托园本阅读特色我们设计了发展幼儿语言能力的区域游戏活动：甲骨皮影戏——守株待兔；角色表演——我是殷墟小导游；故事盒里乐趣多、安阳网红景点来打卡等。不仅锻炼了幼儿的语言表达能力、沟通能力、合作能力，更建立起幼儿的文化自信！

为了发展幼儿的创新思维，我们倡议并开展了"殷商文化进北幼、创意亲子服装秀"活动。孩子和家长通过到殷墟博物苑、文字博物馆参观、网上查找，用殷商特有的文化元素，创造性的展现在不同材质的服装、头饰和兵器上。他们有的将喜欢的甲骨文字作为服装的点缀，有的将刻满甲骨文字的的甲骨片做道具，有的将青铜器做成帽子戴在头上，有的穿在身上做服饰。废旧的纸箱板不仅变成了孩子手中各种厉害的兵器，还成为一件件威武的盔甲……孩子们表演时神气的样子让每位观看者报以热烈的掌声。

兴趣是最好的老师，让幼儿喜欢学习、爱上学习，具备一定的学习能力比学到多少知识更重要。我园以课题实践促进幼儿学习方式的改变，在项目学习探究活动中，老师根据幼儿感兴趣的问题，支持他们通过自主探究、小组合作和交流分享等环节，推动幼儿学习能力的培养，让幼儿获取更主动、更持久的学习品质。《小甲骨 大学问》在孩子们的问题驱动下展开了奇妙的学习之旅，《神秘的车马坑》带领幼儿寻觅马车的前世今生，《神奇的青铜器》让孩子们在探访青铜器的过程中了解了中国辉煌的铸造工艺。项目学习活动，成就了孩子们善思考、喜探索、乐表达的良好学习品质，为成为一名合格的小学生做好了学习准备。

我们依托园本特色课程——好玩的甲骨文，从幼小衔接四个准备入手，以丰富多样的游戏活动为抓手，有的放矢、持续不断地孕育幼儿的社会品质，发展幼儿的各种能力以及培养幼儿良好的生活、行为习惯。以发展的眼光、开放的心态去关注幼儿入学准备过程中的发展变化，促进幼儿和谐、健康、可持续的成长，帮助孩子们顺利实现从幼儿园到小学的过渡。

356

图4-2-8 《甲骨赋能绽放 幼小科学衔接》在《时代教育》发表

8.《传统文化教育视野下的幼儿园甲骨文主题游戏》在《教育周报》发表

研究分析　Jiao Yu Zhou Bao 教育周报

传统文化教育视野下的幼儿园甲骨文主题游戏

——幼儿园特色游戏活动的价值

安阳市北关区区直幼儿园　殷志竞　455000

摘要： 承载着古老文化记忆的甲骨文是世界上寿命最长的文字，把甲骨文融入幼儿教育，就能让幼儿走近中国传统文化，感受中华文明的源远流长。在2018年哲学社会科学工作座谈中指出："要重视发展具有重要文化价值和传承意义的'绝学''冷门学科'，……如甲骨文等古文字研究等，要重视这些学科，确保有人做、有传承"。甲骨文是迄今为止中国发现的年代最早的成熟文字系统，是汉字的源头和中华优秀传统文化的根脉，值得倍加珍视、更好传承发展。"本文通过对幼儿园充分挖掘适合幼儿学习、发展的，基于本土资源的传统文化教育课程主题游戏，能让更多孩子受益。

关键词： 传统文化；主题游戏；专业实践

中国的传统文化博大精深，让幼儿走近传统文化，就需要创设有效的环境来熏陶他们的心灵，提供新颖有趣的形式激发他们学习的愿望，依托有效的载体来完成宝贵文化遗产的传承。

如何把甲骨文融入幼儿教育，幼儿园教师创设了甲骨文主题游戏，涵盖了区域游戏、户外游戏和家庭亲子游戏等范畴，为幼儿创设了多元化的学习条件。游戏活动涵盖了五大领域的的课程设计和课程资源库，形成四位一体的课程体系。幼儿园开设的特色甲骨文游戏课程，在幼教实践中的价值体现在以下几个方面：

一、适用性强，符合各年龄段幼儿的发展特点

小班孩子仍然以直观动作思维为主，所以对于小班孩子安排了最简单最象形的甲骨文为内容，主要以对甲骨文的感受为主，学习方式主要以捏一捏、摆一摆、拼一拼等动手的方式来认知甲骨文，知道甲骨文，初步对甲骨文产生兴趣，为甲骨文感到骄傲。

中班孩子属于典型的具体形象思维，所以可以更丰富的进行讲解，感受甲骨文的魅力，通过故事、图片、拓印、比一比、画一画等多种方式认知甲骨文，了解甲骨文背后的文化内涵，更乐于去宣讲甲骨文，为祖国灿烂文化感到自豪。

大班孩子抽象逻辑思维开始萌芽，所以在大班通过猜一猜、下甲骨文棋等，将甲骨文与日常生活、小学汉字认识相联系，把一组相关的甲骨文放到一起，促进对中国文字造字艺术的初步感知，了解汉字的演变过程，增加对文字的兴趣。

二、专业性强，促进教师专业实践能力提升

甲骨文游戏也是一个个集书、画、儿歌、游戏等为一体的幼儿园主题活动，是具有地方文化特色的幼儿园教育样本。幼儿教师组织孩子开展这些游戏的过程中，不仅能极大地提高教师自身有活动组织能力，更能够提升了他们对祖国传统文化融入现代幼儿教育的课程研究能力。游戏巧妙地把甲骨文的文化特色与幼教实践相结合，为不同年龄段幼儿提供了难易不同的游戏活动，提高了教师对纲要、指南等纲领性文件的熟悉度。准备玩教具、组织游戏等实践操作中还能提高动手能力、多媒体组织教学能力、课程创编能力等。

三、教育性强，潜移默化传承优秀传统文化

甲骨文主题游戏，基本涵盖了幼儿园的各种教育形式。这些活动都遵循幼儿身心发展的特点和规律，科学地进行构建的，具有两大特色。一是以游戏为基本活动方式；二是巧妙地融入甲骨文的文化主题，特别适合于对幼儿进行甲骨文文化熏陶。

幼儿在游戏中，以直接参与和体验感受的方式了解甲骨文，感受传统文化带来的魅力。使幼儿从小受到中华文化的熏陶，培养他们的中华文化自信。通过让幼儿走进大自然和大社会进行研学、游学的各种活动，初步了解汉字文化，自觉地学好中国字，说好中国话。在潜移默化中增强了幼儿的文化认同感、民族自豪感，对中华传统文化的热爱内置于心，外化于行。

四、科学性强，促进幼儿身心全面协调发展

这些游戏其实就是一套具有地方特色的甲骨文课程，坚持了科学性、活动性、直观性、趣味性、渗透性、全面性等幼儿教育的基本原则，从甲骨文本身和幼儿教育特点两个方面保证课程的科学性。不仅适合幼儿的身心特点，并对幼儿终身发展有益。

形式多样的各种游戏，也从不同方面提高了幼儿的身心健康水平。一是促进了幼儿身体的生长发育。其中的户外游戏活动促进了幼儿身体发育和生理机能的提高，不仅使身体的灵活性、敏捷性和协调性得以发展，幼儿的心、肺等内脏器官也得到相应的锻炼，从整体上提高幼儿的身体素质。二是促进了幼儿认知能力的发展。看似简单的游戏过程，可以使幼儿的感知能力、想象力、思维力、创造力及言语能力等方面得以锻炼和提高。三是促进了幼儿社会性的发展。游戏活动中有很多富含着社会性教育因素，孩子们学到了他们作为社会成员应该具有的一面，为他们融入社会，真正成为社会的一员打下良好的基础。四是促进了幼儿情绪情感的健康发展。设计的游戏活动具有娱乐性，伴随着愉悦的情绪体验，可以给人带来无穷的快乐。这有利于发展幼儿的成就感，增强他们的自信心。孩子们能够学会分担、分享，培养关心和同情他人的情感。

这些游戏集自由、兴趣、快乐、满足于一体，首先满足了幼儿爱玩好动的特点，又巧妙地把传统文化融入其中。在幼儿园的大量探索和实践表明，这些游戏既初步萌发了幼儿的审美情趣，提高他们的人文艺术修养，还能促进幼儿发展积极的社会情感，为培养健康人格做好准备。更重要的是培养了幼儿对本民族文化的认同感，坚定文化自信和文化自尊，为形成未来更加开阔有容的文化气度奠定基础。

基金项目：安阳市2021年度基础教育教学研究专项课题《大班甲骨文化项目式学习的组织与实践研究》（课题编号ayjky2103）。

— 124 —

图4-2-9　《传统甲骨文化教育视野下的幼儿园甲骨文主题游戏》在《教育论坛》发表

三、成果获奖

1.《幼儿趣味甲骨文课程的建构与实施——基于幼儿文化自信培养的视角》获省教科研成果一等奖

河南省教育科学研究
优秀成果奖
获奖证书

成果名称：幼儿趣味甲骨文课程的建构与实施——基于幼儿文化自信培养的视角
成果形式：论文
获奖等级：一等奖
获 奖 人：岳素萍
合 作 者：
证书编号：豫教〔2023〕49978
公布文号：教教科〔2023〕264 号
河南省教育厅
2023 年 8 月

图 4-3-1　《幼儿趣味甲骨文课程的建构与实施——基于幼儿文化自信培养的视角》获省教科研成果一等奖

2.《基于儿童立场的甲骨文园主题本课程构建研究》获奖

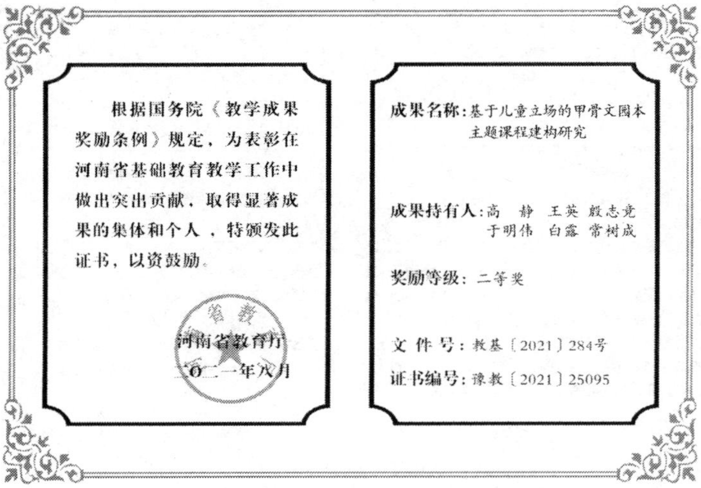
根据国务院《教学成果奖励条例》规定，为表彰在河南省基础教育教学工作中做出突出贡献，取得显著成果的集体和个人，特颁发此证书，以资鼓励。

河南省教育厅
二○二一年六月

成果名称：基于儿童立场的甲骨文园本主题课程建构研究
成果持有人：高　静　王英　殷志党　于明伟　白露　常树成
奖励等级：二等奖
文 件 号：教基〔2021〕284号
证书编号：豫教〔2021〕25095

图 4-3-2　河南省教育厅授予《基于儿童立场的甲骨文园本课程构建研究》二等奖

3.《幼儿园甲骨文园本课程开发与实施研究》获奖

荣誉证书

根据《河南省基础教育教学研究项目管理办法》规定，经专家组鉴定、审核，右列课题被评为2017-2019年度河南省基础教育教学研究项目优秀成果，特发此证。

河南省教育厅

二零二零年十月

课题名称：幼儿园甲骨文园本课程开发与实施研究

获奖等级：叁等奖

主 持 人：高 静

主要成员：李庆云 殷志竞 崔丽娟 张建萍 王 英

文 件 号：教基研[2020]385号

证书编号：豫教[2020]25084

图 4–3–3 《幼儿园甲骨文园本课程开发与实施构建研究》荣获 2017—2019 年度河南省基础教育教学研究项目优秀成果三等奖

4.《大班“甲骨文化”项目式学习的组织与实践研究》成功结项

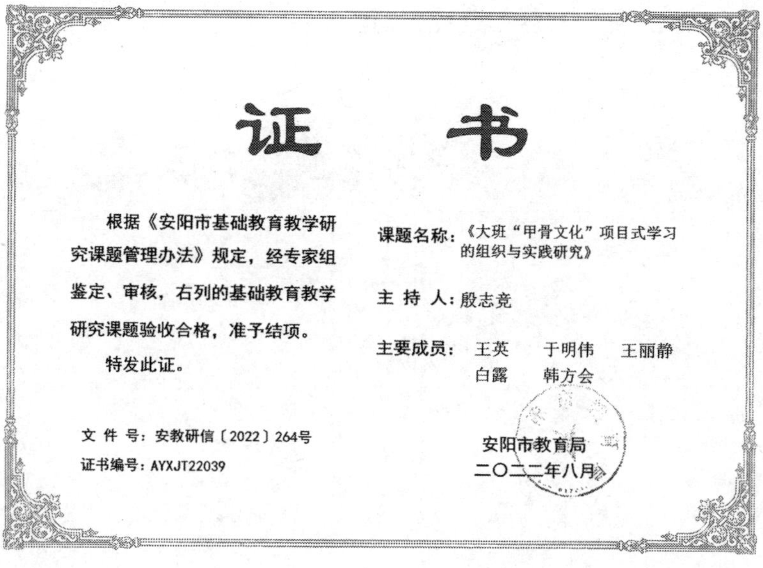

证 书

根据《安阳市基础教育教学研究课题管理办法》规定，经专家组鉴定、审核，右列的基础教育教学研究课题验收合格，准予结项。

特发此证。

文 件 号：安教研信〔2022〕264号

证书编号：AYXJT22039

课题名称：《大班“甲骨文化”项目式学习的组织与实践研究》

主 持 人：殷志竞

主要成员：王英 于明伟 王丽静 白露 韩方会

安阳市教育局

二〇二二年八月

图 4–3–4 《大班“甲骨文化”项目式学习的组织与实践》成功结项

5. 安阳市教育局基础教学研究课题《以甲骨文文化为载体的幼儿园游戏的实践与研究》结项

证　书

根据《安阳市基础教育教学研究课题管理办法》规定，经专家组鉴定、审核，右列的基础教育教学研究课题验收合格，准予结项。

特发此证。

文 件 号：安教研信〔2023〕238号

证书编号：AYSJT23068

课题名称：《以甲骨文文化为载体的幼儿园游戏的实践与研究》

主 持 人：于明伟

主要成员：王英　殷志竞　韩方会　白露　郭慧

安阳市教育局

二〇二三年八月

图 4-3-5　安阳市教育局基础教学研究课题《以甲骨文化为载体的幼儿园游戏的实践与研究》结项

6.《小班亲子活动〈甲骨文撕名牌〉》获奖

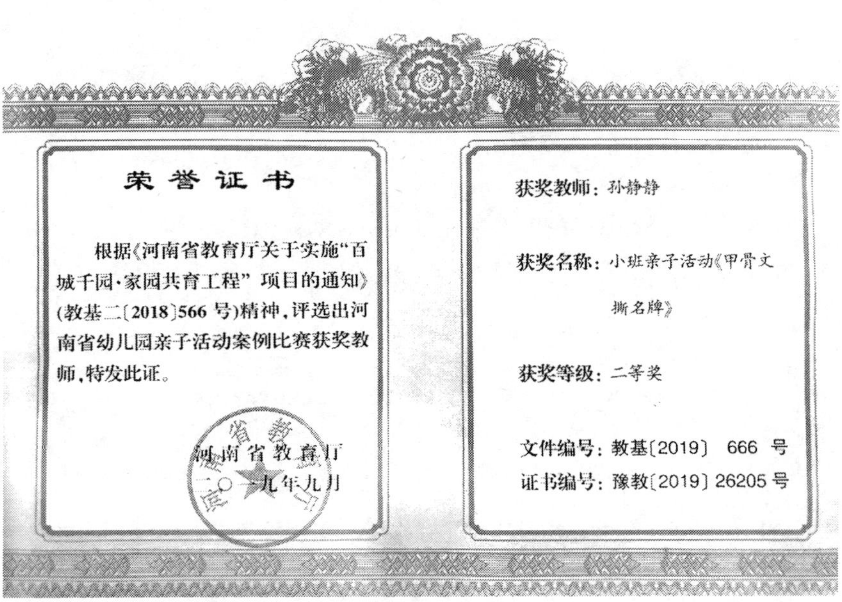

荣誉证书

根据《河南省教育厅关于实施“百城千园·家园共育工程”项目的通知》(教基二〔2018〕566号)精神，评选出河南省幼儿园亲子活动案例比赛获奖教师，特发此证。

河南省教育厅

二〇一九年九月

获奖教师：孙静静

获奖名称：小班亲子活动《甲骨文撕名牌》

获奖等级：二等奖

文件编号：教基〔2019〕666号

证书编号：豫教〔2019〕26205号

图 4-3-6　小班亲子活动《甲骨文撕名牌》荣获河南省幼儿园亲子活动案例比赛教师二等奖

7. 教师作品《斗兽棋》获奖

奖励证书

根据安阳市教育局转发河南省教育厅《关于开展第二十届河南省中小学幼儿园优秀自制教（玩）具暨学生科技创新小制作小发明评选活动的通知》的通知（安教技装函〔2023〕49号），经市专家评选委员会评选，市教育局审核，右列教师作品被评为安阳市中小学教学科研成果奖。特发此证，以资鼓励。

安阳市教育局

二〇二三年五月

成果名称：斗兽棋

获 奖 者：孟甜甜

辅导老师：于明伟

获奖等级：壹等奖

证书编号：安教装（2023）jw23023号

文件编号：安教技装〔2023〕148号

图 4-3-7　教师作品《斗兽棋》荣获安阳市中小学教学科研成果奖

8. 教师作品《四手连抬》获奖

奖励证书

根据安阳市教育局转发河南省教育厅《关于开展第二十届河南省中小学幼儿园优秀自制教（玩）具暨学生科技创新小制作小发明评选活动的通知》的通知（安教技装函〔2023〕49号），经市专家评选委员会评选，市教育局审核，右列教师作品被评为安阳市中小学教学科研成果奖。特发此证，以资鼓励。

安阳市教育局

二〇二三年五月

成果名称：四手连抬

获 奖 者：赵素侦

获奖等级：叁等奖

获奖者共　壹　名

获奖者名列第　壹　名

证书编号：安教装（2023）jw23113号

文件编号：安教技装〔2023〕148号

图 4-3-8　教师作品《四手连抬》荣获安阳市中小学教学科研成果奖一等奖

9. 教师作品《甲骨文照相机》获奖

奖励证书

根据安阳市教育局转发河南省教育厅《关于开展第二十届河南省中小学幼儿园优秀自制教（玩）具暨学生科技创新小制作小发明评选活动的通知》的通知（安教技装函〔2023〕49号），经市专家评选委员会评选，市教育局审核，右列教师作品被评为安阳市中小学教学科研成果奖。特发此证，以资鼓励。

安阳市教育局

二〇二三年五月

成果名称：甲骨文照相机

获 奖 者：李晓暄

辅导老师：武 丹

获奖等级：贰等奖

证书编号：安教装（2023）jw23071号

文件编号：安教技装〔2023〕148号

图 4-3-9　教师作品《甲骨文照相机》荣获安阳市中小学教学科研成果奖二等奖

10. 教师作品《甲骨文配配乐》获奖

奖励证书

根据安阳市教育局转发河南省教育厅《关于开展第二十届河南省中小学幼儿园优秀自制教（玩）具暨学生科技创新小制作小发明评选活动的通知》的通知（安教技装函〔2023〕49号），经市专家评选委员会评选，市教育局审核，右列教师作品被评为安阳市中小学教学科研成果奖。特发此证，以资鼓励。

安阳市教育局

二〇二三年五月

成果名称：甲骨文配配乐

获 奖 者：朱 莹

辅导老师：郭 慧

获奖等级：贰等奖

证书编号：安教装（2023）jw23070号

文件编号：安教技装〔2023〕148号

图 4-3-10　教师作品《甲骨文配配乐》荣获安阳市中小学教学科研成果奖二等奖

四、会议分享

1. 高静园长在教育部幼儿园园长培训中心举办的研讨会上做专题分享

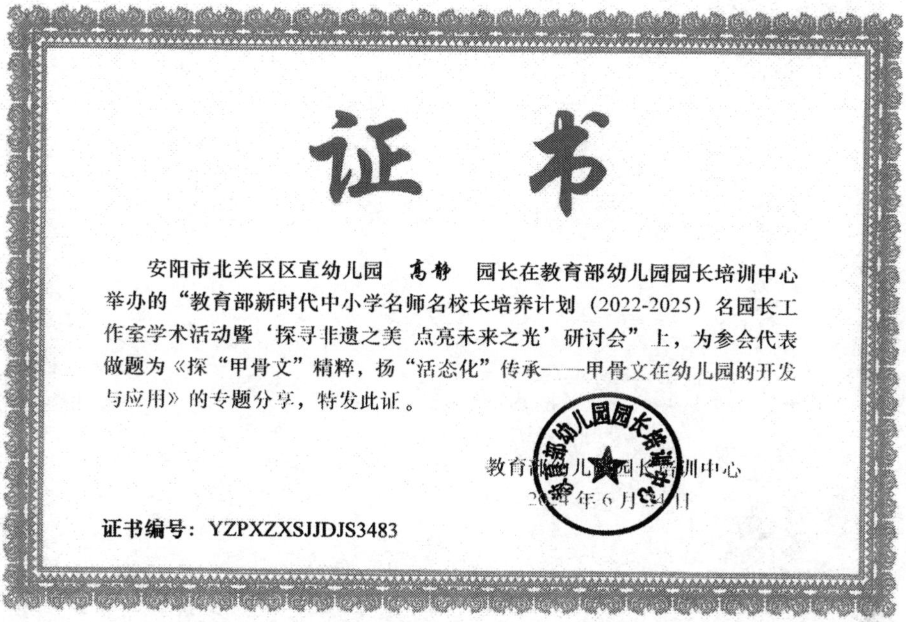

证 书

安阳市北关区区直幼儿园 高静 园长在教育部幼儿园园长培训中心举办的“教育部新时代中小学名师名校长培养计划（2022-2025）名园长工作室学术活动暨‘探寻非遗之美 点亮未来之光’研讨会”上，为参会代表做题为《探“甲骨文”精粹，扬“活态化”传承——甲骨文在幼儿园的开发与应用》的专题分享，特发此证。

教育部幼儿园园长培训中心

2024 年 6 月 24 日

证书编号：YZPXZXSJJDJS3483

图 4-4-1 高静园长在教育部幼儿园园长培训中心举办的研讨会上做专题分享

2. 第六届全国幼儿园园长高峰论坛暨幼儿园游戏课程研讨会专家简介

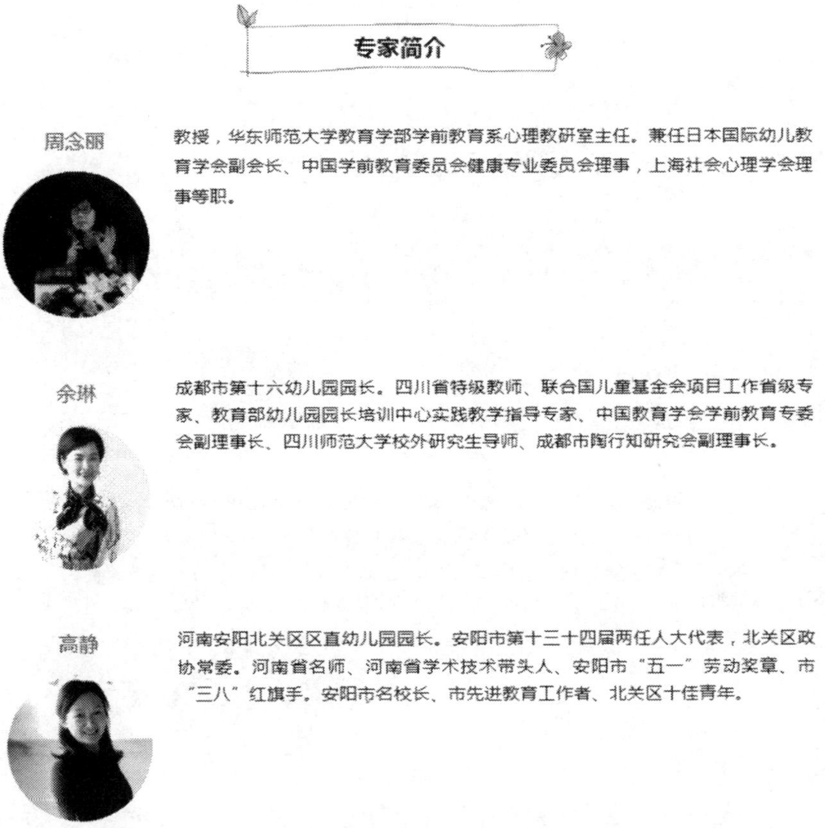
专家简介
周念丽
教授，华东师范大学教育学部学前教育系心理教研室主任。兼任日本国际幼儿教育学会副会长、中国学前教育委员会健康专业委员会理事，上海社会心理学会理事等职。
余琳
成都市第十六幼儿园园长。四川省特级教师、联合国儿童基金会项目工作省级专家、教育部幼儿园园长培训中心实践教学指导专家、中国教育学会学前教育专委会副理事长、四川师范大学校外研究生导师、成都市陶行知研究会副理事长。
高静
河南安阳北关区区直幼儿园园长。安阳市第十三十四届两任人大代表，北关区政协常委。河南省名师、河南省学术技术带头人、安阳市“五一”劳动奖章、市“三八”红旗手。安阳市名校长、市先进教育工作者、北关区十佳青年。

图 4-4-2　第六届全国幼儿园园长高峰论坛暨幼儿园游戏课程研讨会专家简介

3. 高静园长在第六届全国园长俱乐部 · 东湖微论坛做学术讲座

东湖之滨，名家荟萃，共话幼儿园文化建设与园长的角色认知

原创 亿童 亿童学前教育

2018年12月22日 19:33 听全文

点击上方 关注"亿童学前教育"

为积极响应《中共中央 国务院关于学前教育深化改革规范发展的若干意见》，探讨新时期下幼儿园文化建设之道，促进业界专家、名园长之间的深度交流，12月21-22日，**以"幼儿园文化与园长角色认知"为主题的全国名园长俱乐部·东湖微论坛**在湖北武汉再次火热开启。

亿… +关注 赞 5 5 写留言

关键词三：园本课程

高静 河南省安阳市北关区区直幼儿园园长，河南省名师，安阳市市管专家。

教育部文件指出，中华优秀传统文化要贯穿于国民教育始终。而甲骨文是中华优秀传统文化之一，也是安阳文化精粹和历史宝物。在本次论坛中，高静园长从研究背景、思路定位、实践活动三个角度出发，详细讲述了安阳北幼的甲骨文园本课程。她向与会嘉宾介绍了安阳北幼"好玩的甲骨文"的课程研发，重在"好玩"，幼儿的学习范畴不止于甲骨文，而在于甲骨文文化，她分享的大量活动案例，令人眼前一亮。

据高园长介绍，安阳北幼尝试走进博物馆，走进甲骨文文化，创设多种环境（大环境、

亿… +关注 赞 5 5 写留言

图 4-4-3　高静园长在第六届全国园长俱乐部 · 东湖微论坛做学术讲座

4. 高静园长在全国幼儿园本土化课程体系建设直播课活动做专题分享

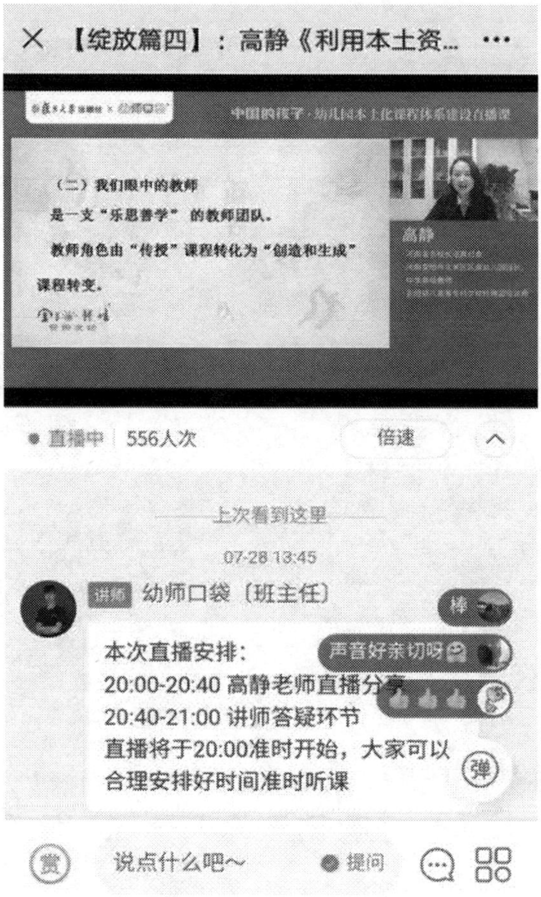

图 4-4-4　高静园长在全国幼儿园本土化课程体系建设直播课活动

5. 高静园长在“活教育”幼儿园课程建设——云直播论坛学术讲座

图 4–4–5　高静园长在“活教育”幼儿园课程建设——云直播论坛学术讲座

6. 高静园长在北京市教育局组织的《名师课堂》“幼培学苑”平台上做专题分享并录存

图 4–4–6　高静园长在北京市教育局组织的《名师课堂》举行学术讲座

7. 高静园长在“活教育”视野下的幼儿园课程建设主题论坛上做专题分享

2019 年 6 月 11 日，“‘活教育’视野下的幼儿园课程建设主题论坛”及“活教育”系列丛书新书发布会在浙江宁波象山召开。中国著名儿童教育家、中国现代幼教奠基人陈鹤琴先生外孙柯小卫先生、华东师范大学教授周念丽、浙江师范大学教授王春燕作为评论专家参加了研讨会并做了主题报告。

图 4–4–7　2019 年“活教育”视野下的幼儿园课程建设主题论坛

自全国12个省,260位教师代表出席此次主题论坛,高静园长作为全国6名名园长之一在论坛上以《利用本土资源构建甲骨文园本课程》为主题进行了精彩的分享。我园甲骨文原本课程秉承陈鹤琴“活教育”的思想,在周念丽教授的指导下,坚持以幼儿为中心,结合本地浓厚的文化氛围带领科研团队研发出一套适合幼儿年龄特征,趣味性十足的甲骨文园本课程,让孩子在天长日久的耳濡目染、接触感悟、亲身体验,将中华文化慢慢融入自己的血液,将中国符号根植于心,让幼儿成为课程的主人,孩子在做中学,教师在做中教,师幼一起在做中求进步。

五、观摩学习

1. 亿童网校公开课走进名园“好玩的甲骨文”安阳市北关区区直幼儿园

图4-5-1　亿童网校公开课走进名园“好玩的甲骨文”安阳市北关区区直幼儿园

2. 迎接安阳师范学院 2020 年甲骨文宣传推广和应用”项目小学幼儿园骨干教师培训班学员观摩指导

图 4-5-2　迎接安阳师范学院 2020 年甲骨文宣传推广和应用”项目小学幼儿园骨干教师培训班学员观摩指导

3. 迎接安阳幼儿师范高等专科学校“国培计划”教师培训班学员观摩学习

图 4-5-3　迎接安阳幼儿师范高等专科学校“国培计划”教师培训班学员观摩学习

4. 迎接安阳幼儿师范高等专科学校“国培计划 2020 非学前教育专业教师专业补偿项目”学员观摩学习

图 4-5-4　迎接安阳幼儿师范高等专科学校“国培计划 2020 非学前教育专业教师专业补偿项目”学员观摩学习